누가 한국 경제를 파괴하는가

최 배 근

'대한민국의
몰락'을 꿈꾸는
디스토피아의 부역자들

누가
한국경제를
파탄내는가

북앤박스
book & box
Publishing House

국민이 '진짜' 주인인 나라를 만들어야 한다.
대한민국의 주인이 국민이라는 말은 '종이에 쓰인'
선언에 불과하다. 진짜 주인은 공적 자원을 사유화한 특권층이다.
민간 부문의 특권층은 자본이다. 그리고 이들과 공생 관계에 있는
언론 권력이다. 이들은 자본의 힘과 여론을 이용해
'기울어진 운동장'을 더 기울게 만든다.

'그들'을 막지 못하면
대한민국의 진전은 없다

문재인 정부는 '촛불정부'다. '촛불시민'이 만든 정부라는 말이다. 문
재인 정부를 '3기 민주정부'로 규정하는 것은 촛불정부의 의미를 간
과하는 것이다. 5·18 민주화운동과 1987년 6월 항쟁의 결과물은 대
통령 직접선거로 상징되는 절차적 민주주의였다. 이에 비해 촛불혁
명은 '나라다운 나라를 만들라.'는 국민의 명령이었고, 촛불정부는
그 명령에 따라 '국민이 주인인 정부'로 탄생했다. 돌이켜 보면 한국
은 절차적 민주주의를 달성했으나 대외적으로 존재나 가치를 제대
로 인정받지 못했고, 내부적으로도 국민은 '진짜 주인'이 아니었다.
그러다 촛불정부 이후에야 비로소 국제사회에서 한국은 상대에게
필요한 존재(파트너)가 됐고, 그에 따라 한국의 요구(이익)를 반영할
수 있는 나라가 됐다. 그리고 이제 자신을 '주류Mainstream'라고 생각

하는 특권층의 나라가 아닌 국민이 '진짜 주인'인 나라를 만들겠다
는 열망이 최고조에 달하고 있다. (세계 최고의 성숙한 시민의식을 보여
준) 촛불혁명은 한국 민주주의(K-민주주의)의 결정체인 것이다.

　K-민주주의는 한국적 특성이 담긴 민주주의를 말한다. 민주주의
의 출발지인 서구 민주주의는 (개인의 존엄을 최고의 가치로 여기는) 개
인주의 문화에 기초해 있다. 이에 비해 K-민주주의는 자율성과 공
감에 기초하고 있다. 주지하듯이 우리는 5·18 광주민주화운동을 비
롯한 수많은 희생을 치르고 수십 년간 이어져 온 군부독재를 종식하
고 절차적 민주주의를 쟁취했다. 냉전체제의 붕괴로 찾아온 세계화
(금융화)에, 한편으로는 저항하면서도 다른 한편으로는 개방을 적극
적으로 수용해왔다. 그리고 2000년대 중반 이후 세계적인 민주주의
후퇴의 물결 속에서 마찬가지로 민주주의의 후퇴도 경험했다. 그러
나 끝내 부패 권력을 무너뜨리고 민주주의를 발전시킨 대표적인 나
라가 됐다. 이 과정에서 한국인의 문화가 빛을 발했다. 한국 사회는
일본의 수치 문화나 중국의 무치無恥 문화와 다른, (타인의 기분을 빨리
파악해 관계를 유지하는) 눈치 문화의 사회다. 부정적으로 인식됐던 눈
치 문화는 우리만의 긍정적 문화로 발전했다. 눈치 문화는 독재 권
력 시절에는 비굴함으로 모습을 드러냈지만, 민주화 이후 눈치 문화
는 빠른 공감 역량으로 진화했다. 세계 최고 수준의 시민의식을 보
여준 촛불 평화집회는 그 산물이었다. 이전의 민주화운동과 달리 촛
불혁명은 한국 민주주의를 위협하는 2가지 핵심문제를 해결해야 한

다는 과제를 남겼다. 즉, 대외적인 자주성 확보와 불공평한 특권의 해체 없이는 민주주의가 뿌리내리기 어렵다는 사실이다.

K-민주주의가 만들어지는 과정은 한국 문화가 세계의 중심으로 진입하는 과정이기도 하다. 1987년 6월 항쟁 이후 사회생활을 시작한 1970년 전후 세대들은 민주주의 가치를 체득한 민주화 세대로, 이들은 세계화 시대에 세계와 공감하는 방법을 문화적으로 모색했다. 이렇게 탄생한 결과물이 지금의 K-문화다. '기생충'(2020년)으로 오스카를 휩쓴 봉준호(1969년생), '오징어 게임'(2021년)으로 넷플릭스 사상 최고의 시청률(스트리밍)을 경신한 황동혁(1971년생), 현존하는 세계 최고의 아이돌 그룹 BTS를 키워낸 방시혁(1972년생) 등이 한국의 눈치 문화와 민주주의의 공진화가 만들어낸 K-문화의 산증인들이다. 그리고 K-문화의 선두에 있는 K-팝이 서태지(1972년생) 이래로 탄생해 BTS(1992~1997년생)로 이어진 것이 우연은 아니다.

21세기형 감염병(새로운 처음)이 요구하는 새로운 방역 문법을 한국이 만들어낸 것 또한 우연이 아니다. 21세기 문화 문법인 K-문화나 21세기 방역 문법인 K-방역은 개방성과 연대, 자율성과 협력이라는 가치들을 공유하기 때문이다. 21세기형 과제에 대한 해법을 제시한 대한민국은 국제사회에서 역할 증대를 요구받고 있으며, 그 연장선에서 (모두가 자유로워질 때 개인도 자유로워질 수 있다는) '모두의 자유'를 제시한 한국의 리더십이 국제사회로부터 지지를 얻었다. 이 과정에서 보여준 한국의 힘은 (힘보다는 매력을 통해, 명령이 아닌 자발적 동의로 얻어지는 능력을 일컫는) 소프트파워였다. 문화의 시대이자 모두의 자유를 요구하는 21세기에는 군사력이나 경제력에 의존하는 하드파워보다 공감을 만들어내는 소프트파워가 절대적으로 필요하다. 따라서 '21세기형 자주'는 절대적 하드파워에 의존한 패권주의 방식의 20세기형 자주와는 다른, 상대에게 필요한 존재(파트너)가 되는 과정에서 자기 존재를 인정받고 자기 생각을 반영하는 방식일 수밖에 없다. 이처럼 K-민주주의와 K-문화가 만들어낸 한국의 소프트파워는 한국을 세계가 인정하는 선진국이자 20세기와 다른 21세기형 선진국으로 격상시킴으로써 '나라다운 나라'로 이끌고 있다. 여기에 K-문화는 수출과 한국 경제의 구원투수로까지 부상하고 있다. 팬데믹 이전 위기에 빠졌던 수출을 살리는 힘은 국가 브랜드 개선에서 비롯하고 있다. 팬데믹 이후 전통 주력품목 수출의 회복이 충분하지 않은 가운데 중소기업의 소비재가 수출 회복을 견인하는 것도 같은 맥락으로 이해할 수 있다. 한국의 매력을 끌어올리는 중심에 BTS, '기생충', '오징어 게임'을 비롯한 한국의 수많은 문화 콘텐츠가 '열일'하고 있는 것이다. 이를 확장하면, 전통 산업에 (청년이 주도할 수 있는) 문화를 입혀 중소기업이나 지역경제의 부흥을 만들어낼 수 있고, 지방소멸과 청년 문제 그리고 나아가 국가의 산업 재편으로 이어지게 할 수 있음을 의미한다. 일본이 잃어버린 10년을 겪은 후 산업 재편 차원에서 시도한 창조산업 육성이 처참히 실패한 것과 대조를 이룬다. 더욱이 소프트파워의 개선은 한미동맹의 신뢰 강화와 종전선언에 대한 미국의 동의와 협력 그리고

DMZ를 (세계적인 생태 관광단지 및 평화 공원 조성 등의) 남북 공동번영과 통합의 출발점으로 삼을 수 있다. 남북이 연결되면 한반도는 아시아와 유럽을 통합하는 교량 지역이 될 것이고, 그 결과 대한민국은 미개척지 북한 개발을 주도하고 아시아와 유럽을 연결하는 허브로 부상할 수 있다.

이제 촛불시민은 두 번째 과제인 국민이 진짜 주인인 나라를 만들어야만 한다. 안타깝지만 대한민국의 주인이 국민이라는 말은 '종이에 쓰인' 선언에 불과하다. 실제 주인은 공적 자원을 사유화한 특권층이다. 민간 부문의 특권층은 자본이다. 재벌자본과 (월가) 금융자본이다. 그리고 이들과 공생 관계에 있는 언론 권력이다. 이들은 자본의 힘과 여론 등을 이용해 '기울어진 운동장'을 더 기울게 만든다. 불평등, 특히 자산 불평등을 중심으로 빈익빈 부익부가 심화하는 배경이다. 기울어진 운동장을 평평하게 하는 것이 공공 부문과 정치의 역할이다. 독재 권력 시절 이래로 통치의 효율성을 위해 공공 부문에 대한 견제와 균형의 원리를 배제했다. 검찰이나 기재부 등 무소불위의 공공기관이 만들어진 것도 그 때문이다. 검찰은 정부의 공권력을 사실상 독점하고 있고, 기재부는 정부 재정을 사실상 독점하고 있다. 이들은 조직의 이익이나 외부의 힘이 있는 세력의 이익을 위해 국민이 부여한 공적 권한을 견제 없이 사용한다. 공적 권한의 사유화로 사적 축재를 하고, 축적한 경제력으로 정치력을 장악하고, 정치력은 다시 공적 권한의 사유화를 강화한다. 예를 들어, 개발사업에서 민간개발업자가 천문학적 수익을 획득한 과정을 보면, 장악한 정치 권력을 이용해 법적 및 제도적 환경 지원, 행정적 견제 장치의 무력화, 공공기관이 민간 비용을 떠맡는 방식의 불법적 특혜 지원 그리고 심지어 법적 문제를 덮기 위한 법비法匪나 언론의 보도를 차단하기 위한 부패언론인 등의 개입이 드러난다. 민간개발업자의 천문학적 수익은 투자금 제공자, 권력자, 법비와 부패언론인 등에게 뇌물로 배분된다. 이른바 부패 카르텔이 만들어진 것이다. 이 부패의 비용은 고스란히 우리 국민에게 돌아간다. 따라서 공적 권한을 국민이 회수해야 한다. 공적 자원에 대한 민주적 통제를 통해 (공공영역에서 돈의 배분을 담당하는) 재정과 (민간영역에서 돈의 배분을 담당하는) 금융이 국민의 삶을 위해 사용되도록 해야 한다. 이른바 재정 민주주의와 금융 민주주의는 자본이 만들어놓은 기울어진 운동장을 평평하게 하는 출발점이 될 것이다. '기본주택-기본소득-기본금융'은 복지나 소득재분배 등을 넘어 (기본일자리 및 기본데이터와 더불어) 국민이 새로운 시도를 가능케 함으로써 대한민국의 미래를 만드는 혁신의 원천이 될 것이기 때문이다. 경제의 디지털화 및 플랫폼화가 만들어내는 새로운 사회를 디스토피아가 아닌 유토피아로 만들려면 새로운 사회계약과 (경제) 기본권의 재구성이 불가피하다.

21세기의 새로운 선진국은 경제의 디지털화 및 플랫폼화가 요구하는 새로운 경제 문법을 누가 주도하느냐에 의해 결정될 것이다.

동시에 경제 생태계의 재구성은 기후변화 문제에 적극 대응할 수 있는 최선의 해법이다. 화석연료 다소비적인 산업구조를 축소하고 데이터 기반의 아이디어 집약적인 경제구조로의 전환이야말로 온실가스 감축의 최선책이기 때문이다. 그리고 이익공유와 협력, 자율성을 특성으로 하는 '한국형' 플랫폼 경제와 K-민주주의 등은 체제 면에서 북한이 수용할 수 있는 대안체제의 성격을 갖는다. 이처럼 20세기 선진국과는 다른 새로운 선진국을 만들기 위해서 (재정과 금융 민주화를 중심으로 한) 제2의 민주화는 절대적 과제다. 제2의 민주화를 통해 '국민이 진짜 주인인 나라'가 되면 대한민국의 소프트파워는 더욱 커져 '나라다운 나라'를 더 강화할 것이다. '나라다운 나라'와 '국민이 진짜 주인인 나라'는 이렇게 상호작용하며 대한민국을 21세기를 주도하는 선진국으로 만들 것이다. 백범 김구와 죽산 조봉암 등이 꿈꾸었던 문화와 민주주의 강국으로 새로 태어나는 것이다.

차례

I부

경제 '지표'를 부정하는 사람들
: 문재인 정부 경제정책의 팩트

II부

K-방역이 실패해야 하는 사람들

: 경제 효과 너머의 가치

III부

'부동산 폭등'을 즐기는 사람들

: 폭등 뒤에 숨은 검은 배후

IV부

'재정안정주의'의 그늘에 숨은 사람들
: '모피아' 관료들이 살아가는 방식

V부

팬데믹 이후,
'선진국 한국'이 마뜩잖은 사람들
: 미중 패권 전쟁 그리고 새로운 문명을 주도하는 한국

경제 '지표'를
부정하는 사람들

문재인 정부 경제정책의 팩트

문재인 정부가 출범한 2017년 5월.

당시 상황은 내수 취약성이 심화하는 가운데

수출 환경까지 악화하며 주력 산업인

제조업의 위기가 고조되고 있었다.

비유하자면 폭우가 몰아치는 가운데 제방이 무너져

마을 사람들의 목숨과 집, 일터를 잃을 위기에 처한 것이다.

이런 상황에서 새 정부가 해야 할 일은 무엇이겠는가?

우선 목숨이 위험한 사람을 구명하고 침수된 집 대신

임시 주거시설 등을 제공해야 할 것이다.

또 궁극적으로는 마을을 지켜주는 제방을 다시 쌓아야 할 것이다.

수출은 우리가 통제하기 어려운 상황으로,

지속적인 성장을 위해서는 먼저 내수를 강화하는 수밖에 없다.

문재인 정부의 경제운영 방향인 소득주도성장,

공정경제, 혁신성장 등은 이러한 상황의 산물이었다.

1

'나라를 거덜 낸 정권'은
어떻게 시작했나

이명박, 박근혜의 유산

문재인 정부의 경제성과를 객관적으로 평가하기 위해 문재인 정부 출범 직전 상황을 보여주는 몇 가지 지표를 살펴보자. 가장 중요한 지표 중 하나가 가구소득이다. 박근혜 정부의 '사실상' 마지막 해였던 2016년 말 당시 상황을 사람들은 어떻게 기억하고 있을까? 그때로 시간을 되돌려보자. 2016년 9월 20일 〈한겨레〉는 "재벌들이 출연해 만들어진 미르재단과 K스포츠재단에 최순실이 관여했다."라고 보도했다. "의혹이 사실이라면 박근혜는 퇴진해야 한다."라는 주장이 2016년 10월 19일 한양대 법학 교수 박찬운에 의해 제기됐다. 2016년 10월 12일에는 문화예술계 '블랙리스트 사건'이 터졌다. 박

원순 서울시장은 "블랙리스트가 사실이라면 박근혜 대통령을 탄핵해야 한다."라고 주장했다. 2016년 10월 24일 저녁 JTBC는 최순실에 대한 국정개입에 대한 증거로 태블릿PC를 입수해 보도했다. 10월 25일 포털에 '탄핵', '하야'가 상위 검색어로 올랐으나, 공식적인 퇴진 요구는 터지지 않았다. 10월 25일 박근혜 대통령은 "연설 등을 도움받았다."라고 해명했으나 이날 저녁 JTBC는 "박근혜 대통령이 해명의 범위를 넘어서는 문건을 최순실에게 유출했다."라고 증거를 공개했다. 이에 10월 26일부터 기자회견, 선언 등 형태로 공식적인 퇴진 운동이 시작됐고, 10월 29일에 1차 촛불시위가 열린 후 매주 토요일마다 촛불시위로 이어졌다.

2016년 말, 시나브로 박근혜 정권의 정치적 사망은 선고되고 있었다. 그런데 일반 국민이 모르는 사실이 있었다. 2016년 말에는 이미 민생 경제 및 국가 경제도 파산으로 치닫고 있었다. 엄밀히는 '한국식 산업화 모델'이라 부르는 '박정희 경제 시스템'에 대한 사망 선고였다. 민생 경제의 대표 지표 중 하나가 가계소득이다. 2016년 4분기(10~12월) 가구소득은 처참했다.[표1.1] 통계청에서 일반 공개하는 자료는 2인 이상으로 구성된 가구 기준이다. 이 기준으로 볼 때 3분위(하위 20~30% 가구)를 제외하고, 하위 60% 가구의 (물가상승률을 고려하지 않은) 명목소득이 1년 전보다 감소했다. 사실 이것도 끔찍하지만, 전체 가구 중 28%에 달하는 1인 가구를 포함하면 '참상'이라고 표현할 수밖에 없는 상황이었다.[표1.2] (일반인은 귀찮은 수작업을

I부. 경제 '지표'를 부정하는 사람들

[표1.1] ─ 10분위별 월 소득 증감 추이(2인 이상 가구 기준, 단위: 원)

	2015년 4분기	2016년 4분기	증감액	증감률
1분위 (하위10%)	980,073	894,840	-85,233	-8.7%
2분위	1,893,932	1,836,446	-57,486	-3.0%
3분위	2,566,973	2,572,623	5,650	0.2%
4분위	3,146,744	3,140,077	-6,667	-0.2%
5분위	3,687,336	3,644,381	-42,955	-1.2%
6분위	4,190,471	4,181,027	-9,444	-0.2%
7분위	4,773,470	4,787,696	14,226	0.3%
8분위	5,477,414	5,498,803	21,389	0.4%
9분위	6,544,562	6,596,432	51,870	0.8%
10분위 (상위10%)	9,750,986	9,960,670	209,684	2.2%

자료: 통계청

해야 파악할 수 있는) 1인 가구를 포함한 전체 가구의 소득 변화를 보면 전체 가구의 하위 90%가 소득이 후퇴했기 때문이다. 상위 10% 조차도 0.7% 증가에 불과했다.

무슨 일이 있었던 것일까? 민생 파탄은 당시 뉴스 한 장면이 잘 보여준다. 2016년 10월 20일 KBS 뉴스(활기 잃은 산업현장…짙어진 '불황 그늘')는 다음과 같이 보도했다.

앵커 ─0.4%, 올해 4분기 한 민간경제연구소가 전망한 우리 경제성

[표1.2] — **10분위별 월 소득 증감 추이(1인 가구 포함, 단위: 원)**

	2015년 4분기	2016년 4분기	증감액	증감률
1분위 (하위10%)	477,487	442,766	-34,721	-7.3%
2분위	1,077,952	1,008,078	-69,874	-6.5%
3분위	1,713,439	1,619,049	-94,390	-5.5%
4분위	2,355,504	2,280,048	-75,457	-3.2%
5분위	2,959,804	2,936,599	-23,205	-0.8%
6분위	3,594,416	3,540,099	-54,317	-1.5%
7분위	4,221,910	4,195,825	-26,086	-0.6%
8분위	4,981,260	4,968,163	-13,097	-0.3%
9분위	6,058,899	6,050,145	-8,754	-0.1%
10분위 (상위10%)	9,237,646	9,305,636	67,990	0.7%

자료: 통계청

장률 전망입니다. 3분기에는 추경예산과 대대적인 내수진작책 덕을 봤지만 4분기에는 이런 정책수단도 마땅치 않습니다. (…) 한국 경제, 왜 위기인지 또 어디서부터 다시 시작해야 하는지 짚어보겠습니다. 우리 산업현장, 지금 어떤 상황인지부터 보시죠.

인터뷰(인근 공장 직원) 시설 철거하느라고 몇 사람 있었는데, 지금은 완전히 (아무도) 없고…. 아예 다 뜯어가고 없는 거죠.

최대수 기자 공단 인근에 있는 국내 최대 중고기계 유통단지입니다. 문을 닫은 공장에서 나온 기계들이 거래됩니다. 기계 매물은 많은 데, 수요는 거의 없다 보니 새 주인을 찾지 못한 물건들이 창고마다 가득 들어차 있습니다. (…) 불황의 그림자는 공단 인근 식당가에도 드리워졌습니다. 실적이 나빠진 회사들은 회식을 줄였고, 잔업이 감소하면서 야식 배달도 뜸해졌습니다. (…) 주요 산업이 잇따라 침체에 빠지면서, 우리 경제를 이끌던 산업공단의 성장 엔진도 차갑게 식어가고 있습니다. (…) 한국 경제 위기 신호가 곳곳에서 울리고 있습니다. 더 답답한 건 현재로선 탈출구도 잘 보이지 않는다는 겁니다. (…) 공장 가동률이 70%밖에 안 됩니다. (…) 우리 경제를 끌고 왔던 수출도 2년 가까이 마이너스 행진입니다. (…) 연말쯤에는 가계 빚이 1,300조 원을 넘어설 것으로 보이는데요. 5년 전만 해도 매월 100만 원을 벌면 18만 3천 원을 빚 갚는 데 썼는데, 이제 24만 3천 원을 써야 합니다. 소비, 당연히 줄 수밖에 없겠죠. 지난 1분기에 전 분기 대비 0.5% 성장했는데 정부 부문을 빼면 0% 성장이었습니다. 정부 예산으로 그나마 경제가 돌아가고 있다는 얘깁니다."

한국 경제에 고도성장을 가져다준 제조업은 안정적인 가계소득과 일자리의 '상징'이었다. 그런데 제조업의 성장률(매출액 증가율, 한국은행)이 2011년 13.6%에서 이명박 정부 마지막 해인 2012년 4.2%로 곤두박질치고, 박근혜 정부 첫해인 2013년에는 0.5%로 성장이 사실상 중단된 상황에 직면했으며, 2014년부터 2016년까지 내리 3년간 -1.6%, -2.8%, -0.6%로 역성장했다. 일반적으로 한국 경제는 대기업, 특히 재벌 대기업 중심의 경제체제라고 지칭한다. 그런데 삼성전자나 현대차 등에서 확인할 수 있듯이 재벌을 포함한 대기업의 주력 사업은 제조업이다. 제조업의 역성장은 대기업도 예외가 아니었다. 2011년 14.4%에서 2012년 4.0%로, 그리고 2013~2016년 4년간 연속해서 −1.6%, −4.0%, −5.6%, −2.5%로 역성장했다. 이러한 제조업의 위기는 수출의 위기에서 비롯했다. 우리의 수출 주력 산업이 제조업이기 때문이다. 한국의 수출액 증가율(한국무역협회, 달러 기준)은 2011년 19.0%를 기록한 후 이명박 정부 마지막 해인 2012년 −1.3%로 추락했고, 박근혜 정부(2013~2016년)에서 2.1%, 2.3%, −8.0%, −5.9%를 기록하는 등 2016년 수출액이 2013년에 비해 65억 달러나 감소했다. 이렇듯 '제조업-수출-대기업'에 기반한 박정희 경제 시스템이 총체적 위기라는 막다른 길에 내몰리게 되자 박근혜 정부는 최악의 수단을 선택했다. 모르핀에 비유할 수 있는 이른바 '(가계)부채주도성장'이었다. '빚내서 집 사라'는 이른바 초이노믹스의 결과를 언론과 방송은 훗날 다음과 같이 평가했다.

"2014년 7월 당시 경제사령탑 최경환은 LTV(주택담보인정비율)와 DTI(총부채상환비율)를 각각 70%, 60%로 완화했고, 그의 후임 유일호도 이 비율을 그대로 유지했다. "전세가가 매매가의 70% 수준인 현 상태에서 30%만 더 있으면 집을 살 수 있다. 신용 보강이 이뤄지면 전세로 사는 사람 상당수가 매매로 전환할 수 있다."라는 최경환의 당시 발언과 정책에는 '초이노믹스'란 이름이 붙기도 했다. 하지만 부동산 부양을 통해 내수 활성화를 노렸던 초이노믹스는 '대실패'로 끝났다. 초이노믹스 발표 전만 해도 3.4%였던 경제성장률은 다음 분기에 2.7%로 떨어졌고, 같은 기간 전세가 증가율은 3.4%에서 4.9%로 치솟았다. 특히 2014년만 해도 1,089조 원이던 가계부채는 '빚내서 집 사라'는 정책 이후 2015년에는 1,203조 원으로 10.9% 급증했다. 그 여파로 2016년에는 1,344조 원, (2017년에는) 1,451조 원으로 (3년 만에 362조 원이 불어났다.)" — CBS노컷뉴스, "'빚내서 집 사라'던 朴 정부…가계부채 폭탄 불렀다" (2018. 03. 29.)

"국토교통부가 발표한 올 들어 지난 8월 말까지의 전국 주택허가 물량은 47만 1천 가구(전년 동기 대비 +4.3%), 착공 40만 가구(-2.7%), 준공은 32만 6천 가구(+19%)로 사상 최대 규모를 자랑했다. 이 같은 주택건설의 호조에 따라 지난 2분기 우리나라의 국내총생산(GDP) 증가율 3.3% 가운데 건설투자가 기여한 것은 1.7%p로 경제성장률에서 건설투자가 기여한 비중이 51.5%에 달했다. 올 상반기 전체로는 우리 경제가 3% 성장하는 사이, 건설업 투자는 10.3%가 늘어 경제성장률의 절반 가까운 1.4%p를 담당했다. 올 하반기에는 건설투자가 10.7%가 늘어 GDP에서 건설투자가 차지하는 비중은 60%에 육박할 것으로 예상되고 있다. 하반기 경제성장률 전망치 2.5% 가운데 1.5%p 이상이 건설투자 증가분이 될 수 있다는 전망이다. (…) 산업연구원 강두용 선임연구위원과 민성환 연구위원은 지난 9월 19일 발표한 〈최근 실물경기의 건설투자 의존 구조〉라는 제목의 보고서에서 최근 주택건설의 빠른 증가는 저성장과 저출산 구조하에서 나타나고 있다면서 1990년대 일본을 연상시킨다고 지적했다. (…) 특히 주택투자 급증은 가계부채의 높은 증가와 더불어 나타나고 있다면서, 건설투자 의존형 경제성장은 부채 추동형 성장debt fueled growth이어서 경계가 필요하다고 지적했다." — SBS 뉴스, [취재파일] 두려운 속도의 주택건설 신장…GDP의 절반 넘었다: '1990년대 일본 재연 우려'…정부는 외면했나 몰랐나 (2016. 10. 18.)

초이노믹스 기간(2014년 2분기~2017년 2분기) 실질 건설투자액의 연평균 증가율은 8.2%로 2000~2012년 기간(4분기 기준) 연평균 증가율 1.5%에 비해 약 5.5배나 높은 것이었고, 건설투자를 주도한 것은 주택건설투자였다.[표1.3] 2016년 4분기의 전년 동기 대비 실질 성장률은 2.6%였다. 그런데 건설투자가 끌어올린 성장률이 1.6%p였다. 건설투자가 전체 성장의 약 62%를 만들어낸 것이다. 당시 우리와 비슷한 소득 수준을 기록했던 OECD 나라들의 평균 건설투자 기여도 0.1%p에 비해 16배나 높은 수준이었다.* 그 결과는 주택담보대출의 폭증을 수반할 수밖에 없었다. 초이노믹스 기간 주택담보대출 연평균 증가율 12.0%는 2007~2013년(4분기 기준) 기간 연평균 6.9%보다 1.7배나 높았다.

* 김석기, 〈최근 건설투자의 GDP에 대한 성장기여도와 그 시사점〉, KIF 금융포커스, 26권 16호, 2017.

[표1.3] ─ **유형별 건설투자의 분기별 증가율 추이(전년 동기 대비, 단위: %)**

건설투자	2015.1	2015.2	2015.3	2015.4	2016.1	2016.2	2016.3	2016.4	2017.1	2017.2	2017.3	2017.4
주거용 건물	11.1	14.0	18.1	27.8	23.3	26.7	21.7	22.2	22.7	16.7	15.1	7.9
비주거용 건물	1.3	1.0	2.2	5.4	11.5	10.2	9.6	12.0	11.6	11.1	9.2	5.3
토목건설	1.9	3.8	4.1	0.3	-3.2	-6.6	-2.4	-1.4	-4.3	-1.6	-7.6	-5.3

자료: 한국은행

초이노믹스는 시장주의자들이 신줏단지로 여기는 경제 효율성 기준으로도 최악의 정책이었다. 가계부채와 부동산에 의존한 경기 부양은 건설과 금융 자본의 이익을 뒷받침하는 것으로 미국의 서브프라임 모기지 사태에서 이미 밑천이 드러난 정책이다. 이론적으로도 실패가 예고된 것이었다. 가계부채로 부동산 가격을 증가시킬 때 가계자산 증가로 가계소비 증가(이른바 자산효과)를 기대할 수는 있으나, 반대로 가계부채 증가에 따른 원리금 상환 부담 증가로 가처분소득의 감소에 따른 가계소비 감소가 수반된다. 일반적으로 전자는 크지 않다. 부동산을 매각하기 전까지 자산 증가는 실현된 것이 아니기 때문이다. 결국, 가계부채가 1% 증가하며 경제성장률에 끼친 효과는 박근혜 정부 전후로 플러스(+)에서 마이너스(-)로 바뀐 것뿐이었다. 이처럼 박근혜 정부 말인 2016년 가계소득의 참상은 '박정희 경제 시스템'이 수명을 다한 상황에서 가계부채에 의존한 결과였다는 점에서 '최순실 사태'가 없었어도 당시 집권 여당이었던 새누리당은 정권 재창출이 어려웠다.

'소득주도성장'은 성과를 만든 정책이다

문재인 정부가 출범한 당시 한국은 정확히 이런 상황에 놓여 있었다. 내수 취약성이 심화하는 가운데 수출 환경까지 악화하며 주력 산업인 제조업의 위기가 고조되고 있었다. 비유하자면, 우리가 사는 마을에 물이 범람하는 것을 막아주는 제방이 무너지고 마을이 물에 잠겨 마을 사람들의 목숨과 가옥, 일터를 상실할 위기에 처한 것이다. 이런 상황에서 새 정부가 해야 할 일은 무엇이겠는가? 우선 목숨이 위험한 사람을 구명하고 침수된 집 대신 임시 주거시설을 제공해야 한다. 궁극적으로는 제방을 다시 쌓아 수재로부터 안심하고 생활할 수 있게 해줘야 할 것이다. 당시 수출 부문은 임의로 통제하기 어려웠으므로 지속적인 성장을 위해서는 내수를 강화하는 수밖에 없었다. 문재인 정부의 핵심 경제운영 방향인 소득주도성장, 공정경제, 혁신성장 등은 이러한 상황의 산물이었다. 첫째, 내수 강화는 소비 여력이 없는 저소득층과 중산층의 가계소득 지원이나 지출 부담 경감 등에 초점을 맞출 수밖에 없고, 이것이 소득주도성장의 주된 내용이다. 둘째, 제조업의 어려움에 대한 대응은 제조업의 고부가가치화 그리고 제조업 의존을 줄이기 위해 산업체계의 다양화를 추구할 수밖에 없다. 이러한 산업재편의 목표가 혁신성장이다. 그리고 시장환경을 포함한 경제의 공정성 강화는 소득주도성장과 혁신성

I부. 경제 '지표'를 부정하는 사람들

장의 전제가 될 수밖에 없다.

　문재인 정부의 경제성과는 팬데믹 재난이 확산된 2020년 전후로 구분해서 평가해야 한다. 문재인 정부의 (최저임금 인상, 비정규직의 정규직화, 노동시간 단축, 기초연금 인상, 아동수당 도입, 고교무상교육 시행, 건강보험 보장성 강화 등) 소득주도성장 정책들은 2019년까지 상당한 성과를 만들어냈다. 무엇보다 가구소득의 붕괴를 막아냈다. 이는 박근혜 정부와 문재인 정부에서 가구소득의 연평균 증가율 차이에서도 확연히 드러난다. 가구소득 연평균 증가율은 박근혜 정부 때보다 문재인 정부 때가 약 4배 안팎 높았다. 가구소득의 개선은 고용지표 개선과 관련돼 있다. 3대 고용지표 중 실업률 지표를 제외한 고용률이나 경제활동 참가율 모두 개선됐다. 연령층별 고용률도 40대를 제외한 대부분 연령층에서 개선됐다. 게다가 자영업 비중을 축소할 필요가 있는 상황에서 전체 취업자 중 임금노동자 비중이 2016년 74.5%에서 2019년 75.3%로 증가했다. 임금노동자 비중이 증가하더라도 임시직이나 일용직 비중이 높아지면 바람직하지 않은데, 전체 임금노동자 중 상용노동자의 비중이 2016년 66.4%에서 2019년에는 69.5%로 크게 개선된 것이다. 한편, 상용노동자 비중의 증가와 반비례로 임시직 및 일용직 비중은 감소했다.

　소득분배도 개선됐다. '0'에 가까울수록 평등하고 '1'에 가까울수록 불평등함을 의미하는 지니계수는 2016년 0.355에서 2019년 0.339로 하락했다. 양극화도 개선됐다. 2016년에는 상위 20% 가구

[표1.4] ─ 문재인 정부 이후 10분위별 월 소득 증감 추이

[표1.4] ─ 문재인 정부 이후 10분위별 월 소득 증감 추이
(4분기 기준, 1인 가구 포함, 단위: 원)

	2016~2019년 증감률	2016~2019년 증감액	2016~2020년 증감률	2016~2020년 증감액
1분위 (하위 10%)	17.5%	77,688	35.2%	156,013
2분위	25.8%	259,889	34.5%	347,340
3분위	23.8%	385,315	28.8%	466,164
4분위	15.1%	344,496	18.0%	411,427
5분위	11.7%	342,925	11.4%	335,003
6분위	12.7%	448,194	12.6%	445,841
7분위	14.6%	614,347	15.0%	631,387
8분위	16.8%	835,703	17.4%	865,505
9분위	17.9%	1,082,366	20.5%	1,238,059
10분위 (상위 10%)	22.6%	2,099,449	25.4%	2,360,697

자료: 통계청

소득이 하위 20% 가구소득의 약 7배에서 6.25배로 좁혀졌다. 가계소득이 중간 50번째 가계소득의 50%도 되지 않는 가계의 비중을 나타내는 상대적 빈곤율도 같은 기간 동안 17.6%에서 16.3%로 줄어들었다. 특히 OECD 나라 중 가장 높은 66세 이상 고령층 빈곤율도 45.0%에서 43.25로 개선됐다. 임금노동자 중윗값 임금의 2/3가 되지 않는 임금노동자의 비중을 나타내는 저임금노동자 비중도 문재인 정부에서 처음으로 20% 미만으로 떨어졌다.

[표1.5] ─ 박근혜 정부 vs. 문재인 정부 경제성과 비교

고용률	2016년 12월	2019년 12월		2012~ 2016년	2016~ 2019년
15세 이상	60.2%	60.8%	가계소득 증가율[1]	연 1.3%	연 5.5%
15~64세	66.2%	67.1%			

실업률	2016년 12월	2019년 12월		2012~ 2016년	2016~ 2020년
15세 이상	3.2%	3.4%	가계소득 증가율	연 1.3%	연 4.7%
15~64세	3.3%	3.2%			

경제활동 참가율	2016년 12월	2019년 12월
15세 이상	62.2%	62.9%
15~64세	68.5%	69.3%

연령별 고용률	2016년 12월	2019년 12월		2016년	2019년
15~29세	41.8%	43.8%	지니계수[2]	0.355	0.339
20대	57.8%	58.2%	(상위 20% / 하위 20%)	6.98배	6.25배
25~29세	68.7%	70.7%	상대적 빈곤율[3]	17.6%	16.3%
30대	75.2%	77.0%	66세 이상 상대적 빈곤율	45.0%	43.2%
40대	79.3%	78.4%	저임금노동자 비중[4]	23.5%	17.0%
50대	74.4%	75.5%			
60세 이상	37.8%	40.5%			
65세 이상	28.0%	31.5%			

1. 4분기 기준. 전체 가구 평균소득은 2012년 357만 2,212원, 2016년 363만 5,291원, 2019년 428만 4,972원, 2020년 436만 1,723원임.
2. 가처분소득 기준 지니계수이고, 0과 1 사이 값을 갖는 지니계수는 0에 가까울수록 평등함을 의미하며, 값이 작을수록 소득분배가 평등함을 의미함.
3. 상대적 빈곤율은 가계소득이 중간 50번째 가계소득의 50%도 되지 않는 가계의 비중임.
4. 국가지표체계, e-나라지표. 저임금노동자란 중윗값의 2/3 미만 임금노동자 비중임.

2

문재인 정부는
무조건 옳지 않다?!

개혁 정부의 손발 묶기

문재인 정부는 '적어도' 집권 당시의 '발등에 떨어진 불'은 껐다. 그렇지만 보수세력(엄밀하게는 수구 기득권세력)은 경제성과를 인정하지도 않았을 뿐 아니라 좌초시키기 위해 집요한 공세를 퍼부었고, 지금도 계속되고 있다. 문재인 정부가 추구하는 가치와 경제적 목표가 수구 부패세력의 경제적 이해와 충돌하기 때문이다. 경제에 대한 공격은 보수세력이 위기를 느꼈던 2018년부터 본격화됐다. 사실 보수세력은 문재인 정부가 출범한 2017년 악화 일로를 걷던 남북 관계 및 한반도 문제를 즐기고 있었다. 긴박했던 당시 상황으로 돌이켜보자.

I부. 경제 '지표'를 부정하는 사람들

2017년 7월 '북한이 탄도미사일에 탑재할 수 있는 핵탄두 소형화에 성공한 것으로 미 정보당국이 결론을 내렸다.'는 미국 언론(《워싱턴포스트》 등)의 보도가 나오자, 도널드 트럼프 미국 대통령은 8월 8일 "북한이 미국을 위협하면 지금껏 전 세계가 보지 못한 '화염과 분노'Fire and Fury에 직면하게 될 것."이라고 경고했다. 이에 북한의 전략군사령관은 중거리 미사일로 태평양에 있는 미국령 괌을 포위 사격하는 작전 방안을 검토 중이라고 바로 반응을 보였다. 그러자 10일 트럼프는 다시 "(북한을 겨냥한 자신의 '화염과 분노' 발언이) 충분히 강력하지 않았던 것 같다. 우리는 군이 100% 지원하고 있다."라고 언급한 후, 연이어 11일 "북한이 현명하게 행동하지 않을 경우, 이에 대한 군사적 해결책이 완전히 준비됐고 장전됐다. 김정은이 다른 길을 찾기를 바란다."라고 맞받아쳤다. 그러나 북한은 8월 29일 북태평양으로 탄도미사일(화성-12형 로켓) 한 발을 발사했고, 이어 9월 3일에 6차 핵실험을 강행했다. 그러자 트럼프 대통령은 19일 유엔총회 연설에서 북한 정권에게 핵과 미사일 개발을 멈추라고 경고하며 "미국은 엄청난 힘과 인내력을 갖고 있지만, 미국과 동맹을 방어해야 한다면 **북한을 완전히 파괴시키는 것** 외에 다른 선택이 없을 것."이라는 경고와 함께 김정은 국무위원장을 '로켓맨'이라고 부르며, 그가 "자신과 자신의 정권을 위해 자살 임무를 수행하고 있다."라고 비난했다. 이에 김정은 국무위원장은 21일 북한 지도자로는 처음으로 자신의 명의로 성명을 냈는데, 이 성명에서 "우리 국가의 완전 파괴라는 역대 그 어느 미국 대통령에게서도 들어볼 수 없었던 전대미문의 무지막지한 미치광이 나발을 불어댔다. 트럼프는 한 나라의 무력을 틀어쥔 최고통수권자로서 부적격하며 그는 분명 정치인이 아니라 불장난을 즐기는 불망나니, 깡패임이 틀림없다. 망발에 대한 대가를 반드시 받아낼 것이고 사상 최고의 초강경 대응조치 단행을 고려할 것이다. 트럼프 대통령의 발언은 내가 선택한 길이 옳았으며 끝까지 가야 할 길임을 확증해 주었다."며 핵·미사일 고도화를 포기하지 않겠다는 의지를 드러냈다. 유엔총회 참석차 뉴욕에 온 북한 외무상 리용호도 23일 연설에서 "트럼프가 바로 이 연탁에서 조선민주주의공화국의 '최고 존엄'을 감히 건드리고 위협하는 망발과 폭언을 늘어놨기 때문에 나도 같은 말투로 그에 대응하는 것이 응당하다고 본다."라며 트럼프 대통령을 '과대망상자', '정신이상자' 등으로 묘사하며 원색적으로 비난했다. 그러자 트럼프 대통령은 이날 자신의 트위터에 "북한 외무상의 유엔 연설을 막 들었다."면서 "그가 꼬마Little 로켓맨의 생각을 그대로 읊는다면, 북한은 오래가지 못할 것."이라고 재차 경고했다. 다시 이틀 뒤 25일 리용호는 "우리 지도부에 대해 오래가지 못하게 할 것이라는 점을 공언함으로써 선전포고를 했다. 미국의 현직 대통령이 한 말이기 때문에 이것은 명백한 선전포고로된다."라며 미국이 자신들을 향해 '선전포고'했다고 주장했다.

'화염과 분노'에서 시작된 미국과 북한의 원색적인 비난전이 북한의 미사일 발사와 핵실험 그리고 유엔총회 연설 등을 거치면서 '선전포고'까지 거론되는 등, 양국 수뇌부 간 인신공격성 '말의 전쟁'이 자칫 실제 한반도의 무력 충돌로 이어질 수 있는 긴박한 상황으

I부. 경제 '지표'를 부정하는 사람들

로 내몰리고 있었다. 이때 문재인 정부의 중재가 빛을 발하기 시작했다. 12월 21일 북한이 대한적십자사를 통해 2018년 2월 평창 동계올림픽 기간 중 한미 연합군사훈련 중단을 요구하자, 한국은 올림픽 기간 중 군사훈련을 보류하겠다는 미국의 동의를 끌어냄으로써 북한의 제안에 화답했다. 이에 2018년 2월 평창올림픽에 북한의 노동당 제1부부장 김여정을 포함한 고위급 대표단이 참여하고, 김여정을 문재인 대통령이 청와대로 초청함으로써 남북 관계와 한반도 분위기가 반전됐다. 올림픽 이후 한미연합훈련 기간과 규모 축소를 계기로 4월 27일 남북 정상회담과 판문점 선언이 이어졌고, 5월 22일 워싱턴에서 진행된 한미 정상회담을 계기로 6월 12일 역사적인 싱가포르 북미 정상회담과 (조미관계 정상화, 평화체제 구축, 북한의 완전한 비핵화 등을 합의한) 공동성명으로 상황이 숨 가쁘게 전개됐다. 이러한 2018년 상반기 남북 관계와 한반도 정세의 대전환에 한국의 보수세력과 제국주의 향수를 갖는 일본의 아베 세력 등은 매우 초조해했다. 아베가 2월 평창올림픽 때 문재인 대통령을 만나 올림픽 후 한미 군사훈련의 즉각적인 실시를 요청했으나 문재인 대통령은 주권 문제라며 일축했다.

'경제 폭망설'은 어떻게 탄생했나

이 같은 긴박한 상황 반전은 보수세력이 더는 안보 이슈를 활용하기 어렵게 만들었고, 개혁 정부에 대한 공격을 경제 이슈에 집중한 배경이 됐다. 가계소득, 성장률, 고용지표 등이 집중적인 표적이

됐다. 앞서 소개했듯이 박근혜 정부 말이었던 2016년 4분기에 (2인 이상 가구 기준으로) 전체 가계의 60%가 소득이 후퇴하던 상황이었기에 문재인 정부에서도 가계소득 감소 진행은 불가피한 측면이 있었다. 그러나 가계소득이 감소하는 대상 가구가 점차 축소됐고, 2019년 3분기부터는 모든 가계의 소득이 상승으로 전환됐다. 1인 이상 가구 기준으로도 마찬가지였다. 그런데 보수언론은 박근혜 정부에서의 가계소득 감소는 외면한 채 문재인 정부에서의 가계소득 감소만 부각했다. 다시 말하지만, 박근혜 정부 때보다 문재인 정부에서 가계소득의 연평균 증가율은 최소 3배 이상 높았다.

가계소득의 왜곡에서 한 걸음 더 나아가 '경제 폭망 프레임'을 본격적으로 가동하기 시작했다. 〈조선일보〉는 한국의 분기 성장률을 미국의 연간 성장률과 비교하는 유치한 짓까지도 서슴지 않았다. 2018년 1분기 성장률에 대해 침묵하던 〈조선일보〉는 2분기 성장률이 발표되자, 7월 27일 '2분기 0.7%(확정치 0.6%) 성장, 그 뒤에 드리운 더 암울한 전망'이라는 제목의 사설에서 "우리 경제가 2분기에 0.7% 성장하는 데 그쳤다."라며 "1분기 1.0%(확정치 1.1%)로 올라섰던 성장률이 0%대로 주저앉아 경제가 하락세로 돌아섰다는 우려가 더 커졌다."라고 보도했다. 그러면서 〈조선일보〉는 "한국보다 경제가 12배 큰 미국이 2분기에 무려 4.3%(연율 환산) 성장을 내다본다. 충격적이기에 앞서 어이가 없다."라고 미국과 비교했다. 그런데 일반적으로 성장률은 앞 분기 대비 성장률과 전년 동기 대비 성장률(연율) 등 2가지 방식으로 발표한다. 이 중 미국은 앞 분기 대비 성장

I부. 경제 '지표'를 부정하는 사람들

률을 추산한 후 이를 기초로 4분기, 즉 1년 동안 같은 속도로 성장할 것을 가정해 연율을 발표한다. 앞 분기 대비 한 분기 동안 성장률로 경기 변화를 파악하는 것이다. 일반인들에게 성장률은 연간에 익숙하고, 국가 간에도 연간 성장률로 비교하는 것이 흔하다. 앞 분기 대비 분기 성장률을 연간 성장률로 환원하는 방식은 1년 전 같은 분기에 비해 얼마나 성장했는가를 나타내는 전년 동기 대비로 연간 성장률을 파악할 수도 있고, 현재의 분기 성장률이 4분기 동안 같은 속도로 진행될 것을 가정한 연간 성장률로 나타낼 수도 있다. 한국은 행이나 OECD 등은 전자의 방식을 사용하며, 미국은 후자를 사용한다. 이를 이해하면 〈조선일보〉의 의도를 읽을 수 있다. 먼저 〈조선일보〉가 1분기 성장률을 비교하지 않은 이유는 어느 방식으로 해도 한국의 성장률이 미국보다 높았기 때문이다. 그런데 이때 2분기에는 1분기 대비 성장률만 놓고 봤을 때 미국이 한국보다 높았다. 〈조선일보〉가 2분기만 애써 부각한 이유다. 〈조선일보〉는 여기에 그치지 않고, 한국은 전기 대비 성장률 수치 0.7%를 소개한 데 비해 미국은 1.0% 성장률이 4분기 동안 진행될 것을 가정한 연율 4.1%를 부각했다. 〈조선일보〉가 욕을 먹는 전형적인 이유다. 문제는 또 있다. 전기 대비 성장률은 앞 분기 성장률이 높을수록 낮아질 가능성이 크다. 이른바 기저효과 때문이다. 1분기에 이미 한국은 미국보다 2배나 높았다. 그렇다 보니 2분기에는 상대적으로 낮아질 수밖에 없었다. 2분기 성장률을 비교하려면 2분기 전, 즉 2017년 4분기 대비 상반기 동안 어느 정도 성장을 했는가를 비교해야만 한다. 다음의 표에서 확

[표1.6] — 〈조선일보〉의 성장률 왜곡: 2018년 1분기와 2분기 성장률(단위: %)

성장률 발표 방식	1분기 성장률		2분기 성장률		2017년 4분기 대비 2018년 상반기 성장률	
	한국	미국	한국	미국	한국	미국
전기 대비	1.0	0.5	0.7	1.0	1.7	1.5
전년 동기 대비	2.8	2.6	2.9	2.8	2.8	1.5
전기 대비(연율)	4.1	2.2	2.8	4.1	2.89	2.25

자료: 한국은행, 미 상무부, OECD

인할 수 있듯이 한국은 1.7%, 미국은 1.5%였다. 연율로 환산하면 한국은 2.89%, 미국은 2.25%였다. 3가지 기준 어느 것으로도 2017년 상반기 성장률은 한국이 월등했음에도 한국을 깎아내리기 위해 자기 입맛에 맞는 수치로 사실을 왜곡한 것이다.

보수야당은 〈조선일보〉의 경제 폭망설을 '베네수엘라 급행열차론'으로 확대 재생산시켰다. 예를 들어, 2019년 10월 8일 국회 의원회관에서 열린 '민부론' 제1차 입법세미나에서 당시 제1야당 자유한국당 황교안 대표는 "성장 없는 분배는 망국으로 가는 길로, 지금 우리는 베네수엘라처럼 그 길을 가고 있다. 그것도 급행열차를 탔다."라고 주장했다. 그런데, 결론부터 말하면 황교안 전 대표의 이러한 주장은 단순한 거짓말이 아니라 황당한 거짓말이다.

문재인 정부(2017~2020년)에서 한국의 경제성장률을 지표를 통

[표1.7] — 문재인 정부 출범 이후 G7 및 OECD 평균 성장률과
한국 성장률의 비교(단위: %)

	2017년	2018년	2019년	2016년(=100) 기준 2019년 수준	2020년*	2016년(=100) 기준 2020년 수준
한국	**3.2**	2.9	2.2	**108.5**	**-0.9**	**107.6**
미국	2.3	**3.0**	**2.2**	107.7	-3.5	103.9
일본	2.2	0.3	0.3	102.8	-4.8	97.7
독일	2.6	1.3	0.6	104.6	-4.9	99.4
영국	1.7	1.3	1.4	104.5	-9.9	94.1
프랑스	2.3	1.8	1.5	105.7	-8.1	97.1
이탈리아	1.7	0.9	0.3	102.9	-8.9	97.9
캐나다	3.0	2.4	1.9	107.5	-5.4	101.7
OECD 평균	2.7	2.3	1.6	106.7	-4.8	101.6
베네수엘라	-15.7	-19.6	-35.0	**44.1**	-35.0	**28.6**

* 글로벌 팬데믹 기간   자료: OECD, IMF

해 비교해보자. 2017년부터 2020년 사이에 한국의 성장률은 G7이
나 OECD 회원국 평균 성장률을 상회했다. 박근혜 정부 마지막 해
인 2016년부터 2020년까지 한국의 성장률은 7.5%, 미국은 3.9%,
캐나다는 1.7%, OECD 회원국 평균은 1.6%였다. 나머지 G7 국가
들은 마이너스(-) 성장했다. 팬데믹 재난이 시작했던 2020년을 제
외하더라도 2016년에서 2019년까지 한국의 성장률은 8.5%인데 반
해, 미국은 7.7%, OECD 회원국 평균은 6.7%였다. 반면, 베네수엘

라는 2016년부터 2019년까지 −56%, 2020년까지는 −71.4%였다. 아무리 정권 탈환이 목적이라고 해도 어떻게 성장률 1등 국가를 꼴 찌 국가와 비교하는 거짓말을 할 수 있는가? 이것이 자칭 한국 보수 세력의 수준이다. 한 나라의 공당이 정치적 이익을 추구하기 위해서 가짜뉴스의 생산자가 되는 것을 어떻게 이해할 수 있는가?

3

보수언론이 원하는
재정지출은 따로 있다

'재정지출'을 막는 진짜 속내

문재인 정부가 위급한 상황을 넘기자 보수언론과 야당 등은 문재인 정부의 성과를 재정을 투입해 만든 일회성 결과라고 공격했다. 그러나 GDP 대비 정부채무 비율은 2016년 36.0%에서 2017년 36.0%로 변화가 없었고, 심지어 2018년에는 35.9%로 줄어들었으며, 2019년에서야 처음으로 37.7%로 1.7%p 상승했다.[표1.8] 3년간 1.7%p, 연간 0.6%p도 되지 않는 상승 폭이었다. 더군다나 2019년은 세계 경제가 후퇴하는 상황이었고, 정부채무 비중이 상대적으로 낮고 수출의존도가 높은 한국 경제의 상황에서 확장재정 편성이 불가피했다. 실제로 세계 평균 경제성장률은 2018년 3.6%에서 2019년 2.8%로,

[표1.8] — 2016~2019년 GDP 대비 정부채무 비율 추이
(달러 환산 정부채무 기준, 단위: %)

	2016년	2017년	2018년	2019년	2016~2019년 변화 폭
한국	37.7	35.9	36.7	39.2	1.5%p
미국	100.1	98.2	98.3	103	2.9%p
G20	86.1	88.3	84.5	89.5	3.4%p
선진국	105.4	108.3	103.5	108.6	3.2%p
성장률 추이					
	2016년	2017년	2018년	2019년	2018~2019년 변화 폭
한국	2.9	3.2	2.9	**2.0**	-0.9%p
세계	3.3	3.8	3.6	**2.8**	-0.8%p
미국	1.7	2.3	3.0	**2.2**	-0.8%p
프랑스	1.8	2.5	2.3	**1.6**	-0.7%p

자료: BIS, 성장률은 IMF, WEO(World Economic Outlook), April 2021.

특히 선진국들(IMF 기준)의 평균 성장률도 2.3%에서 1.6%로 크게 하락했다. 그에 따라 한국 수출을 주도했던 반도체 수출액도 2018년 1,267.1억 달러에서 2019년에는 991.8억 달러로 약 22%나 줄어들었고, 그 결과 전체 수출액도 6,049억 달러에서 5,422억 달러로 10% 이상 줄어들었다. 게다가 정부채무 비율도 주요국들의 비율과 비교해볼 때 높은 증가율이 아니었다. 국제결제은행BIS이 달러로 환산해 국제 비교한 정부채무 비율을 보면 2016년에서 2019년 사이

I부. 경제 '지표'를 부정하는 사람들

에 한국의 정부채무 비율 1.5%p는 G7 회원국 평균 3.2%p나 G20 회원국 평균 3.4%p의 절반도 되지 않았다.

문재인 정부 출범 이후(2017~2021년 1분기) 성장률을 객관적으로 평가하기 위해 OECD 38개국 대상으로 확대 비교해보자.[표1.9] 문재인 정부 출범 직전인 2016년을 100으로 할 때 문재인 정부 출범 이후 9.2%가 성장했다. OECD 38개국의 평균인 2.3%에 비해 4배나 높은 성장률이다. G7 회원국 평균 3.1%와 비교해도 약 3배나 높은 수치다. 그나마 한국보다 성장률이 높았던 나라는 에스토니아, 아일랜드, 뉴질랜드, 리투아니아 등 대부분이 인구 소국이거나 헝가리, 폴란드 등 체제 전환국이었다. 주요 선진국에서 가장 높은 성장률을 달성했다는 점에서 문재인 정부에서의 '경제 폭망론'은 전형적인 가짜뉴스다. 게다가 한국의 성장률은 주요국들과 비교해 가장 적은 재정을 투입해 만든 결과였다. 문재인 정부 출범 이후 한국을 포함한 주요 선진국 10개국 중 유일하게 평균적으로 흑자재정을 운영했다.[표1.10]

G7을 비롯한 주요국의 재정수지와 한국을 비교하면 감히(?) 기축통화국과 비교한다고 지적하며 무지를 드러낸다. 이는 자신들의 생각이 잘못된 것이라는 사실을 받아들이기 어려워서다. 그만큼 문재인 정부를 공격하는 이들 중 상당수는 그냥 싫은 것이 전부인 사람들이다. 기축통화국과 재정지출의 유무 혹은 재정지출의 정도와 무슨 특별한 관계가 있는 것은 아니다. 일반적으로 재정적자 규모

[표1.9] — 세계 주요국 2017~2021년 6월 경제성장 추이(2016년=100)

한국	109.2(109.8)	헝가리	**111.4**
미국	105.5(107.2)	아이슬란드	99.1
일본	97.0	아일랜드	**143.2**
독일	97.4(98.9)	이스라엘	106.5
영국	92.7	리투아니아	**114.5(114.9)**
프랑스	97.7(98.6)	라트비아	103.8(107.7)
이탈리아	94.0(96.5)	룩셈부르크	107.5
캐나다	103.2(103.8)	멕시코	96.5(97.9)
호주	104.1	네덜란드	102.6
오스트리아	98.7(103.0)	뉴질랜드	**111.4**
벨기에	99.7(101.1)	노르웨이	102.9
칠레	102.9	폴란드	**113.8**
콜롬비아	103.1	포르투갈	97.5(102.3)
코스타리카	104.4	슬로바키아	102.1
체코	105.0(105.7)	슬로베니아	108.2
덴마크	104.2	스페인	95.6(98.3)
에스토니아	117.7	스웨덴	104.6(105.5)
핀란드	102.9	스위스	102.2
그리스	100.5	터키	**115.7**
G7	103.1	OECD 평균	102.3

자료: OECD 성장률 수치로 계산

I부. 경제 '지표'를 부정하는 사람들

[표1.10] ― 문재인 정부 기간 중 주요국 재정수지 증감(단위: %)

	평균	2017년	2018년	2019년	2020년	2021년(전망치)
미국	-8.7	-4.6	-5.4	-5.7	-14.7	-13.3
독일	-1.4	1.4	1.8	1.5	-4.5	-7.2
프랑스	-5.4	-2.9	-2.3	-3.1	-9.2	-9.3
이탈리아	-5.4	-2.4	-2.2	-1.6	-9.5	-11.1
스페인	-5.6	-3.0	-2.5	-2.9	-11.0	-8.6
일본	-5.8	-3.1	-2.7	-3.1	-10.7	-9.2
영국	-6.4	-2.5	-2.2	-2.3	-13.5	-11.7
캐나다	-3.5	-0.1	0.3	0.5	-10.9	-7.4
호주	-5.1	-1.7	-1.3	-4.4	-9.6	-8.7
한국	**+0.03**	**2.2**	**2.6**	**0.4**	**-2.2**	**-2.9**

자료: IMF, WEO, July 2021. | 2017년은 IMF, Fiscal monitor, Oct 2020.

[표1.11] ― 2017~2021년 주요국 재정수지 GDP 대비 비중 증감 추이(단위: %)

	2017년	2018년	2019년	2020년	2021년(전망치)	연평균
한국	**2.2**	**2.6**	**0.4**	**-2.2**	**-2.9**	**+0.03**
미국	-4.6	-5.4	-5.7	-14.7	-13.3	-8.7
일본	-3.7	-2.1	-3.1	-10.7	-9.2	-5.8
독일	1.4	1.8	1.5	-4.5	-7.2	-1.4
영국	-2.5	-2.2	-2.3	-13.5	-11.7	-6.4
프랑스	-2.9	-2.3	-3.1	-9.2	-9.3	-5.4
이탈리아	-2.4	-2.2	-1.6	-9.5	-11.1	-5.4
캐나다	-0.1	0.3	0.5	-10.9	-7.4	-3.5
스페인	-3.0	-2.5	-2.9	-11.0	-8.6	-5.6

	2017년	2018년	2019년	2020년	2021년(전망치)	연평균
오스트리아	-0.7	0.2	0.7	-9.9	-3.9	-2.7
벨기에	-0.7	-0.8	-1.9	-11.4	-6.3	-4.2
체코	1.5	0.9	0.3	-7.3	-4.3	-1.8
덴마크	1.5	0.5	3.8	-4.0	-3.0	-0.2
핀란드	-0.7	-0.9	-0.9	-6.8	-4.1	-0.2
그리스	1.0	0.9	-0.6	-9.0	-3.0	-1.9
홍콩	5.5	2.3	-1.5	-11.8	-6.6	-2.4
아이슬란드	0.6	0.8	-1.0	-10.0	-7.0	-3.3
아일랜드	-0.3	0.1	0.4	-6.0	-2.7	-1.7
이스라엘	-1.1	-3.6	-3.9	-12.9	-7.1	-5.7
라트비아	-0.8	-0.7	-0.4	-5.4	-3.3	-2.1
리투아니아	0.5	0.6	0.3	-6.7	-3.8	-1.8
네덜란드	1.3	1.5	1.7	-8.8	-4.9	-2.0
뉴질랜드	1.3	1.4	-2.9	-9.2	-8.7	-3.6
노르웨이	**5.0**	**7.2**	**7.8**	**-1.8**	**2.0**	**4.0**
포르투갈	-3.0	-0.4	0.2	-8.4	-2.7	-2.9
싱가포르	**5.3**	**3.7**	**3.8**	**-10.8**	**1.2**	**0.6**
슬로바키아	-1.0	-1.0	-1.3	-8.8	-4.6	-3.3
슬로베니아	0.0	0.7	0.5	-8.8	-2.8	-2.1
스웨덴	1.4	0.8	0.4	-5.9	-2.0	-1.1
스위스	1.2	1.3	1.5	-4.2	-1.4	-0.3
브라질	-7.9	-7.2	-6.0	-16.8	-6.5	-8.9
칠레	-2.6	-1.5	-2.6	-8.7	-4.0	-3.9
중국	-3.8	-4.7	-6.3	-11.2	-8.3	-6.9
인도	-6.4	-6.3	-7.4	-12.8	-11.3	-8.8
인도네시아	-2.5	-1.8	-2.2	-5.9	-6.2	-3.7
멕시코	-1.1	-2.2	-2.3	-4.5	-3.3	-2.7
사우디아라비아	-9.2	-5.9	-4.5	-11.3	-4.5	-7.1

자료: IMF, WEO, July 2021. | IMF, Fiscal monitor, Oct 2020.

I부. 경제 '지표'를 부정하는 사람들

(GDP 대비)가 많이 증가한 경우 재정지출로 경기를 방어했다고 해석할 수 있다. 기축통화국이 아닌 국가들을 포함한 37개국의 재정수지를 보자.[표1.11](참고로, 기축통화국이란 표현도 과잉 사용하지 말아야 한다. 엄밀한 의미에서 기축통화국은 미국 한 곳뿐이다. 다만 유로, 파운드, 엔, 위안 등도 달러 이외에 IMF의 준비자산에 포함하다 보니 넓은 의미에서 기축통화라고 표현하는 것뿐이다.) 재정수지 흑자를 기록한 국가는 한국을 제외하고는 노르웨이(+4.6%)와 싱가포르(+0.6%)가 유일하다. 이 말은 곧 문재인 정부에서의 성장률이 재정지출로 만든 결과가 아니라는 점을 보여주는 것이다. 정부채무를 거론할 때마다 나오는 말이 미래세대의 부담이다. 그러나 국민 1인당 정부채무를 보면 G7 국가인 독일이 2배, 일본은 5.4배나 한국보다 많다.[표1.12] 또 기축통화국이 아닌 싱가포르도 한국보다 5.8배가 많다. 싱가포르는 일본 그리스 다음으로 정부채무가 많은 나라다. 싱가포르 정부채무(GDP 대비 %)는 동아시아 외환위기가 있던 1997년 한국의 7배 수준인 약 69%였다. 그 이후 계속 증가해 2003년 100%, 2012년 104%, 팬데믹 직전인 2019년 126% 그리고 2021년 1분기에는 155%를 기록 중이다. 그런데도 지난 25년 이상 동안 국가신용등급(S&P 기준)이 최고등급인 AAA에서 떨어진 적이 없다.

'재정지출'에 대한 보수언론의 이중잣대

사실 경기후퇴기에 재정을 투입해 경기후퇴를 방어하지 않으면 정부채무 비율이 더 악화할 수 있다. 재정을 투입해 GDP를 늘리는

[표1.12] ― 한국과 G7+싱가포르의 (1인당) 정부채무 및 국가신용등급 비교

	정부채무 총액 (2021년 3월 기준)	인구	1인당 정부채무	한국 대비 배율	정부채무 비율 (GDP 대비)	국가 신용등급 (S&P 기준)
한국	963.9조 원	5,182만 명	1,860만 원	-	47.2%	AA
미국	3경 814.7조 원 (1달러=1185.5원)	3억 3,360만 명	9,237만 원	5.0배	123.6%	AA+
일본	1경 2,694.9조 원 (1엔=10.44원)	1억 2,596만 명	1억 79만 원	5.4배	226.6%	A+
독일	3,242.0조 원 (1유로=1369.65원)	8,414만 명	3,853만 원	2.1배	70.7%	AAA
영국	3,560.2조 원 (1파운드=1600.11 원)	6,836만 명	5,208만 원	2.8배	105.5%	AA
프랑스	3,751.5조 원 (1유로=1369.65원)	6,547만 명	5,730만 원	3.1배	118.1%	AA
이탈리아	3,630.9조 원 (1유로=1369.65원)	6,034만 명	6,017만 원	3.2배	160.3%	BBB
캐나다	2,235.1조 원 (1캐나다달러 =951.93원)	3,818만 명	5,854만 원	3.1배	104.8%	AAA
싱가포르	637.5조 원 (싱가포르달러 =874.43원)	590만 명	1억 805만 원	5.8배	154.7%	**AAA**

주: ( )의 기준환율은 2021년 11월 초 각국의 환율을 기준으로 원화로 환산함.
자료: 국제결제은행(BIS), 기재부, 각국 중앙은행, S&P.

것이 정부채무 비율 증가를 최소화하는 '차선책'이기 때문이다. 최선책은 재정지출이 증가하는 만큼, 소비성향이 낮은 고소득층, 특히 고액 자산가층에게 증세해 재정적자를 최소화하는 것이다. 그런데

I부. 경제 '지표'를 부정하는 사람들

문제는 정부채무의 증가를 걱정하거나 비난하는 사람 대부분이 증세도 반대한다. 이는 그저 정부의 손발을 묶고 싶은 것이다. 정부의 손발을 묶으면 보통사람의 경제가 어려워질 수밖에 없고, 정부에 대한 불만이 증대하게 된다. 이런 상황이 되면 자연스럽게 딸려 나오는 것이 보수언론의 '무능 프레임'이다. 개혁 정부에 대한 지지 철회와 선거 패배, 보수세력의 재집권이 '개혁 정부 손발 묶기'의 실제 목표다. 돌이켜 보면, 보수세력이 집권한 경우 보수언론은 정부의 돈 쓰기에 시비를 걸지 않았다. 예를 들어, 이명박 정부 시절인 2008년 11월 4일 〈조선일보〉는 '한발 앞선 대응 긍정적… 위기 심각성에 비해 규모는 미흡'이라는 제호의 기사에서 일본, 중국보다 한국의 재정 부양이 약하다며 전문가들의 의견을 빌려 "더 과감한 내수진작 정책 펴야"라는 주장을 했다. 다음 내용은 기사의 일부다.

"정부의 이번 부양책 강도가 다른 나라에 비해 약하다는 분석이 많다. 일본의 경우 올 들어 GDP(국내총생산)의 총 3.3%에 해당하는 재정 확대 방안을 추진 중이다. 중국도 1조 위안(GDP의 4%)의 재정 지출을 비롯해 수출품의 부가세 환급률 인상, 공공 투자 확대, 부동산 대책 등 부양책을 잇따라 발표하고 있다. 한국은 올 들어 지금까지 GDP 대비 3.7%(33조 원) 규모의 경기 부양안을 내놓았다. 숫자만 보면 엇비슷하다. 그러나 한국은 일본에 비해 수출 비중이 크기 때문에 수출을 대체할 내수 부양의 필요성이 더 크다. 또 중국보다는 저성장 국가여서 성장 탄력성을 유지하기 위한 투자가 더 필요한 상황이다. 연세대 이두원 교수는 "한국은 일본에 비해 재정의 여유가 더 있다."며 "일본이나 중국에 비해 더 과감한 내수진작 정책을 펴야 한다."고 말했다."

〈중앙일보〉도 2008년 12월 11일 '실책보다 실기가 더 나빠 … 지금은 재정 쏟아부을 때'라는 제호의 기사에서 "재정적자 두려워 말고 지출을 늘려야 한다."라고 강조하며, 전문가의 입을 빌려 "경기침체에서 벗어나기 위해 재정지출을 확 늘려야 한다는 지적이 힘을 받고 있다. 지금은 전시나 마찬가지인 만큼 이것저것 따지지 말고, 더 늦기 전에 대대적인 경기 부양을 하라는 것이다. 그래서 급한 불부터 끄고, 재정적자는 경제가 나아진 뒤 다시 줄이면 된다는 진단이다."라는 주장을 펼친다.

보수언론은 왜 상황에 따라 다른 목소리를 낼까? 이유는 간단하다. 보수 정부의 돈 쓰기와 개혁 정부의 돈 쓰기 성격이 다르기 때문이다. 보수 정부의 돈 쓰기 성격은 '낙수효과'라는 말에 의도가 담겨 있다. 낙수효과는 한마디로 기업 지원 중심의 돈 쓰기다. 즉, (재벌) 대기업 및 건설사와 그들의 광고에 의존하는 보수언론 간 이해관계가 정권에 따라 다른 목소리를 만들어내는 것이다. 1997년 외환위기 이후 재벌기업에 투입한 공적자금 규모는 168조 7천억 원에 달했고, 이 중 회수하지 못한 돈이 2020년 8월 기준 51조 5천억 원에 달했다. 이에 관해 보수언론이나 야당 등이 비난했다는 소리를 제대

I부. 경제 '지표'를 부정하는 사람들

로 들어본 적이 있던가? 실제로 박근혜 정부에서 GDP 대비 정부채무는 2012년 말 30.8%에서 2016년 말 36.0%로 연 1.3%p가 증가한 데 비해, 문재인 정부에서는 2019년까지 37.7%로 연 0.6%p 증가했다. 2020년은 43.8%로 1년간 6.1%p 증가했지만 팬데믹 재난이라는 특수한 상황의 결과였을 뿐이다. 세계적으로 비교하더라도 미국의 22.4%p 증가, 일본의 21.4%p 증가, 영국의 20.1%p 증가, 프랑스의 18.1%p 증가, 이탈리아의 21%p 증가 그리고 심지어 유럽에서 재정 운용이 가장 엄격한 독일조차 9.3%p 증가했다는 점을 주목할 필요가 있다. 이처럼 보수언론은 재정지출 자체에 관심이 있다기보다 재정자원을 누가, 즉 누구를 위해 사용하느냐에만 관심을 두고 있을 뿐이다.

4

왜 '소득주도성장'은
멈춰 섰을까

'어공'의 미흡한 준비, '늘공'의 완강한 저항

문재인 정부의 소득주도성장 정책은 충분하지 않으나, 일정한 성과를 거두었다. 따라서 소득주도성장 정책은 강하게 추진했어야 했다. 그 근거는 다음과 같다. 첫째, 기초연금 인상 등 소득분배 개선에도 불구하고 세금이나 정부의 이전소득에 의한 재분배 개선 효과는 여전히 OECD 평균에 크게 미치지 못하고 있다. 둘째, 정권 초기 최저임금의 빠른 인상으로 (임금이 중위임금의 2/3 미만인) 저임금노동자의 비중 역시 2019년에 17%까지 낮아졌으나, OECD 평균 15.3%(2018년)보다 높은 수준이다. 셋째, 빈곤율 역시 문재인 정부에서 개선됐음에도 OECD 37개 국가 중 6위로 높은 수준이고, 노인빈곤율도

I부. 경제 '지표'를 부정하는 사람들

43.2%까지 개선됐음에도 OECD 평균 13.5%(2016년)보다 4배 정도 높은 수준이다. 노동시간도 약 연 100시간 축소했음에도 여전히 멕시코(2,136.9시간) 다음으로 긴 2위(1,963.2시간)이고, OECD 평균(1,658.8시간)보다 304시간 이상 많은 상태다.

'소득주도성장'의 좌초를 위해 뭉친 사람들

이렇게 갈 길이 먼데도 소득주도성장은 '사실상' 중단됐다. 소득주도성장은 보수언론의 파상공세, 재정안정주의가 내면화된 모피아의 기술 그리고 소득주도성장 설계자들의 실력 부족 등이 맞물리며 정권 출범 1년 만에 좌초됐다. 보수언론은 소득주도성장을 좌초시키기 위해 고용 분야에 집중포화를 퍼부었다.

2018년 1월 취업자의 규모가 전년 동월 대비 33만 4천 명 증가에서 그해 2월 10만 4천 명 증가로 증가 폭이 급감할 때만 해도 2017년 2월의 36만 4천 명 증가와 비교할 때는 충격(?)이었지만, 2015년과 2월과 2016년 2월 사이에도 14만 4천 명 증가에 그쳤기에 문재인 정부의 입장은 지켜보자는 분위기였다. 하지만 취업자 수가 3월 11만 2천 명, 4월 12만 4천 명, 5월 7만 2천 명, 6월 10만 6천 명으로 10만 명 대로 고착하자 우려의 목소리가 새어 나오기 시작했다. 결정타는 그해 여름이었다. 7월 5천 명, 8월 3천 명에 불과했기 때문이다. 그리고 하반기에도 그 추세는 지속했다. 9월 4만 4천 명, 10월 8만 4천 명, 11월 16만 5천 명, 12월 3만 4천 명, 1월 1만 9천 명에 불과했다.[표1.13] 그해 8월 19일 '고용상황 관련 당·정·청 회의'에 참

[표1.13] ― 2018~2020년 3월 월별 취업자 증가 추이(단위: 명)

2018년	15세 이상	60세 이상	2019년	15세 이상	60세 이상	2020년	15세 이상	60세 이상
1월	33만 5천	22만 4천	1월	1만 9천	26만 3천	1월	56만 8천	50만 7천
2월	10만 4천	16만 5천	2월	26만 3천	39만 6천	2월	49만 2천	57만
3월	11만 2천	22만 1천	3월	25만	34만 7천	3월	-19만 6천	-33만 6천
4월	12만 4천	22만 7천	4월	17만	33만 5천	4월		
5월	7만 2천	24만	5월	25만 8천	35만 4천	5월		
6월	10만 6천	25만 5천	6월	28만 2천	37만 2천	6월		
7월	5천	25만 1천	7월	30만	37만 7천	7월		
8월	3천	27만 4천	8월	45만 1천	39만 2천	8월		
9월	4만 4천	23만 3천	9월	34만 9천	38만	9월		
10월	8만 4천	24만 3천	10월	41만 9천	41만 7천	10월		
11월	16만 5천	27만	11월	33만 1천	40만 8천	11월		
12월	3만 4천	20만 3천	12월	51만 6천	47만 9천	12월		

자료: 통계청

석한 후 기자들의 질문을 받고 "연말에는 다시 (고용 부진) 상황이 (개선)될 것."이라고 했던 장하성 정책실장의 면이 안 서게 된 것이다. 결과적으로 (장하성 정책실장이 경질된) 그해 연말이 지나고 다음 해인 2019년 초부터 개선세가 나타났다. 취업자 증가 규모는 2월 26만 3천 명, 3월 25만 명, 4월 17만 명, 5월 25만 8천 명, 6월 28만 2천 명에 달하더니, 하반기에는 30만 명을 넘어 12월에는 51만 6천 명까지 증가했고, 이 추세는 (표에서 확인할 수 있듯이) 코로나19 확산이 본격화되기 이전인 2020년 2월까지 지속했다.

　사실, 2019년의 취업자 회복세가 부진했던 것은 2018년 취업자 규모에 대한 기저효과도 있었으나, 가장 중요한 요인은 60세 이상 인구의 일자리 증가에 기인한 바 컸다. 60세 이상 인구의 증가는 2015~2016년 46만 2천 명 증가에서 2017~2018년에는 53만 1천 명 증가로 약 7만 명이 더 증가했다. 특히 민간 노동시장에서 수요가 많지 않은 65세 이상 인구는 같은 기간에 23만 3천 명 증가에서 31만 5천 명 증가로 8만 2천 명이 더 증가했다. 최근에는 60세 이상 인구가 1년에 67만 명, 65세 이상 인구가 43만 명 이상씩 증가하고 있다. 반면, 고용률이 높은 15~49세 인구는 2015~2016년에 21만 3천 명 감소에서 2017~2018년에는 35만 2천 명 감소로 약 14만 명이 줄어들었다.

　인구 대비 취업자 비중인 고용률이 높게 증가해도 취업자 수는 인구 규모 변화에 영향을 받을 수밖에 없다. 고용률은 절대적이기보다 분모(인구수)에 따라 크게 달라지기 때문이다. 예를 들어, 인구가 1천만 명일 때 800만 명이 일자리를 갖고 있다면 고용률은 80%인데, 인구가 800만 명으로 줄어들면 사실상 일자리가 800만 개가 나올 수가 없고, 취업자가 720만 명만 돼도 고용률이 90%나 된다. 그렇지만 지표상 취업자는 여전히 80만 명의 감소로 나타난다. 이에 비해 60세 이상, 특히 65세 이상 인구는 빠르게 증가하는 추세가 이어지면서 높은 노인빈곤율 및 취약한 노인 복지 상황을 고려하더라도 고령층의 일자리 수 증가가 자연스럽게 나타난다. 65세 이상 고령층 중 빈곤층은 40%가 넘는다. 60세 이상 일자리만 증가한다고 비판하는 언론이나 전문가 들은 이에 대해 답해야 한다. 계속 늘어나는 이들에 대한 대책이 무엇인지 말이다. 단기적으로 복지 강화, 공공근로 일자리, 정년연장 등 이외에 뾰족한 대책이 없다. 정부의 공공근로 일자리가 최선의 해법은 아니지만 불가피한 현실이라는 것이다. 게다가 정부의 일자리 예산도 제한돼 있기에 일자리를 원하는 모두에게 제공하지 못한다. 따라서 60세 이상 취업자 중 75% 안팎과 65세 이상 취업자 중 50% 안팎이 민간 노동시장에서 일자리를 구해야 한다. 인구구조의 변화는 전체 고용률에도 영향을 미친다. 30대~50대는 고용률이 70%대 후반에 이르지만, 60세 이상과 65세 이상은 40%대 초, 30%대 초반에 머문다. 인구가 증가하는 연령층의 고용률은 낮고, 인구가 감소하는 연령층의 고용률은 높은 경향성을 고려할 때 전체 고용률이 지속해서 상승하는 것은 한계가 있다.

하지만 그런 점을 감안해도 2018년 문재인 정부는 인구구조 변화에 대한 준비가 미흡했다. 즉, 60세 이상 일자리 예산을 큰 폭으로 증가시키지 않는 한 취업자 수 증가 폭의 감소는 예고된 것이었다. 게다가 2018년 경기를 주도했던 산업은 일자리 창출력이 낮은 반도체 부문이었다. 청와대가 2018년 뒤늦게 60세 이상 일자리 대책을 검토하기 시작했고, 예산을 증액하면서 2019년 2월부터 60세 이상의 취업자 증가 폭이 커지게 된다. 이 과정에서 가장 큰 문제는 예산 편성을 하는 기재부가 인구구조 변화를 모르지 않았음에도 이 요인을 고려한 예산을 배정하지 않았다는 점이다. 실제로 2018년 직접 일자리 예산은 2조 7억 원으로 2013년 1조 9,769억 원과 큰 차이가 없었다. 그 사이 60세 이상 인구 증가는 2012~2013년 32만 6천 명에서 2017~2018년 53만 1천 명으로 커다란 변화가 진행되고 있었다. 그 결과 60세 이상 고용률이 0.7%p 증가했던 2012~2013년에 비해 2017~2018년에는 0.2%p 증가에 그쳤다. 2019년의 취업자 증가에는 약 14%가 증가한 2019년 직접 일자리 예산(2조 2,793억 원)의 힘이 작용했다. 60세 이상 고용률이 무려 1.4%p나 증가했기에 가능한 것이었다. 이처럼 2018년의 고용 참사는 예산을 편성하는 기재부 관료의 '기술'이 개입된 결과였다. 당시 기재부 수장이 김동연이었다. 이명박 정부 출범 시 대통령직 인수위원회에 참여한 후 이명박의 경제비서관이 됐고, 이명박 정부에서 예산실장과 기재부 차관을 지냈다. 그리고 박근혜 정부에서 초대 국무조정실장을 지냈다. 퇴임 후 아주대학교 총장을 역임하다가 문재인 정부로 화려하게 돌아온 것이다. 청와대 소득주도성장 정책팀과 갈등을 겪으며 2017년 내내 '김동연 패싱'이라는 수모(?)를 겪으면서도 자신이 가장 잘 아는 예산을 활용해 반격의 칼날을 갈았던 것이다.

무엇보다 2018년 고용지표는 (2017년 5월 취임 직후 일자리위원회 위원장을 직접 맡으며 "일자리 대통령으로 매일 일자리 현황을 챙기겠다."라고 한) 문재인 대통령에게 커다란 부담이 됐다. 이 부담은 소득주도성장 정책의 후퇴와 이를 추진한 청와대 보좌진의 문책으로 이어졌다. 2017년 문재인 정부의 경제는 홍장표 경제수석과 장하성 정책실장으로 상징되는 이른바 '어공'들이 주도했다. 그러나 2018년 보수언론의 공격에 직면해 소득주도성장 정책팀은 밀려나기 시작했다. 2018년 6월 경제수석을 기재부 출신(윤종원)으로 교체했고, 2018년 11월 9일 청와대 정책실장을 비경제 전문가로 교체(장하성에서 김수현으로 교체)하는 동시에 같은 날 박근혜 정부에서 규제 개혁-서비스산업 발전-창조경제 육성 등을 추진했던 홍남기를 경제부총리로 지명하면서 이른바 '늘공'들에게 경제의 전권을 맡긴다. 홍남기는 박근혜 정부에서 창조경제 정책을 추진했던 실무 책임자였다. 문재인 정부에서는 이낙연 총리 밑에서 총리의 수족 역할을 하는 국무조정실장을 수행했고, 이낙연 총리의 추천으로 경제부총리로 자리를 옮겼다. 사실, 김동연 체제와 홍남기 체제는 성격이 다르다. 전자는 청와대에 홍장표와 장하성이 있을 때였고, 후자는 청와대의 경제 보좌관이 같은 기재부 관료로 교체되고, 정책실장도 비경제 전문가로 교체됐기에 사실상 기재부가 한국 경제의 전권을 장악한 것을 의미했다. 요컨대, 2018년 6월 홍장표 수석의 퇴장은 '소득주도성장의 종언'을 알리는 상징적 사건이었다.

사실상 2020년까지 1만 원 달성이 불가능해진, 2019년 7월 12일 문재인 대통령은 "(취임) 3년 내 최저임금 1만 원 공약을 달성할 수 없게 됐다."라며 공약을 지키지 못한 것에 대해 사실상 사과를 했다. 이후 홍남기의 등판으로 문재인 정부 경제정책의 색깔은 확실히 실종되기 시작했다. 기재부 관료들은 기본적으로 공급정책 중심의 경

I부. 경제 '지표'를 부정하는 사람들

제정책(예, 낙수효과)을 포함해 (금융자본이 주도하는) 신자유주의를 신봉하기 때문이다. 이른바 재벌자본 및 금융자본의 논리로 경제를 운영하는 경제관료를 의미하는 '모피아'가 득세하기 시작한 것이다. 2018년 6월부터 윤종원-이호승-안일환 등 기재부 관료가 경제수석 자리를 장악했고, 2019년 6월 경제학자 출신인 김상조 교수가 정책실장이 됐지만, 자신의 역할을 "후방에서 지원하는 역할"로 규정할 정도로 관료사회와 밀월관계를 유지했다. 아니 모피아에 투항(?)했다는 표현이 정확하다. 한때 '재벌 저승사자'로 불렸던 김상조 실장의 진면모가 드러났지만, 이러한 모습은 공정거래위원장으로 취임했을 때 사람들이 기대했던 재벌개혁이 용두사미가 될 때부터 예고된 것이었다. 2021년 청와대 경제수석과 정책실장은 기재부 관료가 장악했고, 국무총리의 실제 역할을 하는 국무조정실장은 (정부조직법상) 항상 기재부의 당연직 몫이었다는 점에서 경제는 물론이고 내치도 기재부가 사실상 장악하고 있다. 정권 말기에 관료에게 포획당하는 개혁 정부의 모습이 문재인 정부에서 반복된 것이다. 이러한 결과는 모피아의 기술에 선출 권력이 당한 결과라고 표현할 수밖에 없다. 문재인 정부의 부동산 정책이 실패한 것도 모피아에게 당한 것이다. 이에 대해서는 뒤에서 자세히 설명할 것이다.

여기서 주의 깊게 봐야 할 점은, 모피아의 기술이 보수언론과 야당 등의 공격과 맞물려 개혁 정부의 무능론이 재생산되고, 정권 교체로 이어지곤 한다는 것이다. 2019년부터 취업자 수가 큰 폭으로 증가하자 보수언론과 야당 등은 이번에는 '60세 이상 단기 알바 일자리'라며 비난을 쏟아부었다. 비난하는 이들 대부분은 인구구조의 변화를 외면했다. 현실적으로 은퇴 연령층인 65세 이상 노인층이 단기 일자리에 종사하는 것 또한 자연스러운 현상인데 이를 외면한 채 비난을 위한 비난에 몰두한다. 60세, 특히 65세 이상 인구 일자리 대책, 아니 고령층이 근본적으로 인간의 존엄을 최소한 지킬 수 있는 최소한의 생계 대책을 제시하지 않는 한 이들의 비난은 그저 헐뜯기에 불과하다. 이들의 헐뜯기 목적은 단순하다. 문재인 정권에게 '무능 프레임'을 덧씌우고 보수세력이 정권을 탈환하는 것이다. 이 과정에서 모피아는 자신들이 독점하는 재정 권한을 행사한다. 최근에도 이슈가 된 이른바 (재정지출의 한도를 규칙으로 제한하는) '재정준칙'의 도입이 그것이다. 이것도 중요한 문제로 뒤에서 자세히 설명하겠다.

문제는 소득주도성장이 아니라 '늘공' 주도의 '혁신성장'이다

소득주도성장 정책을 좌초시키기 위해 보수언론과 야당 등은 소득주도성장 정책의 상징(?)처럼 된 최저임금 인상률을 자영업자의 어려움과 연결 지었다. 결론부터 말하면, 보수세력이 집요하게 물고 늘어진 빠른 최저임금 인상과 자영업자의 어려움 사이에는 별 관계가 없다. 외형상 최저임금 인상이 고용원을 가진 자영업자의 인건비 부담을 증가시킨다는 사실을 과장해서 만든 논리에 불과하다. 먼저 자영업, 특히 도·소매·음식·숙박업 등 영세 자영업의 어려움은 오래된 문제다. 고용원이 있는 자영업자의 규모는 1991년 129만 1천 명에서 1997년 163만 9천 명까지 증가했고, 외환위기 충격으로 1999

년 135만 1천 명까지 급감했다가 2004년까지 167만 7천 명까지 증가한 후 2010년 151만 5천 명까지 다시 줄어들었다. 그 이후 다소 부침이 있었지만 2018년 165만 1천 명까지 늘었다가 2019년 153만 8천 명으로 다시 줄어들었다. 2020년 감소(137만 2천 명)는 팬데믹 재난에 따른 불가피한 결과로 이해해야 한다. 박근혜 정부 4년간 연평균 157만 7천 명과 문재인 정부 3년간 연평균 159만 9천 명을 비교할 때 문재인 정부에서의 빠른 최저임금 인상률을 자영업 위기의 주범으로 모는 것은 어폐가 있다. 자영업이 어려워진 핵심 요인은 과당경쟁과 구조적인 내수 취약성 등에서 비롯한 것이다. 그 근거로 첫째, 매출과 수입이 증가한다면 최저임금 인상에 따른 인건비 부담도 감내할 수 있다. 2003년부터 (2005년과 2018년을 제외하고는) 민간소비 증가율이 경제성장률을 밑돌 정도로 내수 취약성은 구조화됐다. 둘째, 산업구조 변화와 일자리 환경의 변화 등에 따른 일자리 단기화나 인구구조의 고령화, 괜찮은 일자리 부족 등에 따라 자영업 예비군이 늘어났다.

물론, 문재인 정부의 소득주도성장 개념을 만든 이들에게도 잘못은 있었다. 그들은 산업재편의 문제를 지나치게 가볍게 생각했다. 장시간-저임금 노동에 의존하는 저부가가치 사업장이 대규모로 존재하는 상황에서 최저임금의 빠른 인상이 저부가가치 사업장과 종사자에게 충격으로 작용할 것이라는 점을 예상했어야 했다. 전체 산업에서 10인 미만을 고용하는 소사업장 종사자의 비중이 2019년 45%(약 628만 명)에 달했고, 이는 박근혜 정부 마지막 해였던 2016년의 41%(약 555만 명)보다 73만 명이나 증가한 규모였다. 모든 소사업장 종사자가 저임금 노동력이라 할 수 없으나, 과거보다 증가했을 것으로 추정할 수 있다. 또 제조업 소사업장 종사자 비율도 2016년 20%(약 43만 6천 명)에서 2019년에는 22%(약 46만 3천 명)로 증가했다. 기업의 수출가격 경쟁력을 지원하기 위해 오랫동안 장시간 노동과 낮은 임금증가율을 유지한 결과 산업 구조조정이 지연되고, 저부가가치 사업장의 수명만 연장시킨 것이다. 이처럼 소규모 사업장들이 임금 인상과 근로시간 단축에 따른 충격이 클 것이라는 점을 쉽게 예상할 수 있던 상황에서 이 문제를 내버려 둔 채 최저임금의 빠른 인상을 지속하기란 불가능했다.

자영업 부문에 연결된 청년층의 (아르바이트성) 일자리도 마찬가지다. 청년이 원하는 괜찮은 일자리 문제가 해결되지 않은 상태에서 단기 일자리에 묶여 있는 청년에게 최저임금 수준은 (생계를 해결하기 위해) 너무 낮은 데 비해 이들을 고용하는 자영업자에게 최저임금의 빠른 인상은 부담이 될 수밖에 없다. 즉, 청년층에게 지속 가능한 일자리를 제공할 수 없는 상황에서 최저임금의 빠른 인상은 지속 불가능하다. 문재인 정부에서 청년층의 고용률은 개선됐다. 그렇지만 고용률은 청년층 일자리의 어려움을 충분히 반영하지 못한다. 앞에서 설명했듯이, 20대 인구수가 줄어드는 상황에서 고용률은 절대적인 지표가 아니다. 흔히 확장실업률로 부르는 '사실상 실업률' 악화도 그 증거다. 박근혜 정부 마지막 해인 2016년 22.1%였던 확장실업률은 2019년 22.9%로 증가했다.[표1.14] 공식 실업률이 감소하고

I부. 경제 '지표'를 부정하는 사람들

[표1.14] — 청년층 사실상 실업 규모(15~29세 기준, 단위: 천 명)

사실상 실업자	2016	2017	2018	2019	2020
시간관련 추가취업 가능자(1)	76	79	86	102	149
잠재경제활동인구(2)	582	618	633	657	693
공식 실업자(3)	426	426	408	386	370
확장 실업자(=1+2+3)	1,084	1,123	1,127	1,145	1,212
확장실업률	22.1%	22.7%	22.8%	22.9%	25.1%
취업자 중 시간관련 추가취업 가능자의 비중	1.9%	2.0%	2.2%	2.6%	4.0%

자료: 통계청

고용률이 증가하는 동안, 취업 가능성이 없어서 취업을 포기한 청년이나 일을 더 하고 싶은데도 충분한 일을 할 수 없는 이른바 '시간관련 추가취업 가능자'의 규모가 꾸준히 증가했기 때문이다. 전체 연령층을 기준으로 볼 때도 2016년 51만 2천 명이었던 '시간관련 추가취업 가능자'는 팬데믹 직전인 2019년에 75만 명으로 증가했다. 즉, 일을 더 하고 싶어도 노동의 기회가 제한되고 있다는 증거였다. 이처럼 장시간 노동과 더불어 일부 국민은 노동을 더 하고 싶어도 하지 못하는 상황이 공존하고 있다.

제한된 노동기회는 불충분한 임금 수입으로 이어진다. 국세청 개인별 통합소득 자료에 따르면 2016년 최저임금(6,030원) 기준 월급은 126만 270원이었는데, 전체 소득 활동자 중 35%(약 762만 명)의 월수입이 124만 원 이하였다. 최저임금이 8,350원이었던 2019년에도 최저임금 기준 월급인 174만 5,150원보다 월수입이 적었던 소득 활동자가 전체의 40%(약 966만 명)가 넘었다. 수입이 낮다 보니 최저임금 인상에 대한 목소리가 높을 수밖에 없었다. '최저임금 1만 원' 공약을 2017년 대선에서 유력후보 모두가 (2020년이냐 2022년이냐 차이가 있었을 뿐) 동의할 수밖에 없었던 것도 같은 배경에서 출발한다. 한국은 OECD에서 (중위임금의 2/3 이하인 노동자가 전체 노동자에서 차지하는) 저임금노동자의 비중이 가장 높은 나라 중 하나일 정도로 저임금노동이 사회적 문제였기 때문이다. 저소득층 및 중산층의 가계소득 강화와 가계지출 부담 경감 등을 통해 내수를 회복시킨다는 취지를 갖는 소득주도성장 정책이 성과를 내려면 저임금노동 문제를 반드시 해결해야 했다. 문재인 정부가 집권 3년 만에 '최저임금 1만 원' 공약을 지키려면 연 15.6% 이상씩 인상해야만 했다. 2019년까지 첫 두 해 동안 각각 16.4%와 10.9%씩 인상해 2017~2019년 연평균 13.6%를 인상한 것도 같은 맥락에서 해석할 수 있다. 그러나 2019년 7월에 결정된 2020년 최저임금 인상률은 2.9%에 불과했고, 사실상 2020년 1만 원 달성을 포기했으며, 문재인 정부의 임기 마지막 해인 2022년까지 1만 원 달성은 사실상 불가능해졌다. 이에 문재인 대통령은 김상조 실장을 통해 2019년 7월 '공약을 못 지켜 송구하다.'라는 사과 메시지를 냈다.

보수언론에서 주장하는 것과 달리 첫 두 해 두 자릿수의 최저임금 인상은 상당한 성과를 냈다. 오랫동안 20%대에 있던 저임금노동자 비중을 20% 밑으로 떨어뜨렸다. 저임금노동자 비중은 2016년 23.5%에서 2019년에는 17.0%까지 감소했다. 그 결과로 지니계수도 2016년 0.355에서 2019년 0.339로 하락했고, 상위 20% 소득을 하위 20% 소득으로 나눈 소득 5분위 배율도 같은 기간 6.98배에서 6.25배로 하락했다. (소득이 중위소득의 50% 미만인 계층이 전체인구에서 차지하는 비율인) 상대적 빈곤율과 66세 이상 인구의 노인빈곤율도 각각 17.6%에서 16.3% 그리고 45.0%에서 43.2%로 낮추었다. 보수언론과 야당은 자영업자의 어려움과 고용 등을 문제 삼았다. 하지만 문재인 정부에서 최저임금의 빠른 인상이 자영업자의 어려움이나 고용에 부정적으로 영향을 미쳤다는 주장은 근거가 없다. 자영업자 어려움의 최대 요인은 과당경쟁과 가계소비의 위축, 임대료 등이기 때문이다. 실제로 최저임금 인상으로 영향을 받는 '고용원이 있는 자영업자'는 최저임금을 한 자릿수 인상했던 2015~2016년에는 2만 5천 명이 줄어들었지만, 16.4%를 인상했던 2017~2018년에 오히려 4만 8천 명이 증가했다.

고용률도 2015~2016년 0.1%p가 오른 데 비해, 2017~2019년에도 (앞에서 지적했듯이 예산 장난이 있었던 2017~2018년 0.1%p 감소를 고려해도) 0.1%p가 증가했다. 무엇보다 (상대적으로 고용 조건이 괜찮고, 자영업 과당경쟁을 완화할 수 있는) 상용직 근로자가 전체 취업자에서 차지하는 비중이 2015년 48.6%에서 2016년 49.5%, 2017년 50.2%로 각각 0.9%p와 0.7%p 상승한 데 비해, 최저임금 인상률이 높았던

2017~2018년과 2018~2019년 모두 1.1%p씩 증가했다.

그런데도 문재인 정부가 최저임금 공약을 포기한 것은 현실적인 이유가 있었다. 앞에서 지적했듯이 우리 사회에는 장시간-저임금 노동력에 의존하는 사업장이 적지 않다. 1990년대 초부터 수출주도 성장을 추진하면서 장시간-저임금 노동환경을 유지했고, 그 결과 경제성장 속에서 저부가가치 사업장의 수명이 연장됐다. 최저임금의 급격한 인상은 대규모 저부가가치 사업장에 큰 부담이 될 수밖에 없다. 최저임금 인상을 위해서는 저부가가치 사업장 종사자의 출구가 필요하다. 이는 곧 산업재편의 문제다. 문재인 정부의 목표 중 하나인 혁신성장과 관련이 있다.

혁신성장은 국민경제 차원에서는 산업체계의 다양화와 산업구조의 고부가가치화 문제고, 기업 차원에서는 새로운 수익 사업 만들기이자, 개인에게는 일자리 문제다. 자영업의 과당경쟁이나 청년 일자리 문제 등은 바로 혁신성장(산업재편)이 성과를 만들어내지 못했기 때문이다. 경제가 성장하면서 노동자의 평균 임금 역시 증가할 수밖에 없다. 따라서 임금증가를 감당할 수 없는 저부가가치 부문은 퇴출해야 하는 수밖에 없다. 저임금에 의존하는 사업은 국민소득이 낮은 나라로 이전할 수밖에 없고, 국민소득이 높은 나라는 산업의 고부가가치화를 의미하는 산업구조의 고도화나 고부가가치 산업을 만들어 노동력을 재배치시켜야 한다. 한국은 이미 1992년부터 (제조업 종사자가 줄어드는) 탈공업화가 진행됐고, 중간 혹은 중상위 임금 수준의 제조업 일자리의 감소(일자리 양극화)는 소득 양극화와 소득

I부. 경제 '지표'를 부정하는 사람들

불평등 심화로 이어졌다. 일자리를 잃은 노동력이 이동할 고임금 일자리가 없으면 저임금 서비스 부문인 자영업으로 내몰릴 수밖에 없다. 고임금 일자리를 공급할 수 있는 고부가가치 산업의 마련 등 산업체계의 다양화를 이루지 못하는 한 자영업 과당경쟁과 저부가가치 사업장의 구조조정은 피할 수 없다. '어공'들의 준비 부족으로 문재인 정부에서 혁신성장은 '늘공'이 떠맡았다. 김동연 초대 부총리가 내세운 '플랫폼 경제 활성화'나 홍남기 부총리가 내세운 '데이터 경제 활성화(DNA Data-Netwok-AI 육성) 등이 그것이었다. 양자는 같은 내용이다. 무엇보다 육성하려는 경제에 대한 관료들의 이해가 부족했고, 따라서 산업재편의 실패는 예고됐다. 창조경제 육성을 내세웠던 박근혜 정부의 실패에서 교훈을 얻지 못한 것이다. 창조경제 육성의 주무부서인 미래창조과학부의 실무 책임자(1차관)가 바로 문재인 정부의 산업재편을 설계한 홍남기 장관이라는 점에서 실패는 예고된 것이었다. 이것이 사실상 2018년 말부터 문재인 정부에서 소득주도성장 용어가 사라진 배경이다.

소득주도성장은 계속돼야 한다
기본소득, 기본금융

소득주도성장의 중단을 이해하려면 소득주도성장과 밀접한 관계를 갖는 공정경제와 혁신성장의 역할을 이해할 필요가 있다. 이를테면, 소득주도성장이 사람의 몸통이라면 공정경제는 왼발이고 혁신성장은 오른발이다. 상호 보완적인 공정경제와 혁신성장이 강화돼야 소득주도성장이 지속할 수 있다. 자영업자와 청년층의 문제와 더불어 우리 사회의 양극화, 특히 자산 불평등의 심화는 소득주도성장 정책들의 성과를 무력화시킬 뿐 아니라 혁신성장에도 장애물로 작용한다. 실제로 전·월세 상승에 따른 주거비용의 증가는 최저임금 인상 효과를 무력화시켰다. 주거 정의라는 부동산시장 정상화 조건은 부동산 불로소득과 투기

근절이나 장기공공임대의 공급 확충은 재정(자원)의 민주적 배분, 즉 재정 민주주의 문제다. 경제는 돈의 배분 문제다. 금융이 민간영역에서 돈을 배분하는 곳이라면 재정은 공공영역에서 돈을 배분하는 곳이다. (부유층과 취약계층이 은행 이용에 차이가 있듯이) '1원 1표'가 작동하는 금융은 구조적으로 빈익빈 부익부를 만들어낼 수밖에 없다. 이에 대한 완화장치가 '1인 1표'의 민주주의 원리가 작동하는, 즉 선출 권력이 운용하는 재정의 역할이다. 재정 운용 권한을 재정 관료집단(기재부)으로부터 선출 권력, 궁극적으로는 국민이 회수하는 것이 재정 민주주의다.

부동산 불로소득과 투기 근절은 투기에 대한 기대수익을 낮춰야만 가능하다는 점에서 보유세 등 세금을 강화할 수밖에 없다. 기대수익이 낮아지면 부동산 보유 동기는 줄어들고 시장에 부동산 공급은 증대하고 가격도 하향 조정되어 주택 매입(또는 임대)에 대한 부담도 낮출 것이다. 그런데 부동산 세금 강화는 조세저항이라는 장애를 넘어야 하고, 또 문재인 정부에서 부동산 세제(보유세 등) 강화를 가로막은 것이 기재부였다는 점에서 알 수 있듯이 기본소득형 세금(예를 들어, 국토보유세)의 도입은 조세저항과 기재부의 재정 배분 권한을 민주적으로 통제하는 이중의 효과가 있다. 예를 들어, 모든 토지 자산에 대해 세금을 부과한 후 모든 국민에게 균등하게(1/n) 돌려주는 방식이다. 그렇게 되면 대부분 국민은 돌려받는 금액이 더 많기에 조세저항을 최소화할 수 있다. 소득재분배 효과도 매우 크다. 그리고 거둔 세금을 관료(정부)가 배분하는 전통적인 조세와 달리 세금수입을 모든 국민에게 똑같이 배분한다는 점에서 관료의 재정(자원) 배분 권리를 제한한다. 또 주택을 매입할 수 없는 국민에게 양질의 공공주택을 공급해야 한다. 이에 대한 가장 큰 장애물이 건설(재벌) 및 금융 자본의 저항이다. 공공주택이 많이 공급될수록 민간건설분이 줄어들고 금융 또한 사업이 위축된다. 이들의 이해를 대변하는 관료는 공공주택에 대한 재정(자원) 배분을 최소화한다. 재정(자원)의 민주적 배분은 자산 불평등 완화 및 공정성 강화의 핵심이다.

주거 불안정과 더불어 금융의 불공정도 최저임금 인상의 걸림돌이 된다. 사실 소상공인이나 최저임금 적용 노동자 모두 '을'이다. 최저임금 인상은 내수, 특히 가계소비지출에 의존하는 소상공인의 매출 증대에 긍정적인 측면이 있다. 그런데 소상공인들에게 매출은 고정적으로 보장되지도 않고 개인별 편차가 있으므로 인건비와 같은 고정비에 대한 거부감을 보인다. 따라서 인건비 증대 부담을 상쇄시키는 금융비용 부담을 줄여주면 최저임금 인상 부담을 수용할 수 있을 것이다. 한국은행에 따르면 2021년 3월 말 기준 자영업자 대출 규모는 약 832조 원에 달한다. 자영업자의 대출 금리를 0.5%만 인하해줘도 최저임금 1만 원 인상에 따른 인건비 상승분을 보상해줄 수 있다는 점에서 (문재인 대통령의 공약인) 2020년 최저임금 1만 원 달성은 가능했다. 이는 금융 민주화 문제다.

금융은 가장 '기울어진 운동장'이다. 금융이 자신의 고유 역할인 공공성은 수행하지 않고, 수익성만 추구한 결과다. '을'들의 금융에 대한 권리를 정상화하는 일이야말로 공정경제의 핵심이다. 무엇보다 금융 민주화는 혁신 활성화에 크게 공헌할 수 있다. 이재명 후보가 공약으로 제시한 기본금융은 이와 궤를 같이한다. 공정성 강화는 소득주도성장이 목표로 하는 저소득층의 소득 강화뿐만 아니라 혁신성장과도 맞물려 있다. 육성하려는 산업에 대한 이해 부족과 더불어 공정경제의 핵심인 재정과 금융 민주화를 추진하지 못한 결과, 소득주도성장은 중단될 수밖에 없던 것이다.

5

2020년 부동산 폭등,
이미 예견된 것이다

모피아와 언론의 합작품

문재인 정부의 가장 큰 실책이 부동산 가격 폭등이다. 부동산 가격
을 주도한 서울과 수도권, 세종시 등의 매매가 흐름을 보면 할 말이
없는 수준이다. 일부 지역은 유동성이 폭증한 2020년 이후 가격이
폭등했지만, 서울(의 아파트 가격)은 이미 문재인 정부 초부터 박근
혜 정부 시절의 가격 상승률을 넘어섰다. 박근혜 정부 때(2013년 3월
~2017년 4월) 서울 아파트 가격 상승률은 연평균 3.1%였으나 문재
인 정부(2017년 5월~2021년 6월)에서 연평균 4.9%였다. 수도권 아파
트도 박근혜 정부 때의 가격 상승률(혹은 그 이상의 상승률)이 2020년
이전에도 진행됐고, 특히 2020년 이후에는 폭등했다. 박근혜 정부

I부. 경제 '지표'를 부정하는 사람들

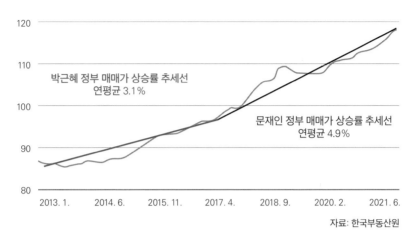

[표1.15] ─ 서울 아파트 계절조정 매매가격지수 추이

박근혜 정부 매매가 상승률 추세선
연평균 3.1%

문재인 정부 매매가 상승률 추세선
연평균 4.9%

자료: 한국부동산원

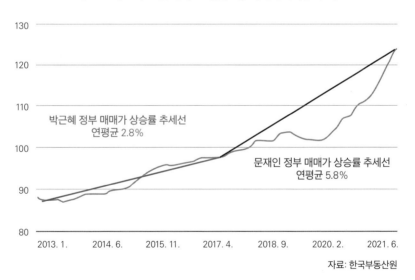

[표1.16] ─ 수도권 아파트 계절조정 매매가격지수 추이

박근혜 정부 매매가 상승률 추세선
연평균 2.8%

문재인 정부 매매가 상승률 추세선
연평균 5.8%

자료: 한국부동산원

문재인 정부 경제정책의 팩트 ── **73**

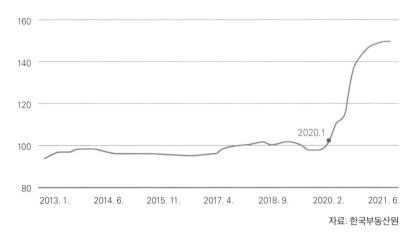

[표1.17] — 세종시 아파트 계절조정 매매가격지수 추이

자료: 한국부동산원

때는 연 2.8%였으나 문재인 정부 때는 2배가 넘는 5.8%였다. '빚내서 집 사라'로 상징되던 박근혜 정부 때의 부동산 정책, 이른바 초이노믹스에 대한 비난이 무색해진 것이다.

문재인 대통령은 부동산시장 정상화에 대한 올바른 철학을 갖고 있었다. "부동산으로 돈 못 벌게 하겠다." 그리고 "중산층까지 확대한 초장기 공공임대 대량 공급"으로 주거 정의를 확립해 가계부채도 관리하겠다는 방향을 제시했다. 가계의 처분가능소득 대비 가계부채의 비중을 150% 이내에서 관리하겠다는 이른바 '가계부채총량제' 도입이 그것이다. 그러나 투기수요가 초래한 부동산 폭등에 불안을 느낀 가계의 공포 수요로 가계부채 관리는 실패했다. 문재인

[표1.18] — 문재인 정부 이후 가계부채 증가율

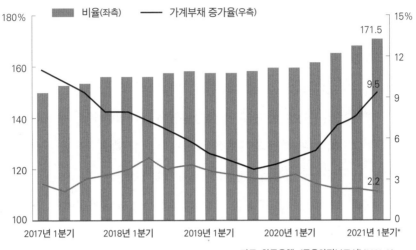

자료: 한국은행, 〈금융안정보고서〉(2021. 6.)

* 2021년 1분기 처분가능소득은 직전 3개년의 연간 GDP 대비 가계 처분가능소득 비율 평균치를 이용해 추정함.

정부 출범 당시, 즉 2017년 1분기에 가계의 처분가능소득 대비 가계 부채의 비율은 150.4%였으나 증가를 막지 못했고, 특히 2020년 이후 빠르게 증가해 2021년 1분기에는 171.5%에 달했다.[표1.17]

부동산 폭등의 일등공신, '경제관료'

주거 정의 실현을 위한 부동산시장 정상화는 왜 실패했을까? '부동산 공화국'이라 말할 정도로 부동산은 한국 경제의 주요 모순이 함축돼 있다. 부동산 공화국에 대한 개혁을 목표로 하지 않는 주거

안정은 실패할 수밖에 없다. 대한민국에서 부동산은 (재벌)건설자본과 금융자본 그리고 이들의 이해를 대변하는 모피아와 언론과 정치권 등 부동산 부패 카르텔의 산물이기 때문이다. 따라서 부동산시장을 정상으로 돌리려면 선출 권력이 부동산 부패 카르텔에 대한 정확한 이해를 전제로 주거 정의를 위한 부동산 부패 카르텔에 대한 혁파 의지가 있어야만 한다. 과거 산업재편에 실패할 때마다 부동산에 의한 단기적 경기 부양의 유혹에 빠졌던 전례를 봤을 때, 집권 초기부터 산업재편에 대한 주도면밀한 로드맵이 필요하다.

무엇보다 부동산은 금융의 성장에 있어 주요 에너지원이다. 은행 입장에서 부동산은 대출의 담보물로 기능할 뿐 아니라 동시에 고가인 부동산을 매입하는 가계 입장에서 금융을 반드시 활용할 수밖에 없기 때문이다. 금융자본의 논리가 내면화된 관료집단인 모피아는 이를 정책적으로 뒷받침한다. 부동산 카르텔이 공공이 주도하는 임대사업보다 민간 임대사업을 절대적으로 지지하는 것도 같은 맥락에서 이해할 수 있다. 이러한 구조를 고려했을 때 문재인 정부의 부동산 정책은 이미 실패가 예고된 것이었다. 이를테면, 문재인 정부의 부동산 정책은 투기성 주택 수요 억제를 표방했지만, 곳곳에 구멍이 숭숭 뚫려 있었다. 특히 경제관료들은 기본적으로 대통령의 부동산정책을 집행할 의지가 없었다. 문재인 정부가 출범한 지 한 달여 만에 나온 첫 번째 부동산대책, 이른바 '6·19 대책'의 이름이 '주택시장의 안정적 관리를 위한 선별적 맞춤형 대응 방안'인 것에서 확인할 수 있다. 부동산시장의 '정상화'가 아닌 (부동산 가격의 급등도 급락도 원하지 않는) '안정화'가 목표였다. 그렇다 보니 대책도 '선별적 맞춤형 대응'이었다. 그러나 '두더지 잡기 게임' 방식으로 부동산 투기세력에 절대로 이길 수 없다. 당연히 '투기과열지구 지정' 방안조차 빠진 이빨 없는 '선별적 맞춤형 대응 방안'은 2달도 되지 않아 ('실수요자 보호와 단기 투기수요 억제를 통한 주택시장 안정화 방안'이라는 이름으로) '8·2 대책'으로 이어졌다. '안정화' 기조 속에서 '6·19 대책'에서 누락된 '투기과열지구 지정'을 포함하고, 단기 투기수요 차단을 위한 양도세 강화와 투기지역 내 다주택자에 대한 대출 제한 등을 방안으로 내놓았다. 그런데 '8·2 대책'에는 경제관료들의 암수가 숨겨져 있었다. 다주택 수요 억제책과 더불어 사실상의 다주택 장려 대책인 임대주택 등록 활성화를 위한 인센티브 강화가 포함된 것이다. 그리고 장기 투기수요 억제 대책으로 보유세 인상이 빠졌다는 지적을 받자 9월 12일 기재부 장관 김동연은 "보유세 인상은 (⋯) 재정 당국에서 현재로선 검토하지 않고 있다."라며 단칼에 선을 그었다. 세제 권한을 가진 기재부 관료들이 문재인 대통령의 정책 기조에 노골적으로 저항을 한 것이다.

무엇보다 수도권 내 공공임대주택 확충은 말 잔치에 불과했다. 수도권 내 주택공급은 "충분한 상황이며, 공공임대 확충은 노력하겠다."라는 빈말만 되풀이했다. 예를 들어, 기재부가 2018년 책정한 주택도시기금은 약 69조 원으로 2015년의 약 80조 원에도 크게 미치지 못했다. 민간임대를 선호하는 기재부가 기금 편성 권한을 활용해 문재인 대통령의 목표를 대놓고 무시한 것이었다. 그리고는 수요 억제 효과를 상쇄시키는 '임대주택 등록 활성화 방안'을 2017년 12월 13일에 내놓았다. 이 대책은 국토교통부가 발표했지만, 관련 내용의 주무 부서는 기재부였다. 세제는 기재부 소관 업무였기 때문이다. 주택 임대사업자로 등록하는 사람들에게 서민 주거 안정이라는 명목으로 특혜를 준, '주택임대차시장 선진화 방안'(2014년)을 만든 박근혜 정부가 혀를 내두를 정도의 반 서민법이었다. 취득세와 재산세 등 지방세 감면 확대, 소득세 감면 확대, 양도소득세 감면 확대, 심지어 건강보험료 감면 등 한마디로 '불공정 특혜의 끝판왕'이었다. 문재인 정부 이전(2017년 12월 13일 이전)에는 주택 임대사업자가 소득세 감면을 받으려면 3채 이상 등록해야 했다. 그런데 1채만 등록해도 가능하도록 변경된 것이다. 분양주택의 경우 면적에 따라 50%에서 85%까지 감면해주고, 세액 200만 원 이하는 아예 면제해주었다. 가장 많은 특혜 논란을 낳은 재산세의 경우, 장기임대 사업자에게 주택 면적에 따라 최소 50% 감면에서 최대 100% 면제까지 혜택을 주었다. 이 규정을 적용하면 전용면적 40제곱미터 이하의 초소형주택 100채를 가지고도 임대사업을 하는 경우라면 재산세를 100% 면제받는다. 일반 국민은 누구나 100만 원짜리 땅만 가져도 재산세를 내는 현실에서 대단한 특혜다. 또 등록 임대주택에 대한 취득세와 재산세 감면이 원래 2018년 말에 종료되는 것으로 예고됐으나, 문재인 정부는 이 혜택을 3년 더 연장해서 2021년 말까지로 변경했다.

주택 임대사업자에 대한 소득세 혜택은 땀 흘리는 노동자나 힘들게 사업을 하는 사람들을 좌절케 했다. 임대개시일 기준 기준시

I부. 경제 '지표'를 부정하는 사람들

가 6억 원 이하 주택을 장기임대로 하면 임대소득에 대해 필요경비를 60%까지 인정해 공제하고 산출된 세금에서 무려 75%까지 감면해주었다. 대부분의 주택 임대사업자가 소유한 주택이 기준시가 6억 원 이하라는 점에서 사실상 임대사업에 대해서만 소득세 예외 혜택을 제공한 것이다. 무엇보다 다주택자에게 가장 민감한 부분은 양도소득세와 종합부동산세(종부세) 혜택이었다. 부동산 가격이 계속 상승해온 한국 사회에서 부동산투자(?)로 기대할 수 있는 소득은 임대소득보다 양도소득이므로 투기를 하는 사람이 가장 피하고 싶은 세금이 양도세다. 그런데도 일정한 조건을 갖춘 주택 임대사업자의 경우 자신이 거주한 주택에 대해 양도세 비과세 혜택을 준 것이다. 또 임대된 주택에 대해서는 2018년 9·13 대책 전까지 취득한 주택에 한해서 양도소득세 100% 감면하고, 양도소득세 장기 보유 특별공제 조항에 따라 최대 70%에 이르는 공제 혜택이 함께 제공됐다. 여기에 더해 일정한 조건을 충족할 경우 주택 임대사업자가 보유한 임대용 주택은 종부세 과세 대상이 되지 않는다. 일반적으로 1가구 1주택자가 보유한 주택이 9억 원을 넘으면 당연히 종부세를 내는데, 임대사업자로 등록한 다주택자는 수십, 수백 채를 보유해 부동산 자산이 수백억, 수천억이 돼도 종부세 한 푼도 내지 않아도 되는 부조리한 상황인 것이다. 종부세는 이렇게 무력화됐다. 종부세 강화 조치는 한마디로 쇼가 돼버린 것이다. 이뿐만 아니었다. 연간 임대소득 1천만 원 이하인 등록 임대사업자는 임대의무 기간 피부양자 자격을 유지할 수 있도록 했고, 연간 임대소득 2천만 원 이하 등

[표1.19] ― 박근혜 정부와 문재인 정부에서 임대사업자 증가 현황

	임대사업자 수	증가분(증가율, 연율)
2012년 12월	122만 4,232명	
2016년 12월	154만 5,516명	2012~2016년 32.1만 명(26%, 연 6.0%) 증가
2020년 12월	227만 2,993명	2016~2020년 72.7만 명(47%, 연 10.1%) 증가
2021년 5월	232만 1,520명	

자료: 국세청

록 임대사업자에게는 임대의무 기간 동안 건보료 인상분에서 최대 80%(8년 임대의 경우) 깎아주기로 했다.

임대사업을 등록하지 않은 다주택자는 투기수요자이고, 임대사업 등록한 다주택자는 투기세력이 아니라는 논리는 희대의 코미디다. 주택 임대사업자라는 이유만으로 이런 혜택들을 받을 수 있다 보니 제조업자까지 임대사업에 뛰어들게 된 것이다. 세제 특혜와 더불어 금융 특혜도 제공했다. 활성화 대책 한 달 후인 2018년 1월 26일 금융위원회는 '은행업감독규정'을 개정하면서 임대사업자에 대한 혜택을 끼워 넣는다. 투기지역에 대한 대출 규제는 투기성 주택 수요 억제를 위한 핵심 정책이다. 그러나 금융위원회는 임대사업자의 경우에 투기지역의 아파트에 대한 담보 대출 제한에서 제외하는 조치를 고시했다. 결과는 명약관화였다. 임대사업자 수가 폭발적으로 증가한 것이다. 박근혜 정부 4년간 32만 명이 증가했던 임대사업자가 문재인 정부에서 2배가 넘는 73만 명으로 증가했다.[표1.19] 이렇

I부. 경제 '지표'를 부정하는 사람들

게 문재인 정부의 임대주택 등록 활성화 대책은 (투기성) 주택 수요 억제 대책을 스스로 무력화시켰던 것이다. 다주택 소유를 부추기는 구조를 외면하고, 부동산시장이 불안해질 때마다 내놓는 대책들을 통해 규제가 많아질수록 실수요자에 대한 부담만 증가할 수밖에 없다. 이러한 과정이 이어지며 국민의 불만은 고조되고 정책은 신뢰를 잃어갔다. 잘못 낀 첫 단추를 정상화하지 않고 단추 구멍 하나에 억지로 2개의 단추를 끼워 넣는 식이었다.

결국, 부동산시장 불안과 치솟는 정책 불신에 등 떠밀려 2020년 7월 비상수단으로 종부세 등 세제 강화와 임대차 3법을 통과시켰다. 단기적으로 시장에서 거래가 실종될 수 있음을 감당해야 했고, 특히 전·월세 시장 불안을 안정시키기 위해서는 대규모 공공주택 공급이 포함돼야 했다. 순서가 바뀌기는 했지만, 연말에 변창흠을 투입해 대규모 공공개발을 발표하면서 시장은 안정되는 분위기였다. 그러나 2021년 3월 터진 LH 사태가 그나마 뒤늦었던 방향 선회를 무력화했다. 여기에서 야기된 극대화된 불신은 2021년 4·7 보궐선거에서 여당의 참패로 이어졌다. 보수언론은 불신과 선거 참패를 빌미로 부동산시장 개혁을 좌초시키려 했다. 부동산 카르텔 세력은 선거 참패의 원인을 아전인수식으로 해석해 종부세를 무력화시켰다. 무엇보다 문재인 정부의 부동산 정책을 총괄 지휘했던 홍남기 부총리가 책임을 지고 물러나는 것이 상식이었다. 그러나 책임지기는커녕 아무 일도 없었다는 듯이 보궐선거 이후 종부세 부과기준 상향 검토를 추진했다. 여기에 여야가 말을 맞춘 듯이 종부세 부과기준 완화와 임대차 3법 재검토 등을 밝히고, 금융위원회는 청년 및 무주택자 대출 규제 완화 입장을 내놓았다. 이 과정에서 문재인 대통령의 모습은 참혹함 그 자체였다. 2020년 8월 10일까지만 해도 대통령의 입장은 확고했다. "이제 정부가 책임지고 주거의 정의를 실현해 나가겠습니다. 실수요자는 확실히 보호하고, 투기는 반드시 근절시키겠다는 것이 확고부동한 원칙입니다."(2020. 8. 10. 수석보좌관 회의) 그러나 6개월도 안 된 2021년 1월 신년사에서 문재인 대통령은 부동산 정책에 대해 대국민 사과를 해야 했고, 그 뒤 5월 10일 취임 4주년 기자간담회에서도 "정말 부동산 부분 만큼은 정부가 할 말 없는 상황이 됐습니다."라며 거듭 사과를 표명했다. 무엇이 대통령이 2번씩이나 사과하게 한 것일까? 역설적으로 대통령이 2번씩이나 사과했는데도 책임지는 실무자는 단 1명도 없었다.

다시 말하지만, 부동산 정책의 실패는 대통령과 철학이 다른 모피아와 언론 등의 합작품이다. 부동산 정책은 청와대의 정책실장이나 경제수석 등과 국무총리의 영향력 아래에 있는 국무조정실장, 기재부 장관, 국토교통부 장관, 금융위원장 등에 의해 결정된다. 대통령이 2번씩이나 사과하는 상황에서 청와대의 정책실장(이호승, 전 기재부 차관)과 경제수석(안일환, 전 기재부 차관) 그리고 국무총리 산하의 국무조정실장(구윤철, 전 기재부 차관)과 기재부 장관과 국토교통부 장관(노형욱, 전 국무조정실장이자 기재부 출신)과 금융위원장(고승범, 기재부 출신)과 금융감독원장(정은보, 전 기재부 차관보) 등이 모두 기재부 출신으로 채워진 것을 우연이라고 봐야 할까? 더욱이 보수언론은 투기수요 억제 대책은 비판하면서도 (민간) 주택공급 대책은 일방적으로 지지한다. 임대주택 등록 활성화 방안이 발표되자 언론은 다주택자 출구를 열어주었다며 환영했다. 언론사 광고 수입 중 건설회사 광고, 특히 분양 광고가 절대적 비중을 차지하기 때문이다. 심지어 언론은 부동산 투기나 과열을 부채질한다.

천장 뚫린 강남 집값…3.3m^2당 1억 아파트도 '수두룩'(이투데이, 21. 08. 17.)

'쳐다보지도 말라'던 그 동네마저 1년 새 집값 2억 뛰었다(한국경제, 2021. 08. 23.)

"아파트 거래될 때마다 호가도 1억~2억 뛴다" 인천 송도에 무슨 일이(비즈한국, 2021. 08. 24.)

"금리 올렸는데?" 전국 아파트값, 통계작성 이래 '최고' 뛰었다(머니투데이, 2021. 09. 02.)

'2억 뚝 세종 집값' 바닥 쳤나…급매 사라지고 호가 올라(이데일리, 2021. 09. 05.)

숱한 기사들은 집값이 영원히 올라 오늘 아니면 내일은 집을 못 살 것처럼 부추긴다. 또 집값 상승을 부추기는 기사는 정부의 부동산 정책을 비판하면서도 전면적인 기본주택 등 공공임대주택 확대에는 부정적이다. 게다가 대장동 문제로 민주당 이재명 후보를 억지

춘향으로 묶어 비난하면서도, 민간업자의 수익을 제한하자는 이른바 '대장동 방지법'에는 대놓고 반대한다. 왜일까? 이유는 간단하다. (재벌)건설자본과 금융자본이 공공임대를 싫어하기 때문이다. 민간 건설 공급분과 주택담보대출 수요가 줄어들면 사업기회가 축소된다. 실제로 기금 편성 권한(정부조직법 27조 1항)을 가진 기재부는 공공임대주택 확충에 필요한 기금 편성에 소극적이다. 예를 들어, 박근혜 정부 때인 2014~2016년 약 65~80조 원의 규모였던 주택도시기금은 문재인 정부 때인 2017년 67조 원, 2018년 69조 원, 2019년 75조 원으로 2015년의 80조 원에도 미치지 못했다.* 민간임대 지원을 위해 기재부-국토교통부-금융위원회 등 이른바 모피아가 발 벗고 나선 것이다. 최근 약 1년(2020년 10월 27일~2021년 9월 30일) 동안에도 법인은 약 4만 7천여 채를 매입했고, 매입한 주택의 77.3%가 약 3억 원 이하 주택이었다. 이 주택 매입자금의 약 70%는 차입으로 이루어졌다.(국정감사, 천준호 의원) 그나마 공공임대 확충에 대한 목소리가 높아지자 2020년에 마지못해 100조 원으로 증액했다. 그런데 이 증액의 효과는 문재인 정부가 끝난 후에나 나타날 것이다. 부동산 공화국의 해체가 부동산 카르텔에 대한 근원적 해체 없이 불가능하다는 점을 잘 보여주는 대목이다.

• 국토교통부, 〈주택도시기금 결산보고〉, 2020.

I부. 경제 '지표'를 부정하는 사람들

6

보수언론이 원하는 세상은
'모두가 좋은 세상'이 아니다

사익을 취하는 자들

한국 지식인 집단에서 가장 큰 문제는 자신의 눈과 언어로 한국 사회를 해석하지 못하고 있다는 점이다. 대표적으로, 서구 사회의 지식인이 자기들 사회를 분석해 만들어놓은 개념을 여과 없이 수입해 그것에 한국 사회를 끼워 맞추려고 한다. 그 대표적인 것이 보수와 진보 개념이다. 서구 사회에서 '보수'는 현재의 질서를 유지하면서 점진적인 발전을 도모하는 세력으로 상대적으로 부유층의 입장을 대변하는 반면, '진보'는 현재 체제를 급진적으로 개혁하자는 논리로 상대적으로 힘없고 가난한 사람들의 처지를 대변한다. 근대 산업 사회 이후에도 계급적 구분이 선명하게 남아 있는 서구 사회에서 계급적 이해관계의 차이로 보수와 진보의 차이를 만든 것은 자연스럽다. 그런데 자민족 중심주의 연장선에서 제국주의적 성향이 있었던 서구 사회는 식민지 경험이 없다. 따라서 서구 사회에서 보수가 유지해야 할 질서는 외세로부터 국가 이익을 수호해야 한다는 대전제가 밑에 깔려 있다. 국가 이익이 보장되지 않는 한 부유층(기득권자)의 이익도 보장될 가능성이 없기 때문이다. 이 점은 서구 사회의 진보 역시 마찬가지다. 국가 이익이 훼손되는 상황에서 힘없고 가난한 사람들의 이익이 먼저 악화할 가능성이 크기 때문이다. 2차 세계대전 이후 프랑스에서 나치 부역자들에 대한 철저한 처벌에 보수와 진보의 견해차가 없었던 것도 같은 맥락에서 이해할 수 있다.

대한민국에 '보수'가 존재하지 않는 이유

그러나 한국 사회는 특수한 상황에 놓여 있었다. 특히 한국 현대사에서 2차 세계대전 이후 전개된 냉전체제와 그것의 산물로서 탄생한 반공은, 미국의 영향력 아래 있던 남한에서 가장 중요한 이데올로기가 될 수밖에 없었다. 반공은 사실상 '국시國是'였다. 일본과 남한에서 반공은 민족주의 색채를 가진 보수도 일부 공유했으나, 기본적으로 일본에서는 제국주의 전범 집단인 극우세력이, 남한에서는 친일세력이 주도했다. 이들은 미국이 없었다면 일본과 남한에서 각각 '전범'과 '친일 부역자'라는 측면에서 청산대상이 될 수밖에 없었기에 미국의 냉전 전략에 자신을 더욱 일체화시켰다. 이러한 이유로 동북아에서 냉전체제는 (사라졌어야 할) 일본의 극우세력과 그것

I부. 경제 '지표'를 부정하는 사람들

의 쌍생아인 남한의 친일세력을 정치적으로 부활시킨 것이다. 차이라면 일본에서는 극우세력이 공산주의 세력과 공존한 것이고, 남한에서는 공산주의나 사회주의 등 좌파가 발을 붙일 공간이 없었다는 점이다. 한국전쟁 후 한반도에서는 좌파와 우파(극우 친일세력)가 물리적으로 분리된 것이나 마찬가지기 때문이다. 이후 민족주의적 색채를 갖는 보수와 극우가 절대적 지배 블록을 형성했다. '이승만-박정희-전두환-노태우' 정권은 기본적으로 극우세력이고, 그들을 이어온 '김영삼-이명박-박근혜' 정권은 민족주의 색채를 가진 보수와 극우가 결합한 정권이거나 극우세력이 주도한 정권이었다. 양자는 '반공'이라는 이데올로기를 공유했다.

이처럼 한국 보수세력의 뿌리를 거슬러 올라가면 기본적으로 친일이라는 기원에 도달하게 된다. 이런 이유로 엄밀하게 서구 사회를 설명하는 '보수'로 '한국 보수'를 정의할 수 없다. 일본의 극우세력이나 서구 사회의 극우세력 등과도 또 다른 한국의 보수세력은 자신의 사익을 국익이나 공동체 이익보다 우선하는 매판적 성격을 띤 집단이다. 한국의 보수세력이 공적 자원을 자신의 사익 추구에 스스럼없이 활용하거나 부정부패에 대한 죄의식이 없는 이유도 친일세력의 후예라는 '원죄'를 갖고 있기 때문이다. 물론, 과거 보수 정부에 참여한 전문가나 관료집단은 '보수정권=수구정권'이라는 평가에 동의하지 않을 수도, 하고 싶지 않을 수도 있다. 그러나 보수의 주도세력과 이들의 권력을 재생산하는 부패 카르텔의 기원을 찾다 보면 이와 달리 정의하기란 어렵다.

한국 보수세력의 기득권은 사실상 박정희 정권에서 구조화되기 시작했다. 장기집권에 대한 박정희의 권력욕은 부정부패와 불공정한 분배로 얼룩진 경제성장으로 이어졌다. 한일 수교와 베트남 파병의 대가로 얻은 수출과 경제성장, 정치권력과 자본권력(재벌)의 유착을 동반한 경제성장은 한국 사회에 불공정을 공고하게 구조화했다. 손실은 사회화(국민에게 부담)시키고 이익은 사유화한 전형적인 '정실자본주의Crony Capitalism'였다.

박정희는 장기집권을 위해 완벽한 국민 통제가 필요했고, 이를 위해 군사적 관점으로 국가와 사회를 재구성했다. 이른바 병영국가兵營國家다. 병영국가의 효과적 작동을 위해서는 관료 통제가 필수였다. 많은 민주화운동 인사들을 '빨갱이'로 낙인찍는 등 정부를 비판하는 이들을 비非국민, 반反국민으로 규정해 사회적으로 철저히 고립시켰다. 또한, 주민등록번호와 국민교육헌장 도입, 영화 상영 시 애국가 제창 등 '국민의 의식과 정신 개혁'이란 목표 아래 국민의 자유를 통제 대상으로 설정했다. 사회 공동체에 대한 연대감이나 정의감 등을 위축시켜 사회 공동체를 파편화시킴으로써 국민을 자신과 가족(의 안위)만 생각하는 동물로 만들려고 한 것이다. 게다가 심한 처벌을 매개로 한 집중적인 교화와 주입식 교육 방식은 독특함을 가진 고유한 존재들을 공장의 상품처럼 똑같은 인간으로 찍어내는 방식이었다. 인간의 자발성을 완전히 거세해 지배하는 '총체적 지배' 방식이었다. 이렇게 국민은 파편화, 원자화됐다. 민주화 이후 꾸준히 개선됐다고는 하나 4차 산업혁명 시대에 필요한 협력, 타인에 대한 신뢰, 연대감, 창의적 아이디어, 차이와 다양성, 소통과 공감 역량의 빈곤이라는 문제의 기원도 따지고 보면 이때부터 시작된 것이다.

문제는 군사정권의 종언 후 김영삼 정부에서 경제 운용을 정부 주도에서 시장 주도로 전환하면서 '군부독재'(국가 통제)를 '시장독재'로 치환시켰다는 점이다. 그 결과 '사회 자산'인 재벌기업이 재벌 총수라는 개인의 배타적 소유물로 전환됐다. 또 1994년 재무부와 경제기획원을 재정경제원으로 통합함으로써 경제관료의 권한을 크게 강화했고, 외환위기의 원인인 '자발적 금융화'(세계화)로 금융자본의 세상이 되면서 (사실상 내치와 관련된 모든 것을 할 수 있을 정도로 권한이 집중·강화된) 경제관료가 금융자본의 도구로 전락했다. 금융자본의 논리가 경제정책을 결정하는, 이른바 '모피아 문제'가 부상한 것도 이 같은 배경에서 기원한다. 요컨대, 군부독재의 종언으로 (군부 권력의 목표를 실행하던 도구에서 벗어나 법치 공간의 '자율성'을 확보한) 경제관료 그리고 (국민과 여론 통제의 수단 역할을 했던) 검찰과 사법부, 언론, 학계 등이 (국가 통제에서 해방된) 재벌자본을 중심으로 새로운 지배구조로서 재구성된 것이다. 2005년 노무현 대통령이 "이미 권력은 시장으로 넘어간 것 같다."라고 언급한 것도 같은 맥락으로 이해할 수 있다.

반공과 친일 체제, 정경유착 부패구조 등에서 성장한 지배층은 태생적으로 민주주의와 공정성에 대한 의식이 약한 집단이다. 한국의 보수 정권이 부패세력으로 전락한 이유이기도 하다. 이를테면,

[표1.20] ─ 끝나지 않은 민주화: 모피아-검찰-언론 개혁

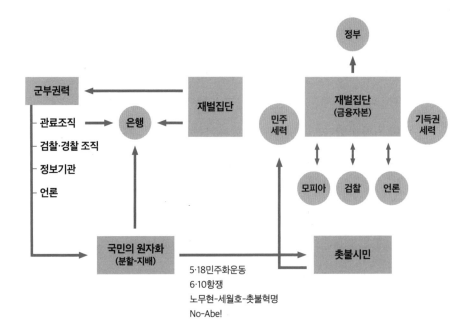

이명박 정권이 정부조직을 마치 개인소유의 사기업처럼 악용하고 무리한 4대강 사업의 강행과 해외자원 개발투자, 블랙리스트 관리 등 광란의 행진을 마구 벌이는데도 어느 부처, 어느 사법기관, 어느 공기업 하나 손을 들어 저지하지 못한 것도 이를 방증하는 것이다. 그 결과는 우리가 목도했던 참담한 모습으로 드러났다. 대통령 자리까지 올랐던 이명박은 정권에서 물러난 이후 340억 원대 횡령과 100억 원대 뇌물수수 등 혐의로 징역 17년과 벌금 130억 원에 추징금 57억 원을 선고받았다.

I부. 경제 '지표'를 부정하는 사람들

시장(자본)과 공공영역을 장악한 한국 사회의 보수(엄밀히 부패) 기득권세력은 자신들이 누리는 특권의 재생산이 가장 큰 목표다. 자신들의 사익 추구를 최고의 목표로 삼는 특권층은 자신들만의 특권 재생산에 방해가 되는 정치세력을 눈엣가시처럼 생각한다. 자신들과 이익을 공유하는 정치세력과 연대해 선출 권력을 장악하려고 하지만, 번번이 민주주의를 성장시킨 촛불시민의 장벽에 부딪힌다. 특권층이 권력을 소수가 독점하는 내각제를 선호하는 것도 같은 맥락에서 이해할 수 있다. 다수의 촛불시민을 회유하는 것보다 상대적으로 소수인 국회의원을 회유하기가 쉽기 때문이다. 내각제로 변경되기 전까지 이들은 선출 권력을 장악하기 위해 체계적으로 협력한다. 언론이 여론을 조성(작)하고, 관료는 정책수단을 활용한다. 이를테면, 경제관료는 촛불시민의 지지를 받은 선출 권력이 집권하면 자신들의 가치와 맞지 않을 때 정책실패를 유도하고, 언론은 무능 프레임으로 부정적인 여론을 만든다. 이를 통해 선거 결과와 선출 권력 교체에까지 영향을 미치려고 한다. LH사태가 본질적으로 집값 폭등이라는 기재부의 정책적 실패의 결과물임에도 홍남기가 불사조처럼 살아남은 것을 보면 잘 알 수 있는 대목이다. 불공정한 부동산 이익을 조장하면서도, 국민의 불만을 자신들이 아닌 개혁 정부에 떠넘기고, 또 개혁 추진력이 약해진 상황을 틈타 다시 기득권을 공고히 하는 데 권한을 행사하는 메커니즘이다.

특권층 카르텔과 이해가 충돌했던 소득주도성장 정책과 부동산 정책에 대해 어떤 태도를 보였는지 생각해보면 잘 알 수 있다. 문재인 정부의 초대 경제부총리였던 김동연은 2021년 (현실)정치 참여 선언을 하며 일성으로 "소득주도성장 이름부터 잘못됐다."라며 자신이 모셨던 문재인 대통령의 경제철학인 소득주도성장을 부정했다. 그런데 그는 부총리를 그만두기 직전(2018년 11월 7일) 국회(예산결산특별위원회 전체회의)에서 "우리 경제의 지속 가능한 발전을 위해 **소득주도성장은 가야 할 길**이다. (…) 소득주도성장과 최저임금 때문에 분배가 악화된 것이 아니다. 구조적, 경기적 원인이 있는 데다 비용을 증가시키는 문제가 있어서 어려움이 가중된 것은 저도 생각을 같이하지만, 모든 문제를 그걸로 귀결시키는 것은 생각해봐야 한다. 솔직하게 제 소신을 말한 거다."라고 말했던 사람이다.

앞에서 강조했듯이 소득주도성장의 중단은 혁신성장이 목표로 한 산업재편의 실패에서 비롯한 것이다. 소득주도성장의 한 축이었던 혁신성장은 경제관료, 즉 본인이 추진한 분야였다. 김동연은 '플랫폼경제 활성화'를, 후임자인 홍남기는 (같은 내용을 용어만 바꾼) '데이터경제 활성화'를 내세웠다. 국회에서 소득주도성장을 언급한 같은 날 김동연은 혁신성장의 성과를 묻는 야당 의원의 질문에 "상당히 의미 있는 성과가 있었다고 생각한다."라고 답했다. 그러나 혁신성장이 성과가 있었다면 양질의 일자리 증가, 특히 청년층의 일자리 개선이 확인됐어야 했지만 그런 증거는 보이지 않았다. 요컨대, 이들은 겉으로 (국정 지지도가 높을 때는) 소득주도성장을 지지하는 듯 보였으나 속으로는 그와 반대되는 행보를 계속한 것이다.

이들은 소득주도성장에 대한 보이콧(?)에서 머물지 않았다. 부동

I부. 경제 '지표'를 부정하는 사람들

산 정책에서도 초기부터 관료들의 작업이 들어갔고, 부동산 가격 안정에 실패했으며, 선거 참패로 이어졌다. 결과적으로 특권층 카르텔이 원하는 대로 부동산 정책은 후퇴했다. 2021년 8월 19일 국회 기재위에서 1가구 1주택 종부세 공제액을 9억에서 11억으로 상향하는 개정안을 통과시켰다. 2017년 9월 12일 "부동산 투기 억제 대책으로 보유세를 인상하는 방안은 검토하지 않고 있다."라는 김동연 장관의 발언은 모피아로서의 의지(?)를 보여준 것이다. 여기에 기재위의 절대다수를 차지하는 민주당 의원 중 김경협 의원만 반대표를 던졌을 뿐* 부동산 정책 후퇴 개정안은 무난하게 통과됐다. 재벌(건설)자본-모피아-금융자본-언론 카르텔이 원하는 방향으로 회귀한 것이다. 이로 인해 소득주도성장에 이어 문재인 정부의 주거 정의 공약도 휴짓조각이 되고야 말았다. 민주당 내에도 보수 기득권세력이 상당수 암약하고 있음을 잘 보여주는 사례라고 할 것이다.

'부패세력'에게 '재정'은 사익 추구의 수단이다

국가 재정 또한 돈의 배분 문제라는 점에서 한국 부패세력의 사익 추구를 위한 주요 관심사 중 하나다. 앞에서 지적했듯이 부패 기득권세력은 개혁 정부가 사용하는 재정에 대해서는 '국가채무 겁박론'으로 공격한다. 국가 재정이 기업(자본)을 위해 사용될 때는 문제

• 기재위 16명 의원 중 민주당 성향의 무소속 양향자 의원을 포함해 민주당의 윤후덕, 김영진, 고용진, 김수흥, 김주영, 정성호, 정일영 등 7인이 찬성을 했고, 박홍근, 양경숙 의원은 기권했다.

삼지 않다가 경제적 약자를 위해 사용될 때는 짐짓 국가채무를 걱정한다. 이것도 논리가 간단하다. 국가가 약자층을 지원하면 그만큼 민간의 금융 사용이 줄어들 수밖에 없고, 금융자원에 대한 수요 감소가 부유층과 금융 부문의 돈놀이 대상의 축소로 이어질 수밖에 없기 때문이다.

경제활동을 지원하려면 중앙은행이 돈을 공급해야 한다. 그런데 중앙은행이 경제활동을 뒷받침하기 위해 돈을 공급하는 방식은 시중은행을 통해 국민에게 빌려주는 방식(금융정책)과 정부에 돈을 빌려줘 재정지출로 국민에게 돈을 공급하는 방식(재정정책)이 있다. 기본적으로 양자 모두 총통화량을 증가시킨다는 것에는 차이가 없으나, 전자는 시중은행과 민간 부문의 채무를 늘리는 반면, 후자는 정부의 채무를 늘리는 차이가 존재한다. 그런데 중앙은행이 공급한 돈으로 (특히 복지 지출 등 취약계층에 대한) 재정지출을 늘리고 정부 부채가 늘어나면 안 된다는 고정관념이 '재정안정주의'라는 그릇된 '미신'이다. 문제는 경기침체기에 중앙은행이 시중은행을 통해 돈을 풀어도 돈이 잘 돌지 않는다. 그나마도 고소득자나 대기업에 혜택이 집중되고, 투자나 일자리 증가로 연결되지 않는다. 심지어 은행이 대출해준 자금의 상당수가 자산 매입이나 자사주 매입 등에 사용되곤 한다. 화폐 한 단위(예를 들어, 5만 원 지폐)가 일정 기간 거래에 평균적으로 몇 회 사용되었는가를 나타내는 화폐유통속도가 1997년에는 1이 넘었으나 2021년에는 0.6이 되지 않았다. 2021년 2분기 기준 시중에 공급된 통화량은 약 3,419조 원이었는데 소득을 창출하는 경제활동에 약 1,990조 원만 연결됐고, 나머지 약 1,429조 원은 부동산이나 주식 거래에 사용되거나 방 안 금고로 사라졌음을 의미한다. 그럴 때는 국민 대상의 직접적인 재정지출이 효과가 더 크다. 경기침체기에 정부채무가 늘지 않으면 오히려 국민, 특히 취약계층의 부채가 증가한다. 즉, 재정지출은 국가가 빚지는 것이지만, 금융정책은 결국 같은 빚을 지고도 그 혜택을 보지 못하는 국민이 생기는 것이다. 어느 쪽이 공정한가? 결국, 다수 취약계층의 이익과 소수 부유층 이익 간 충돌 문제다.

7

절대로 일본을
이길 수 없다는 믿음

아베의 경제침략을 이겨낸 이유

2019년 7월 아베의 경제침략은 이미 예고된 것이었다. 대한민국의 민주화와 촛불혁명, 일본의 잃어버린 20년과 아베의 출현, 아베노믹스의 실패, 미국의 금융위기와 중국의 부상 그리고 미중 간 경제전쟁 등 모든 것과 관련이 있다. 무엇보다 한국 사회가 어떠한 상황이었는가를 이해하는 데서 출발해야 한다. 안타깝게도 (자신은 법 위에 존재하고, 보통사람보다 특별한 취급을 받아야 한다고 생각하는) 한국 특권층 카르텔은 동전의 양면을 이루는 반공과 친일에 뿌리를 두고 있다. 식민지 조선에서 친일했던 사람들이 해방 후의 냉전체제(분단체제)에서 살아남고 또 기득권을 유지하는 방법은 반공의 길뿐이었기

I부. 경제 '지표'를 부정하는 사람들

때문이다. 냉전체제에서 반공으로 부활할 수 있었던 또 하나의 집단
이 일본 극우세력이다. 일본 패전 후 처벌 대상으로 몰렸던 전범세
력은 중국이 공산화되면서 미국의 동북아 반공 블록의 하위 파트너
로 부활했다. 국내 친일세력이 일본 극우세력과 역사관을 공유하는
배경이다.

　문제는 이들의 시대착오적 역사관이 이들의 사고를 과거에 묶어
둔다는 점이다. 국내 친일-반공 세력에게 일본은 '넘사벽'이다. '의
식의 식민지성'이 뿌리 깊게 내면화된 존재이기 때문이다. 식민지
를 경험한 국민의 비극은 정치, 경제와 기술, 의식 측면에서 장기간
열등의식으로 나타난다. 정치적 열등의식은 민주주의 발전에 장애
물로 작용하고, 경제와 기술 측면에서 열등의식은 경제와 산업구조
의 종속성으로 이어지며, 의식의 열등감은 가장 마지막까지 트라우
마로 남는다. 실제로 정치적 열등의식은 1980년대 민주화운동으로
가장 먼저 벗어날 수 있었다. 박정희와 전두환 군사정권은 국민에게
사회정의를 외면하고 짐승처럼 살 것을 강요했다. 이를 거부한 광주
시민들의 희생은 국민을 집단적으로 구원salvation하는 계기가 됐다.
사회정의를 추구하는 민주화운동은 한 단계 도약했고, 정권의 평화
적 교체와 참여정부 수립으로 대한민국 민주주의는 질적으로 도약
할 수 있었다. 그러나 오래지 않아 세계 민주주의의 후퇴 속에서 한
국 사회에도 반동의 바람이 불어왔으나, 노무현 대통령의 희생과 세
월호 참사 등을 계기로 우리 사회는 다시 일어서기 시작했다. 그리
고 그 과정에서 촛불 시민혁명이 탄생한 것이다. 2017년 '촛불정부'

를 표방하고 출범한 문재인 정부는 한반도 전쟁위기를 역으로 남북 및 북미 관계의 전환점으로 만들어냈다. 하노이 회담에서 남북 및 북미 관계는 멈추었지만 새로운 가능성을 발견했다. 반면, 잃어버린 20년과 후쿠시마 원전 사고로 집단적 우울증에 빠진 일본 사회는 아베노믹스(마약성 처방)라는 극우 포퓰리즘을 선택했다. 그러나 30 조 7천억 엔이나 찍어내고도 명목 GDP가 2조 6천억 엔이나 감소했던 2018년 아베노믹스는 심각한 위기에 처한다. 그해 10월 말 (박근혜 정부에서 의도적으로 지연시켰던) 한국 대법원에서 강제징용에 대한 배상 판결이 나온 것이다. 아베 정권은 이를 계기로 내부 위기를 밖으로 돌릴 명분으로 삼았고, 2019년 7월 경제침략을 감행했다.

아베의 경제 침략에 '고마워'해야 하는 이유

결론부터 말하면, 일본의 경제침략은 자기 발등을 찍는 '멍청한 무역전쟁'*이었다. 그 근거는 이렇다. 우선, 한국과 일본의 경제 격차가 절대적 경제 규모로 보더라도 1997년 약 8배에서 2018년에는 2.9배 밑으로 좁혀진 상태였다. 일본의 인구 규모가 한국의 2.4배가 넘는 것을 고려하면 경제 규모의 격차는 거의 없어진 것이다. 산업 경쟁력도 유엔 산하 유엔산업개발기구UNIDO의 〈제조업 경쟁력 보고서 2020Competitive Industrial Performance Report 2020〉에 따르면, 한국이 3위이고 일본이 5위일 정도로 일본 경제가 한국 경제를 좌지우지할 수 있는 상황이 아니었다. 그나마 한국이 뒤처진 대표적 부문이 소

•　'foolish trade war', Bloomberg, 2019. 7. 21.

재·부품·장비(소부장) 분야였다. 일본이 소부장을 공략 대상으로 잡은 이유다. 한일 수교 이후 일본의 소부장을 수입해 제품을 조립하고 수출하는 방식으로 성장을 한 결과 소부장 산업에 대한 일본 의존도가 높았고, 이는 만성적인 대일 무역적자의 원인이었다. 그러다가 대일 무역적자 구조를 개선하기 위해 김대중 정부 때부터 소부장 산업 육성을 추진했으나 지지부진했다. 소부장 산업을 육성하려면 정부의 의지와 더불어 산업계, 특히 대기업의 협조가 절대적이기 때문이다. 소부장 산업은 특성상 중소기업이 담당하는 영역으로 중소기업이 개발하더라도 국내 대기업이 사용을 해줘야 한다. 하지만 장기간 (기술이 검증됐고, 가격 경쟁력이 있으며, 근거리에 위치해 납품일도 맞추기 쉬운) 일본의 소부장을 수입해 사용하는 데 익숙했던 대기업은 이미 일본과의 격차를 좁혀놓은 국내 중소기업의 소부장 기술로 개발된 제품 사용에 소극적이었다. 이런 상황에서 일본이 (극자외선 EUV용 포토레지스트, 플루오린 폴리이미드, 고순도 불화수소 등) 반도체 관련 핵심소재에 대한 수출 규제를 단행한 것이다.

아베의 수출 규제는 역학적으로도 실패할 수밖에 없었다. 반도체 관련 소재를 수출하는 일본 기업들은 중소기업이고, 이 소재를 수입하는 국내 기업은 삼성전자나 SK하이닉스 등 세계 메모리 반도체 시장을 장악한 대기업이다. 소재와 부품 등을 공급하는 중소기업이 소비자인 대기업에 제품을 팔지 않겠다고 '갑질'을 하는 생소한 형국이었다. 게다가 일상적으로 사용하는 제품과 관련된 소재나 부품 관련 기술을 특정 국가만이 보유한 경우는 없다. 일반적으로 선진국은 제조업에서 (원세트 또는 풀세트 형 산업구조를 말하는) '자기완결형 산업구조'를 지향하고, 이를 위한 소재부품 산업 육성 해법으로서 관련 기술 개발을 전제로 한다. 선진국 간 차이가 존재한다면 공정의 차이 정도일 뿐이다. 즉, 일본의 소재를 장기간 사용해온 국내 대기업의 관점에서 수입처를 변경할 경우 공정 조정에 따른 불편함이 따를지언정, 일본산 소재를 대체하는 것이 불가능한 것은 아니라는 말이다. 반면, 일본 기업은 한국의 주요 고객을 잃게 됨으로써 타격을 입는 것이 불가피했다. 이러한 역학관계상 시간이 흐름에 따라 한국보다 일본의 피해가 커질 수밖에 없다는 점에서 처음부터 자기 발등을 찍는 수출 규제였다.

아베의 수출 규제 후 지금까지 2년간 핵심품목의 수급 여건은 안정적으로 유지되고 산업현장도 큰 문제 없이 돌아가고 있다. 오히려 소재·부품 분야의 수입처가 다변화되면서 일본에 대한 의존도가 낮아지고 일부 소재·장비는 국산화에 성공하는 등 성과도 나오고 있다.[표1.21] 한국무역협회에 따르면 2021년 1~5월 극자외선(EUV)용 포토레지스트의 일본 수입 비중은 85.2%로 2020년 같은 기간의 88.6%보다 3.4%p 낮아졌다. 일본의 수출 규제가 가해지기 전인 2년 전(2019년 1~5월)의 대일본 수입 비중이 91.9%에 달했던 것을 고려하면 6.7%p나 줄어든 것이다. 연간 기준으로 2019년 88.3%에서 2020년 86.5%로 하락했다. 이는 국내 업계가 일본 수출 규제 이후 벨기에를 통해 포토레지스트를 우회 수입한 효과가 나타났기 때

I부. 경제 '지표'를 부정하는 사람들

[표1.21] ― 일본 3대 수출 규제 품목 수입 비중 추이

품목	2019년 1~5월	2020년 1~5월	2021년 1~5월	감소폭
포토레지스트	91.9%	88.6%	85.2%	6.7%p
플루오린 폴리이미드	93.7%	93.9%	93.6%	0.1%p
고순도 불화수소	43.9%	12.3%	13.0%	30.9%p

자료: 한국무역통계(stat.kita.net)

문이다. 상대적으로 2021년 1~5월 벨기에 수입 비중은 9.8%로 전년 동기의 5.8%보다 4.0%p 증가했다. 2019년 1~5월(0.4%)과 비교해 9.4%p나 높아졌다. 게다가 국내생산을 위해 미국 듀폰사와 국내 투자를 유치했다. 또 국내 한 기업이 파일럿 설비구축을 마치고 시제품 테스트 중이다. 다급해진 일본 기업은 아예 생산 거점을 한국으로 옮기는 전략으로 한국기업 붙잡기에 나섰다. 세계 최대 포토레지스트 생산업체인 도쿄오카공업(세계 시장 점유율 25%)은 수출 규제 조치 이후 인천 송도의 기존 공장에 수십억 엔을 추가 투자해 생산능력을 2018년의 2배로 늘렸다.

플루오린 폴리이미드의 대일 수입 비중도 수출 규제 이전인 2019년 1~5월 93.7%에서 2021년 동기 93.6%로 0.1%p 하락했다. 플루오린 폴리이미드의 경우에는 대일 의존도가 90% 이상으로 여전히 높기는 하지만, 다른 한편으로 한국 반도체 산업을 타격하려 했던 아베의 의도와 다르게 수출 규제 조치가 효과가 없었음을 의미하기도 한다. 게다가 이미 코오롱인더스트리와 SKC 등 국내 기업이 자

체 기술과 생산기반을 확보한 상황이며, 일부 수요기업은 스마트폰 생산에 국내 대체소재인 UTG Ultra Thin Glass를 채택하기도 했다. 따라서 플루오린 폴리이미드의 대일 의존도도 시간이 지나면 자연스럽게 낮아질 것으로 예상된다.

고순도 불화수소(에칭가스)는 2021년 1~5월 일본 수입 비중이 13.0%로 2020년(12.3%)보다 0.7%p 증가했다. 하지만 수출 제재 이전인 2019년(43.9%)과 비교하면 3분의 1 수준으로 감소했다. SK머티리얼즈가 초고순도 기체 불화수소를 국산화했기 때문이다. 기체 불화수소는 반도체 기판인 실리콘웨이퍼에 그려진 회로도에 따라 기판을 깎아내는 식각 공정에 필수적인 소재로 99.999% 이상의 고순도를 확보해야 해 웬만한 기술 수준 없이는 양산이 어려운 소재로 꼽혔다. SK머티리얼즈는 2020년 6월 순도 99.999%를 뜻하는 '파이브나인' 이상의 기체 불화수소 개발에 성공했다. 삼성전자도 2021년 6월 초 기체 불화수소와 함께 식각 공정에 쓰이는 고순도 염화수소를 백광산업과 손잡고 개발, 반도체 설비에 적용하는 품질 테스트를 완료했다. 반도체 기판의 불순물을 씻어내는 데 쓰이는 액체 불화수소는 솔브레인과 램테크놀로러지가 대량 생산에 성공, 삼성디스플레이와 LG디스플레이가 일본산 대신 100% 대체한 상태다.

일본은 더 이상 '넘사벽'이 아니다

하지만 이 같은 보이는 수치보다 더 중요한 점은 수출 규제 이후 기술자립과 대·중소 상생협력 등을 통해 소부장 산업의 체질을 개선하기 시작했다는 것이다. 정부는 수출 규제 직후 곧바로 소재·부품·장비의 핵심기술 자립화를 위해 3년간 5조 원을 투입하기로 했다. 2021년 일몰될(시한부 자연 소멸법) 예정이던 소재부품특별법은 소재·부품·장비산업 경쟁력 강화를 위한 특별조치법(소부장특별법)으로 업그레이드돼 기술독립을 위한 법적 근거를 마련했다. 기술 자립역량을 확보하기 위한 기초원천연구 투자가 확대되고 장기적인 관점에서의 R&D(연구개발) 시스템으로의 전환에도 속도가 붙었다. 산업부에 따르면 R&D 사업을 추진한 지 1년 반 만에 271건의 특허가 출원됐다. 소부장 관련 투자는 3,826억 원, 관련 매출은 2,151억 원이 발생했으며, 이를 통해 385명의 일자리가 새롭게 창출됐다. 소부장 개발 사례도 잇따르고 있다. 두산공작기계는 최근 70% 이상을 수입에 의존했던 항공용 터닝센터 장비를 국산화했다. 비행기 부품 생산에 필요한 핵심 공정을 개발한 사례다. 또 켐트로스는 전량 수입에 의존하던 불소고무 단량체를 개발해 상용화를 준비하고 있다. 역설적으로 아베가 주도한 경제침략이 경제와 기술의 대일본 종속성을 벗어나는 계기를 마련해준 것이다. 한국 경제의 구조적인 묵은 문제의 실마리를 아베가 제공한 기묘한 반전이다.

우리와 반대로 일본의 경제침략은 일본 경제를 더욱 악화시키는 계기가 됐다. 경제 제재 이후인 2019년 하반기 일본의 경제성장률은 상반기의 0.5%에서 −1.8%로 곤두박질쳤다. 반면, 한국은 상반기 0.8%에서 1.7%로 반등했다. OECD 회원국의 평균 성장률이 상반기 1.2%와 하반기 0.6%였던 것이나 G7 회원국의 평균 성장률이 상반기 1.1%와 하반기 0.4%를 기록한 것과도 비교된다. 한국과 일본의 성장률 격차는 2019년 상반기 0.3%p에서 하반기에는 3.5%p로 확대됐고, 팬데믹 재난이 시작된 2020년에는 3.8%p로 더욱 확대됐다. 2021년 상반기에도 한국과 일본은 각각 2.4%와 −0.7%를 기록함으로써 그 격차가 3.1%p를 기록했다.

이처럼 세계 경제 규모 3위인 일본과의 경제전쟁에서 이겨냄으로써 얻은 최대 성과는 무엇보다 '일본을 따라잡을 수 없다.'라는 만연화된 의식의 열등감을 벗어날 수 있게 됐다는 점이다. 한국 경제에 타격을 입혀 내부 위기를 잠재우고, 일본의 위상을 과시하려던 아베의 꼼수가 공교롭게 우리 국민의 자긍심을 끌어올린 결과를 불러온 셈이다. 이 연장선에서 우리는 2020년 팬데믹 재난 상황에 맞서 방역의 새로운 모델을 만들어낼 수 있었다. K-방역을 만든 일등공신은 우리의 체계적인 방역 인프라 덕분이기도 했으나, 우리 국민의 높은 시민의식이 없으면 불가능한 것이었다. 2020년 1인당 GDP 순위도 이탈리아를 넘어 G7 회원국 반열에 진입했으며, 2021년 7월 유엔에서 선진국 지위를 인정받는 등의 쾌거도 모두 자긍심 가득한 전 국민적인 노력에서 나온 것이었다.

8

GDP 증가율
세계 1위에 담긴 진실

K-방역과 K-민주주의

한국은 전대미문의 코로나19 재난 속에서 위기를 잘 넘긴 국가 중 하나로 평가받는다. 경제 붕괴의 방지와 바이러스 확산 통제라는 2가지 목표에서 가장 선방한 국가이기 때문이다.

2021년 11월 4일 기준 코로나19에 따른 전 세계 사망자 수는 인구 100만 명당 646명에 달했다. 한국의 100만 명당 사망자 수는 미국 2,311명, 영국 2,066명, 프랑스 1,799명, 독일 1,148명, 스위스 1,290명, 오스트리아 1,258명, 아일랜드 1,096명, 캐나다 762명, 스웨덴 1,474명, 이스라엘 870명, 덴마크 467명, 베트남 226명, 핀란드 212명, 노르웨이 168명, 일본 145명, 싱가포르 75명, 호주 69명

등보다 적은 57명에 불과했다. 대만 35명, 중국 3명, 뉴질랜드 6명 등이 한국보다 적었지만, 이들 국가는 국경 봉쇄를 통해 얻은 결과였다. G7 회원국들보다 경제성장률 부분에서도 선방했다. 팬데믹 재난으로 2020년 경제성장률이 가장 적게 하락했을 뿐 아니라 경제회복도 가장 빠른 국가이기 때문이다. 2021년 2분기까지 한국이 재난 이전인 2019년 말 대비 1.3%가 증가한 데 비해, G7 선진국 중에서는 2019년 말 대비 0.8%가 증가한 미국만이 팬데믹 이전 수준을 회복했다. 중국과 대만 등이 한국보다 경제회복 속도가 빠르지만, 중국은 막대한 재정지출로 달성한 것이다. 싱가포르조차 팬데믹 이전 수준(-1.4%)으로 아직 돌아가지 못했다. 문재인 정부 출범 이후 4년(2017년 2분기~2021년 2분기) 동안 한국의 성장률은 9.1%로 OECD 회원국 평균 성장률 5.2%보다 3.9%p나 높았다. 이러한 격차는 팬데믹이 결정적 변수였다. 재난 이전인 2019년 말 대비 2021년 상반기까지 한국은 1.2%를 초과했다. 반면, OECD 회원국 평균은 −0.5%로 재난 이전 수준을 회복하지 못하고 있다.

한국의 경제성과는 미증유의 코로나19 대확산이라는 재난 상황에서 K-방역이라는 새로운 방역 문법을 만든 결과였다. K-방역은 개방을 유지하면서도 감염병 확산을 막는 전 세계 유일한 방식이다. 국경과 지역을 봉쇄하지 않고, 경제를 멈추지 않으면서 방역의 성공을 만든 것이 경제 선방으로 이어진 것이다. 즉, 경제성과의 선방은 전통적인 경제정책에서 비롯한 것이 아닌 투명성과 연대의 가치에 기초한 정부(리더십)에 대한 신뢰, 사회 구성원들의 자발적인 참여와 협력 등이 만든 것이었다. (OECD 의뢰로 월드 갤럽 폴World Gallup Poll이 조사 대상국 1천 명의 국민에게 '당신은 중앙정부를 신뢰하십니까?' 물었을 때 '그렇다.'고 대답한 비율로 측정한) OECD가 발표하는 '정부 신뢰도 조사Government at a Glance 2021'에서 한국은 2017년 24%(32위)에서 2019년 39%(22위), 2020년 45%(20위)로 꾸준히 상승했다. 2020년 처음으로 40%대 진입했는데, 2020년 한국의 정부 신뢰도는 일본(42%, 23위), 프랑스(41%, 26위), 미국(35%, 32위) 등 OECD 주요국을 앞선 것이었다. 이러한 변화는 문재인 정부의 정체성과 관련이 있다. 2020년 광복절 경축사에서 문재인 대통령은 "2016년 겨울, 전국 곳곳의 광장과 거리를 가득 채웠던 것은 '대한민국의 모든 권력은 국민으로부터 나온다.'는 헌법 1조의 정신"이었고, "세상을 바꾸는 힘은 언제나 국민에게 있다는 사실을 촛불을 들어 다시 한번 역사에 새겨 놓았"으며, "그 정신이 우리 정부의 기반이 됐"다고 천명했다. 전 세계 202개국 대상 민주화 동향을 분석하는 연구기관 스웨덴 V-Dem(Varieties of Democracy, 민주주의 다양성)의 보고서에 따르면 2016년 한국의 민주주의는 2006년보다 후퇴한 것으로 분석됐다. 그러나 이후 상승하기 시작해 2019년 상위 10% 국가에 진입했으며, 2020년에는 지난 10년간 주요국 중 민주주의가 유일하게 향상된 나라로 평가됐다. 이처럼 K-방역의 뒤에는 K-민주주의가 뒷받침한 바 크다. K-민주주의의 의미에 대해서는 2부에서 자세히 소개하겠다.

K-방역이
실패해야 하는 사람들

경제 효과 너머의 가치

선진국의 기준이 달라지고 있다.

그 새로운 기준점을 한국이 주도하고 있고,

그 밑바탕에 K-민주주의가 있다. 많은 국민이 코로나19를 계기로

대한민국의 대외적 위상이 변하고 있음을 실감하는

이유이기도 하다. 국격의 상승은 단순한 숫자의 증가만이 아닌

대한민국의 브랜드 가치의 상승을 의미한다.

K-방역이 팬데믹 상황에서 이룬 경제성과의

일등공신이듯이 브랜드 가치 상승의 원천도 K-민주주의와

관련이 깊다. 브랜드 가치 상승은 경제성과에도

깊이 공헌하고 있다. 경제 관련 국내 및 국제기관이나

경제 전문가 등이 연초에 2021년도 경제성장률 전망치를

과소평가한 이유도 한국에 대한 브랜드 가치 상승을 간과한 탓이다.

한국이 팬데믹 재난에서 가장 빨리 경제회복을 이룬 이유는

수출에 있다. 실제로 수출 증가율을 보면 주요국들을

크게 앞지르고 있는데, 무엇보다 수출 품목의

변화가 크게 눈에 띈다.

1

누가 K-방역을 흔드는가

부패세력의 생존 방정식

팬데믹이 본격화하기 시작한 이래 보수언론은 하루가 멀다고 레퍼토리를 바꿔가며 정부의 방역정책을 저주했다. 초기 대유행 때는 국경을 폐쇄한 대만과 비교하며 방역 당국을 탓했고, 백신 개발 이후에는 백신 확보에 서두르지 않는다고 비난했다. 그러나 무역으로 먹고사는 우리에게 봉쇄 정책은 경제적 재앙을 뜻하는 것이며, 방역에도 별 실효성이 없다는 것을 유럽을 비롯한 세계 각국이 증명했다. 코로나19가 전 세계적으로 확산하던 상황에서 중국만 막는다고 해결될 수도 없었다. 실제로 대만의 중국인 입국 금지 결정은 준비된 것이라기보다 이미 2019년 8월 중국의 대만 관광에 대한 제재에 따라 교류가 멈추다시피 한 상태에서 내린 자연스러운(?) 결정이었다. 물론 이러한 보수언론의 비난은 시작에 불과했다.

백신이 개발된 이후에는 안정성을 점검하며 확보하는 것도 늦지 않다는 정부의 판단과 달리 이스라엘, 미국, 유럽 등의 충분한 백신 확보에 부러움을 표하며 당국의 무능함을 강조했다. 그러나 국내 확진자 관리가 이미 당국의 통제하에 이뤄지는 상황에서 부작용 등에 대한 고려 없이 급하게 추진될 필요가 없었고, 또 이들 국가는 우리 상황과 달리 이미 폭발적인 확진자 발생으로 당장 급한 불이라도 꺼야 하는 상황이었다.

그나마 이 정도 수위의 비난은 비판으로 이해할 수 있다고 해도 이후에는 상황에 따라 자기주장이 자기 논리를 부수는 자기 파멸적 보도행태로 이어졌다. 예를 들어, 확진자 수 증가에 따라 방역을 강화하면 '자영업자 다 죽는다.'라는 식으로 보도하다가, 자영업자를 위해 방역을 완화하면 'K-방역, 구멍 숭숭' 식의 보도로 일관된 논지 자체가 없었다. 당국의 백신 확보가 이뤄지자 이번에는 백신 부작용 뉴스를 쏟아냈다. 특히 초기에 아스트라제네카 물량이 우선 도입되자 아스트라제네카 부작용과 관련한 자극적인 뉴스로 도배했다. 화이자와 모더나 백신이 충분히 수급된 이후에도 주어만 바뀌었을 뿐, 방역 당국 정책에 대한 반대를 위한 반대를 일관하는 등 보도행태는 달라지지 않았다. 백신을 맞자는 것인지 말자는 것인지 알 수 없는 묻지마식 비판을 마구 쏟아냈을 뿐이다. 시간이 지나면서 언론의 바람(?)과 달리 한국은 확진자 수 증가의 부침은 있었지만, 가을에 들어서면서 백신 접종 완료율에서 선두국가가 됐다. 2021년 11월 4일 기준 백신 접종 완료율은 75%를 돌파했고, 그 수치는 이미 G7 회원국의 평균 백신 접종 완료율을 추월했다. 접종 시작은 미국, 영국 등 백신 개발국보다 늦었으나 이들 국가를 빠른 속도로 추월한 것이다. 이는 체계적인 예방접종 시스템이 없었다면 불가능한 성과였다. 팬데믹이라는 전대미문의 어려움 속에서도 K-방역이 놀라운 역할을 하며 새로운 방역 문법을 창조하고 있는 것이다.

'새로운 처음', 대한민국의 새로운 방역 문법

팬데믹이 정점에 이른 후 세상 사람들은 코로나19 이전의 세상 BC, Before Corona 과 이후의 세상 AC, After Corona 으로 나뉠 것이라고 얘기했다. 비록 이런 말을 즐겨 했던 많은 사람의 사고는 여전히 팬데믹 이전에 머물러 있지만 (산업 문명과 관련된 경험과 지혜로 설명되지 않는) '새로운 처음'인 코로나19로 새로운 세상이 시작된 것만큼은 확실하다. 무엇보다 방역 측면에서 의료기술이나 공공의료 시스템 등에서 높은 수준을 가진 전통적인 선진국의 방역 문법이 작동하지 않았다. 세계 최고 수준의 방역 시스템을 자랑하던 미국과 유럽 선진국들로부터 들려오는 소식은 참담했다. 폭발적인 사망자 소식은 물론이거니와 매장할 곳을 찾지 못해 아무렇게나 방치된 시신을 보며, 과연 우리가 배우고자 했던 선진국이었던가 하는 탄식이 절로 나왔다. 그나마도 국경을 원천 봉쇄하고, 이동이 엄격하게 제한된 상황에서 벌어진 광경이었다.

방역체계의 위기는 경제위기와 국가 재정위기로 고스란히 이어졌다. 팬데믹 충격이 가장 컸던 2020년 2분기 OECD 회원국의 평균 경제성장률(전기 대비)은 -10.4%였고, G7 회원국의 평균 경제성장률 역시 -10.4%였다. 미국이 -8.9%, 유럽연합(27개국) 평균이 -11.1%였다. 반면, 한국은 -3.25%로 (조세 회피 목적의 글로벌 IT 및 제약 기업들이 포진해 있는) 아일랜드(-1.4%) 다음으로 선방했다. 2분기의 대 충격은 2020년 전체를 지배했다. G7 회원국 중 경제 후퇴가 그나마 덜했던 미국이 -3.5%, 가장 컸던 영국이 -9.8%를 기록했고, OECD 회원국 평균이 -4.7%였다. 반면, 한국은 -0.9%에 불과했다(OECD 통계). 문제는 이 정도의 성장률조차 대규모 재정지출로 만든 결과였다는 점이다. GDP 대비 (통합)재정수지는 미국이 -14.7%, 성장률 타격이 가장 컸던 영국이 -13.5%, 일본 -10.7%, 캐나다 -10.9%, 프랑스 -9.2%, 이탈리아 -9.5% 그리고 재정 건전성에 민감한 독일조차 -4.5%였던 반면, 한국은 -2.2%에 불과했다. 2020년 플러스(+) 성장률을 기록한 중국조차 재정수지는 -11.2%였다. 그 결과 정부채무도 급증했다.[*] (일반정부와 비영리 공공기관 채무를 합한 D2 기준의) 정부채무(GDP 대비)가 2020년 1년 동안 미국은 25.4%p, 영국 18.5%p, 일본 19.1%p, 캐나다 31%p, 프랑스 17.5%p, 이탈리아 21.2%p, 독일 10%p, 중국 9.2%p 증가한 반면, 한국은 5.8%p 증가에 불과했다.

---

[*] IMF, WEO, July 2021.

114 —— Ⅱ부. K-방역이 실패해야 하는 사람들

팬데믹 상황에서 경제위기를 막을 수 있었던 한국만의 차별점은 새로운 차원의 감염병 국면에서 새로운 방역 문법인 이른바 K-방역 덕분에 생겨난 것이었다. 앞에서도 지적했지만, K-방역은 투명하고 책임 있는 방역 관리가 만들어낸 정부에 대한 국민의 신뢰 그리고 높은 시민의식 등에서 비롯한 것이다. 이 모든 것이 향상된 민주주의와 관련이 있다. 한국의 '눈치 문화'*가 민주주의가 진전되면서 서양의 개인주의 문화에 기반한 민주주의와는 또 다른, 자율성이 장착된 K-민주주의(촛불 민주주의)를 만들어낸 것이다. K-민주주의는 아베의 경제침략을 막아내고 검찰 개혁(공수처 설치)을 이루어낸 원천이었고, 그 여세를 몰아 초기의 (대구발) 코로나19 위기를 막아내는 힘이었다. 전 세계가 팬데믹 1차 대유행에 신음하는 상황에서 코로나19 확산 없이 2020년 4월 총선을 성공적으로 치러냄으로써 세계를 놀라게 했다. 야당의 총선 참패는 보수세력에는 큰 충격이었다. 2018년 6월, 북미 정상회담의 좌초, 경제 무능 및 한일관계 파탄 프레임으로 기세를 잡은 상황에서 4월 총선만큼은 자신들이 압승하리라 장담했음에도 정반대의 결과가 전개된 것이었다. 보수세력의 목표는 총선 승리로 국회를 장악한 후 공수처법을 폐지하고, 문재인 정부를 식물 정권으로 만들고, 그 여세를 몰아 20대 대선 승리와 정권 탈환을 완수하는 것이었다.

---

* Hong, The Power of Nunchi: The Korean Secret to Happiness and Success, 2019.

K-방역이 실패해야 사는 사람들

한국 보수세력의 오판은 코로나19 재난 전후로 우리 사회에서 일어난 변화를 이해하지 못한 데서 비롯한 것이다. 앞에서 기술했듯이 K-방역은 우연의 산물이 아니다. K-방역을 만들어낸 대한민국 사회는 과거처럼 보수언론의 여론 조작으로 움직이는 단계는 지났다. 이들은 임기를 1년도 남기지 않은 문재인 대통령의 지지율이 40%대가 유지되는 현실을 이해하지 못한다. 또한, 대한민국의 대내외적 위상 변화도 이해하지 못한다. K-방역을 만들어낸 원인에 대한 이해를 외면한 채 총선 패배를 방역 통제의 성공 탓으로 돌렸다. 이들이 방역의 실패를 원했던 이유이기도 하다. 극우단체의 종교집회를 통한 '바이러스 테러'나 의료파업을 통한 '의료 테러' 등은 그것을 방증한다. 하지만 국민의 생명을 협박해 K-방역을 무너뜨리려는 시도는 처음부터 성공할 수 없었다.

뒤늦게 보수세력은 K-방역을 흔들기 위해서는 촛불시민을 파편화시켜야만 가능하다는 것을 인지하기 시작했다. 박정희가 국민을 원자화함으로써 지배했던 이른바 분할통치 전략을 다시 꺼낸 것이다. 사실 K-방역을 둘러싼 싸움은 촛불시민으로 상징되는 민주주의와 (특권, 반공, 차별, 획일화, 부정부패 등으로 상징되는 수구 기득권) 부패세력이 유지하려는 '20세기 문법'과의 싸움이다. 부패세력은 촛불시민을 원자화시키기 위해 일반 국민이 가장 민감해하는 부동산 정책의 실패를 공격했다. 부동산 정책의 실패는 특권층 부패 카르텔의 조직적 저항을 인식하지 못했던 문재인 정부의 가장 뼈아픈 실책이었다. 특권층 부패 카르텔의 해체 없이 특권층의 이해가 집약된 부문을 중심으로 한 저항은 과거에도 그랬고, 앞으로도 그럴 것이다. 모피아를 중심으로 한 관피아, 정치검찰, (원자력에 대한 이해관계를 가진) 원전 마피아 등을 대변하는 김동연과 홍남기, 윤석열, 최재형 등의 등장과 또 그들이 부상한 배경은 여기에 있다. 부패세력을 구조적으로 약화시키는 제도 개혁보다 권력을 분점하는 방식으로 접근한 문재인 정권의 방식에 대해서는 역사적으로 평가를 해야 할 것이다. 그러나 평가와 관계없이 향후 등장할 이른바 '4기 민주 정부'에서는 부패세력을 사회 공동체로부터 고립시키는 제도 개혁이 필수 과제임을 촛불시민이 알게 된 것은 (많은 희생을 치르고 얻은) 성과라고 할 수 있다. 사실, 4기 민주 정부보다는 2기 촛불정부가 더 정확한 표현이다. 문재인 정부가 촛불정부를 표명했듯이 촛불시민과 촛불 민주주의의 산물이다. 촛불시민의 '공적 욕망'은 '나라다운 나라'와 '국민이 진짜 주인인 나라' 만들기다. 촛불시민은 스스로 그리고 함께 '진실'을 찾아낼 뿐 아니라 찾아낸 '진실'을 함께 구현하려는 '새로운 인간형'이다. K-민주주의가 공동창조Co-Creation 방식으로 진실을 생산해내는 새로운 인간인 촛불시민을 만들어낸 것이다.

2

"한국은 이미 선진국이다"

K-방역이 가져온 기저효과

K-방역의 성과는 대한민국의 대외적 위상을 바꿨다. K-방역으로 세계의 주목을 받으면서도 한편으로 팬데믹 재난으로 새로운 세상이 도래했음을 인식한 문재인 대통령은 한국의 위상을 변화시키는 기회로 만들기 시작했다. 요컨대, 연대와 협력을 화두로 던지면서 한국이 중심이 되어 새로운 국제관계의 재편을 추구했다. 2020년 5월 18일 화상회의로 진행된 세계보건기구who 제73차 세계보건총회wha 초청 연설을 보면 그 의도가 잘 드러난다.

문재인 대통령은 이 자리에서 '모두를 위한 자유'를 주제로 팬데믹 극복을 위한 방안으로 연대와 협력을 제시하며, "높은 시민의식으로 '모두를 위한 자유'의 정신을 실천하며 방역의 주체가 되어준 국민 덕분에, '개방성, 투명성, 민주성'의 3대 원칙이 힘을 발휘할 수 있었으며 〔한국 국민이 담대한 선택을 할 수 있었던 이유는〕 개개인이 가지고 있는 '자유'를 '모두를 위한 자유'로 확장시켰"기 때문에 가능했음을 밝혔다. 문재인 대통령은 이 방향성 아래 각국 대표단에 '모두를 위한 자유'의 정신에 기초해 코로나19 종식을 위해 보건 취약 국가에 대한 인도적 지원 확대와 방역 경험 공유, 백신과 치료제 개발을 위해 국경을 넘어 협력, WHO 국제보건규칙 등 관련 규범 정비 등 3가지를 제안했다.

사실, 코로나19는 기존 감염병과 달리 감염 확산이 매우 빨라서 새로운 방역 문법이 필요하다. 코로나19는 모두가 자유로워져야만 개인도 자유로워질 수 있다는 인식을 인류 사회에 요구하는 감염병이기 때문이다. 그러나 글로벌 백신 확보전에서 볼 수 있듯이, 자국민과 자국의 이익(질병으로부터의 자유)을 우선한 세계 각국의 자국중심주의로 인해 의료 역량과 경제력 등이 취약한 많은 국가가 팬데믹에 더 많은 고통을 받는 상황이다. 문재인 대통령의 연설은 이 타이밍에 나온 것이고, 방역과 경제의 성공을 입증한 한국이 제시한 '모두를 위한 자유'라는 방향 설정에 세계 각국이 공감할 수밖에 없는 의제였다. 더욱이 경제력이나 군사력 등 기존 선진국이 가진 하드파워만으로 글로벌 팬데믹을 극복하기 어렵다는 좌절감도 그러한 국제사회의 공감에 한몫했다. 세계 최고의 의료기술과 달러를 찍어낼 수 있는 유일한 국가이자 최강의 군사력을 가진 미국이 팬데믹으로 인해 가장 큰 피해를 본 나라라는 점도 이를 증명한다. 공공의료 시스템이 가장 발달하고 산업 문명을 일으킨 자부심을 가진 서유럽 국가들 역시 팬데믹 재난에 속수무책이었던 것은 마찬가지였다.

대한민국, 새로운 외교 질서의 중심에 서다

한발 먼저 홍역을 앓고 강력한 초기 봉쇄로 코로나19를 통제한 중국은 서방 세계를 조롱하며 세계적 재난을 활용해 영향력 확대의 기회로 삼았다. 공교롭게도 이로 인해 감염병을 만들어낸(?) 것이 아니냐는 국제사회의 의심을 받기도 하지만, 어찌 됐건 팬데믹을 계기로 재난 이전부터 격화되던 패권 경쟁을 새로운 유리한 국면으로 전환하려고 한 것만은 분명해 보인다. 이를테면, 아프리카, 동남아, 중남미 등에 대한 중국의 백신 외교는 세계의 중심국 역할을 했던 미국에는 커다란 도전이다. 친환경 자율주행차 등 미래산업을 놓고 경쟁을 하던 상황에서 인류 사회를 위기에 빠뜨린 새로운 문제에 대한 해결 능력을 둘러싼 주도권 경쟁이 추가된 것이다. 그런데 문제는, 과거와 달리 미국이 직면한 문제들을 미국 혼자 힘으로 해결할 수 없게 됐다는 점이다. 한미관계의 새로운 페이지를 썼다고 평가할 수 있는 2021년 5월 한미 정상회담은 이러한 배경에서 나온 결과물이었다. 기존의 수직적 한미관계에서 호혜적 관계로 전환했고, '한미 글로벌 백신 파트너십 구축'은 호혜적 관계의 상징물이다. 파트너는 상대가 존재해야만 자신도 존재할 수 있다는 개념이다. (중국과의 경쟁에서 앞서) 인류의 백신 공급 문제를 해결해야 하는 미국으로서는 백신 생산능력에서 미국 다음의 2위 국가인 한국과의 협조가 필요했고, 한국은 바이오 분야의 추가적인 성장 기회가 필요했다. 호혜적 협력관계는 여기서 그치지 않고 미래 차 분야에서 중국에 추격을 당한 미국의 문제를 해결하기 위해 반도체와 자동차용 배터리 협력, 자주국의 상징인 미사일 주권 확보(미사일지침 폐기), (NASA의 유인 달 탐사 프로젝트인) 아르테미스 프로그램 참여 등으로 나타났다. 우리의 관점에서 보면, 미국이 가장 원하는 중국에 대한 압박과 관련된 문제에 대해서도 '중국'을 일절 언급하지 않으면서 민주주의와 인권을 강조하고, 역내 평화와 공동번영을 촉구하는 등 인류 사회의 보편적 가치로 오히려 미중 신냉전의 해결책을 제시한 것이다.

중국과의 경쟁을 위해 국제사회의 협력이 필요한 미국의 입장을 활용한 또 하나의 성과가 2021년 6월 런던에서 열린 G7 정상회담에 초청을 받은 사건이었다. 이는 G7을 D10(민주주의 동맹 10개국)으로 확장하고 싶은 미국, 브렉시트의 공백을 메우기 위해 한국과의 교역 및 협력 강화를 원하는 영국, 기술과 산업의 보완관계를 갖는 한국과 협력을 원하는 유럽연합 등의 이해관계가 맞아떨어진 결과였다. 일본은 노골적으로 한국의 참여를 원치 않는다는 태도를 드러냈지만, 명분 없는 일본의 입지만 좁아지는 형국이었다. 여기에, 7월 유엔무역개발회의UNCTAD에서 회원국 만장일치로 '그룹 B' 지위를 획득한 것도 쾌거였다. 국제사회를 공식적으로 대변하는 유엔에서 '선진국' 지위를 인정받은 것이다. 한국은 그동안 IMF나 OECD 등에서는 이미 선진국으로 분류됐으나, 유엔에서는 여전히 개도국 지위로 남아 있었다. 개도국의 목소리가 큰 유엔 산하 기구이자 '모두를 위한 번영Prosperity for All'을 기치로 내세운 UNCTAD에서 한국이 선진국 그룹으로 이동하는 것을 모든 개도국이 동의해준 이유는 명확했다. 전 지구적 팬데믹 극복을 위해 구체적인 국제사회의 연대와 협력을 제안하고 실행할 수 있는 리더십과 동시에 글로벌 백신 허브로 부상한 한국에 대한 기대 때문이었다. 실제로 삼성바이오로직스는 모더나의 백신 위탁생산을 맡아 10월 말부터 243만 회분 이상을 생산, 공급하기 시작했다.

팬데믹 극복을 위한 차선책이 백신 접종인 상황에서 선진국과 개도국 간 백신 접종 양극화의 피해는 개도국이 훨씬 크게 입는다. 게다가 관광을 국가의 주요 수입원으로 하는 개도국의 특성상, 개도국이 더 큰 경제적 타격을 받을 수밖에 없다.* 이러한 배경에서 개도국들이 '불평등과 취약성에서 모두를 위한 번영으로 방향 전환From inequality and vulnerability to prosperity for all'을 요구하는 것은 당연하다. 즉, 자국중심주의로 해결할 수 없는 기후, 질병 등 전 지구적 문제를 풀어낼 새로운 국제관계 문법이 필요하며, 이러한 변화를 주도하고 문제를 풀어낼 한국의 역할과 위상을 세계가 요청한 것이다.

* UNCTAD, We urgently need to kickstart tourism's recovery but COVID-19 crisis offers an opportunity to rethink it, Aug. 3, 2021.

3

그들이 '전 국민' 재난지원금을
막으려는 이유

선별복지라는 위선

팬데믹 재난 속에서 K-방역의 성과에 기여한 유일한 경제정책이 전 국민 재난지원금(국민 지원금)이다. K-방역이 21세기형 감염병에 대한 새로운 방역 문법이었듯이, 코로나19가 만들어낸 위기에 대한 경제적 처방 역시 새로운 경제 문법을 요구했다.

미국 연준은 코로나19 확산 이후 금리를 1.5%p나 인하해 제로 금리로 돌아가는 등 1년 5개월 만에 4조 달러 이상을 새로 찍어내며 공격적 양적 완화를 시행했으나, 고용(율)은 팬데믹 이전 수준으로 회복하지 못했다. 돈이 돌지 않았기 때문이다. 경제적 거래를 위해 돈이 얼마나 활발히 움직이는지 나타내는 화폐유통속도가 2019

년 말 1.423에서 팬데믹으로 경제가 가장 충격을 받았던 2020년 2분기에 1.100까지 떨어졌다. 그나마 경제활동이 회복되면서 3분기에 1.147로 다소 상승했지만, 그 후 다시 떨어져 2021년 2분기에는 1.120으로 경제적 충격이 가장 컸던 1년 전 수준으로 거의 되돌아갔다. 반면에 한국은 2020년 2분기에 −3.25%로 OECD 회원국 중 성장률 면에서 사실상 1등을 했다. 2020년 1분기 −1.3%에 이어 성장률이 곤두박질친 이유는 수출이 1년 전과 비교해 20.3%나 감소하며 성장률을 −6.3%나 끌어내렸기 때문이다. 이때 수출 급락을 방어한 것은 전 국민 재난지원금이 중심이 된 내수였다. 민간소비 0.5% 증가를 바탕으로 내수를 1.1% 끌어올렸다. 재난 상황에서 사람들의 소비가 위축되면서 소비-유통-생산 등으로 연결된 경제 생태계가 파괴되는 와중에 소멸성 지역화폐 방식의 전 국민 재난지원금이 민간소비를 끌어올린 것이다.

소멸성 지역화폐는 경제 효율성, 소득 재분배, 지역경제 활성화 등 '일석삼조' 효과를 만들어냈다. 특히 피해를 가장 많이 입은 소상공인의 매출(수입)을 지원했다. 전 국민 재난지원금 지급을 반대하며 선별 지급을 주장하는 이들의 대표적 논리가 피해를 본 계층에 집중적으로 지원하는 것이 더 정의롭다는 주장이다. 그런데 전 국민 지원금은 선별 지원금과는 성격이 다르다. 코로나19 재난을 이해하기 위해 쉽게 비유를 해보자. 큰 산불이 났다. 산불로 가옥 등이 불타 직접 피해를 볼 수도 있고, 산불 확산을 막기 위한 소방관들과 그들을 도운 자원봉사자도 피해를 볼 수 있다. 직접 피해를 본 전자에 대한 지원이 선별 지원이고, 산불 확산을 막기 위해 협조하는 과정에서 피해를 본 후자에 대한 보상(위로)이 전 국민 지원금이다. 자원봉사자가 부자일 수도 가난한 사람일 수도 있듯이, 코로나19 확산 방지에 협조한 국민은 논리적으로 소득 수준과 관계가 없다. 게다가 소멸성 지역화폐에 의한 전 국민 지원금은 최종적으로 소상공인의 주머니로 들어간다는 점에서 자영업에 대한 실질적인 선별 지원 효과도 강화한다. 게다가 선별 지원도 충분하지 않았다. 소상공인은 영업 제한으로 임대료 등 비용 측면과 매출 감소라는 수입 측면에서 양쪽의 손실이 발생하지만, 정부의 선별 지원금은 비용 측면의 지원에만 집중됐다. 이러한 상황에서 '우리 지역에서 기한 내 소진해야 하는' 소멸성 지역화폐에 의한 전 국민 지원금은 모두 소상공인의 수입으로 연결된다는 점에서 소상공인의 손실에 대한 지원 효과가 확실하다.

전 국민 재난지원금을 막으려는 '그들'의 진짜 속내

사실 지역화폐 자체는 우리가 처음은 아니지만, 소멸성 지역화폐는 사실상 우리가 처음이다. 유례없는 팬데믹에 대응한 새로운 경제 문법으로 이재명 전 지사에 의해 경기도에서 최초로 시행된 정책이다. 소멸성 지역화폐의 효과를 과소평가하는 경제 전문가들은 팬데믹 이전 세상과 이후 세상이 전혀 다르다고 떠들면서도 여전히 팬데믹 이전 세상을 위해 만들어진 고릿적 경제정책의 관점으로 소멸성 지역화폐를 바라본다. 21세기형 재난에 따른 경제충격을 20세기 경기침체 때 처방책으로 바라보는 것이다. 그런데 20세기 경기침체 처방책이 효과가 있었다면, 이를테면 천문학적인 재정지출과 중앙은행의 통화량 공급 등에도 2020년 2분기에 전통적인 선진국들의 성장률이 곤두박질친 것을 뭐라 설명할 수 있는가?

이처럼 효과가 검증된 전 국민 재난지원금을 부패 기득권세력은 왜 반대하는 것일까? 바로 K-방역을 무너뜨리려는 이유와 정확히 같다. 전 국민 재난지원금이 다수 국민에게 보편복지나 기본소득의 효용성을 상기시키기 때문이다. 이 말을 이해하기 위해서는, 전 국민 재난지원금이 본질적으로 '돈의 배분' 문제라는 점을 잊어서는 안 된다. 서구 사회에서 1970년대 후반부터 복지국가는 위기를 맞았다. 금융자본의 논리로 경제뿐만 아니라 사회 전체를 재구성하려는 금융자본은 (어려운 사람들에게 집중적으로 지원하는 것이 경제적 효율성이 좋다는 논리를 도덕으로 포장해) 선별복지를 전면화했다. 그러나 선별복지의 진짜 목적은 정부 재정지출의 최소화에 있다. 인류 역사에서 어려운 사람에 대한 지원이 충분히 이루어진 적은 없다. 정부 재정지출을 최소화하면 세금도 줄일 수 있고, 그로 발생한 감세의 혜택이 부유층에게 집중된다. 즉, 선별복지는 경제적 약자층에 대한 지원을 늘리고 부유층에 대한 지원을 없애자는 논리지만, 역설적으로 부유층에 대한 혜택을 크게 늘려주는 결과로 이어진다. 보편복지로 부유층이 입는 혜택보다 보편복지의 재원 마련에 부유층이 부담해야 하는 세금이 더 크기 때문이다. 공적 자원조차 사익 추구에 활용하는 한국의 보수세력이 보편복지를 싫어하는 궁극적인 이유다.

II부. K-방역이 실패해야 하는 사람들

개혁 정부의 재정자원 사용을 싫어하는 논리와 똑같다.

전 국민 지원금을 (부유층을 배제하고) 선별해 지원하자는 말은 논리적 정당성도 없다. 선별 지원을 내세우는 쪽은 소득이 높거나 부유한 사람까지 왜 국가가 지원해야 하느냐는 것이다. 일견 그럴싸해 보이지만, 이는 기만적인 주장이다. 핵심은 현실 세계에서 코로나19 재난 이전에도 소득이나 자산 불평등은 존재했고, 재난이 끝난 이후에도 존재할 것이다. 그렇다면 재난 이후에도 소득이 낮은 계층에게 지원금을 정기적으로 지급할 것인가? 또한, 선별 지원의 기준이 되는 88% 혹은 심지어 80% 수치에 대해 어떠한 근거도 제시하지 못한다. 왜일까? 이들의 진짜 목적이 수치 자체에 있는 것이 아니라, 선별복지 논리가 무너지지 않게 방어하는 것에 있기 때문이다. 실제로 선별 지원 기준에 포함되는 사람 중에는 코로나19 재난 상황 속에서도 소득의 감소가 없는 대기업 정규직-공무원-공기업 정규직 노동자들이 포함돼 있다. 선별 지원 논리에 따르면 이들에게 왜 지원해야 하는지 설명하지 못한다. 심지어 선별 지원에 포함되지 않은 사람 중에 코로나19 재난 상황으로 오히려 소득이 감소한 사람이 있는데, 이들의 소득이 조금 높다는 이유로 배제하는 것이 정당한 것인지도 설명을 하지 못한다. 선별 기준이 갖는 모호함이나 기술적 어려움, 지급 후 소득의 역전 등 무수한 문제가 있음에도 '선별'을 방어해야만 하는 것이다. 이재명 전 지사의 "재원이 문제라면 지원 기준의 문제가 있는 88%에게 25만 원 지급하는 것 말고 모두에게 22만 원 지급하자."라는 제안이 무시된 이유다. 요컨대, 전 국민 지원과 선별 지원이 대립적 관계가 아니라 보완적 성격을 갖고 있음에도, 선별 지원이 논리적 타당성을 갖추지 못했음에도, 또 전 국민 재난지원금이 어느 면으로 보나 효율적임에도 반대하는 이유는 보편복지나 기본소득의 논리가 강화되고, '재정지출 최소화' 원칙이 무너지는 것을 막기 위한 것이다. 기본소득이 세금을 거두어 납세자인 국민에게 바로 돌려준다는 점에서 재정자원의 독점 권한을 갖는 재정 관료의 이해와 충돌할 수밖에 없다. 또한, 기득권층에게 부유층의 부담이 증가하는 보편복지가 달가울 리 없다.

4

방역과 경제
2마리의 토끼를 잡아야 한다

새로운 경제 생태계

"신종 코로나 바이러스가 일으키는 질병을 인수공통감염병이라고 부르듯이 바이러스의 공습은 인간이 동물의 생존 조건을 파괴한 결과다. 동물이 서식지를 잃으면서, 혹은 사람이 식용하는 동물이 확대되면서 숙주 동물을 잃은 바이러스가, 혹은 동물을 식용하자 동물 안의 바이러스가 인간으로 옮긴 것이다. 즉, 동물의 생존 조건을 보장해야 인간도 생존할 수 있다는 것을 의미한다. 동물에 대한 인간 중심의 관점을 바꿔야만 해결 가능한 것이다. 더 적극적으로는 산업문명을 만들어낸 계몽주의의 폐기를 의미한다." — 최배근, 《대한민국 대전환 100년의 조건》 중에서 코로나19 재난을 한마디로 규정하면 '새로운 처음'형 재난이다. 그런데도 우리(인류 사회)가 코로나19에 대응하는 방식은 여전히 계몽주의 방식에 머물러 있다. 경제와 방역, 무엇 하나 제대로 잡지 못하는 이유가 바로 이 때문이다. 그렇다면 우리는 다음의 질문에 답할 수 있어야 한다.

첫째, 백신 개발과 접종을 통한 코로나19 극복이 궁극적으로 가능한가? 최근 세계는 백신 개발과 접종 그리고 치료제 개발로 독감처럼 중증화율과 사망률을 관리하는 이른바 '위드 코로나 With Corona' 전략으로 전환하고 있다. 현실적으로 바이러스와의 공존을 택할 가능성이 크다. 그렇다면 다음 질문들에도 답해야 한다. 감염병과의 전쟁은 끝나는가? 제2의 코로나19가 발생하지 않을 것을 확신할 수 있는가? 새로운 바이러스가 나올 때마다 지금까지의 과정을 반복할 것인가? 2020년과 같은 경제충격을 견딜 수 있는가?

일본에서 아베노믹스(구로다의 양적·질적 완화)가 시작될 때 일본은행의 자산은 GDP 대비 32.8%였던 데 비해, 2021년 2분기 132%까지 증가했다. 2018년부터 일본은 줄곧 돈을 찍어내도 경제 규모가 성장하지 못하는 함정에 빠져 있다. GDP 대비 정부채무의 이자 부담만 해도 이미 경상성장률(=실질 성장률+물가상승률)을 웃돌고 있다. 미국 연준의 자산 규모도 금융위기 전 GDP 대비 5.9%에서 팬데믹 직전인 2019년 말 19.5%로, 그리고 팬데믹 이후 2021년 2분기에 36.7%까지 증가했다. 만약 한 번 더 새로운 감염병이 발발한다면 연준 자산 규모는 어느 정도까지 올라갈까? 문제는 천문학적 규모의 돈을 아무리 풀어도 보통사람에게 돌아가지 않는다는 점이다. 불평등이 개선되지 않기 때문이다. 게다가 미국 정부가 동원할 자원이 고갈된 상황에 이르렀다. 아프가니스탄 철군의 진짜 이유도 군비 부담을 감당하기 어려웠기 때문이다. 만약 한 번 더 새로운 감염병이 유행한다면 급전직하하는 성장률로 정부채무의 이자 부담을 훨씬 더 감당하기 어려울 것이다.

둘째, 미국을 비롯한 선진국처럼 자원을 동원할 수 없는 개도국들은 어떻게 대응해야 하는가? 팬데믹은 어느 국가도 세계가 코로나19로부터 사유로워지기 전에는 자유로워질 수 없음을 증명하고 있다. 개도국들의 방역이 해결되지 않는 상황에서 미국 등 선진국만 팬데믹에서 벗어날 수 있을까? 관건은 선진국들의 개도국에 대한 팬데믹 극복을 위한 지원이 될 것이다.

'지금까지 없던' 경제 생태계를 준비하자

인류 사회는 전 지구적 문제에 대한 과거와 전혀 다른 새로운 관점과 문법을 요구받고 있다. 팬데믹은 인간과 동물, 인간과 자연, 더 나아가 인간과 인간 사이 공존의 틀이 파괴된 결과물이다. 인간이 동물의 생존 조건을 파괴한 이유도 인간 사이의, 그리고 국가 사이 불평등의 결과물이기 때문이다. 팬데믹 재난은 자연 생태계 파괴가 자연만의 피해가 아닌 인간과 자연 모두의 피해로 나타나며, 자연에 대한 권리는 인간과 동물 모두가 함께 가진다는 관점을 요구한다. 또 자연 생태계 균형은 생명체 모두에게 이익이 되지만, 자연 생태계 균형을 복원하는 것은 생태계의 균형을 파괴한 인간의 책임이라는 인식을 요구하기도 한다. 무엇보다 코로나19는 자연 생태계 균형의 파괴가 인간의 생존에 필요한 경제 생태계의 균형도 파괴한다는 사실을 잘 보여주었다. 따라서 생태계 관점의 거시적 복원이 필요하다. 생태계는 사람과 자연 그리고 사람과 사람의 유기적 관계의 지속성을 가장 중요시한다. 우리의 생태계는 인간과 자연뿐만 아니라 자연의 모든 부분이 서로 유기적 관계를 형성하고 있다.

단적인 예가 식물과 바람, 벌·나비의 관계다. 봄을 맞은 식물이 열매를 맺고 번식하기 위해서는 꽃을 피우고 꽃가루를 날려야 한다. 식물이 꽃을 피우는 것은 사람을 위한 것이 아니라 그들의 번식을 위한 생존 행위다. 그러자면 향기를 머금은 꽃을 피워서 벌이나 나비를 유혹하거나 꽃가루를 바람에 날려 보내야 한다. 한편, 지표면이 가열된 곳의 공기가 가벼워져 상승하면 상대적으로 무거운 주변의 공기가 그 자리로 유입되고, 이 공기의 흐름이 곧 바람이다. 그런데 봄에 바람이 많이 분다. 봄이 되면 해가 높이 떠 겨우내 차가웠던 땅은 풀이나 나무가 아직 싹을 틔우지 않아 더 많은 햇빛에 노출되고 온도가 쉽게 올라간다. 따뜻해진 땅은 열기를 대기에 방출하고 이 과정에서 상승 기류가 만들어진다. 그리고 북반구의 지상 약 7~16km 상공에서 남북을 오르락내리락하며 부는 제트기류가 봄이 되면 북쪽으로 올라가는데 봄에 만들어진 상승 기류가 (지구 자전으로 발생하는) 제트기류에 가속도를 붙여준다. 이 바람은 겨우내 말랐던 식물을 흔들어 뿌리에 있는 영양분을 가지 끝까지 끌어 올릴

수 있도록 돕는다. 또한, 바람은 해충 같은 나무에 이롭지 못한 벌레나 먼지를 털어주며, 무엇보다 꽃을 피울 수 있는 씨앗들을 멀리 날려 보내 새싹을 틔울 수 있게 돕는다. 한파와 폭염, 북극의 해빙 등을 막아주는 제트기류는 (지구온난화로) 북반구와 남반구의 기온 차가 줄어들면 자기 역할을 제대로 하지 못한다. 지구온난화는 자연의 균형을 파괴하고 인간의 삶에 피해를 주지만, 원인 제공자는 인간이라는 점에서 인간에게 책임이 있다. 지구 생태계가 장기간 지속할 수 있었던 이유는 생물 다양성이 핵심 요인이었다. 다양성이 떨어지면 외부(예, 운석 충돌) 및 내부(예, 질병) 충격으로 생명체가 멸종될 수 있다. 모든 것이 연결된 생태계에서 차이가 없으면 감염에 노출돼 멸종한다. 서로 다른 생명체가 공존하려면 생태계의 모든 구성체가 생존의 최소조건을 확보해야만 한다. 그런데도 (특히 많은 경제 전문가의 경우) 인간의 경제적 삶을 포함한 모든 부분이 생태계 속 유기적 관계를 형성하고 있음을 애써 외면한다. 마찬가지로 방역과 경제도 생태계적 관점에서 이해해야 한다. 양자택일이나 선후의 문제가 아니다. 둘이 아니라 하나이기 때문이다.

주요국들의 2020년 2분기 경제충격은 방역을 위해 경제를 포기했을 때 일어나는 결과를 고스란히 드러냈다. 경제충격을 수습하기 위해 중앙은행과 정부가 천문학적 규모의 돈을 투입해야만 했다. 그러나 근본적인 상처를 치유할 수 없었다. 경제와 방역을 하나의 생태계로 이해할 때 인위적으로 '연결망'을 끊는 것은 생태계 붕괴로 이어질 수밖에 없다. '연결망'의 차단은 국경 봉쇄나 국내 이동 제한 등을 모두 포함한다. 말 그대로 경제가 붕괴한다. 전 세계적으로 "코로나 걸려 죽기 전에 굶어 죽겠다."라는 아우성이 나왔고, 다수의 국가가 뒤늦게 코로나19를 감수하고서라도 경제활동에 주력하겠다고 선회했다.

사실 한국은 중국발 코로나 확산의 첫 번째 희생 국가였다. 빠른 전파력의 특성을 갖는 코로나19의 급속한 확산에 큰 위기를 맞이하기도 했다. 그러나 한국은 위기 속에서 기회를 만들었다. K-방역이라는 새로운 방역 문법을 만들어 방역과 경제, 2마리의 토끼를 잡는 최선의 결과를 만들어냈다. 생태계 내의 불가분한 특성을 정확히 이해한 결과였다. 한국보다 감염이 뒤늦게 시작된 유럽과 미국 등에서는 봉쇄와 이동 제한, 혹은 코로나19 확산 통제 실패 등을 경험했다. 반면, 한국은 2020년 2월 대구발 코로나 확산 속에서도 국경 봉쇄나 지역 봉쇄나 지역별 이동 제한 등을 하지 않고, 기껏해야 (최소 2주간) 자율적 외출 자제나 이동 제한을 요청했을 뿐이다. 감염 확산 방지 속에 경제 피해 최소화를 위해 시민들이 자율적으로 나섰다. 확진자와 사망자가 눈덩이처럼 불어나는 상황에서도 사재기를 찾아볼 수 없었다. 대구 시민은 악조건 속에서도 서로를 격려하는 시민의식을 발휘했다. SNS 등 온라인에는 '#힘내요_DAEGU', '#힘내라_대구경북' 등의 해시태그와 함께 응원이 줄을 이었고, 각계각층은 마스크와 손 소독제, 식료품 그리고 성금을 대구에 전달했다. 전국의 의료진들은 대구의 의료공백을 막고자 목숨을 걸고 대구로 집결

했다. 3,874명. 대구 동산병원이 2월 21일 신종 코로나19 감염증 지역 거점병원으로 지정된 뒤 50일간 대구·경북 환자를 지키기 위해 현장으로 달려가겠다고 지원한 간호사의 수다. 막 간호사 면허를 딴 20대 신입 간호사부터 은퇴 후 집에 있다가 현장을 돕겠다고 한 은퇴간호사까지 연령대는 다양했다. 그러나 이들의 마음은 하나, 오직 바이러스와 끝까지 싸워 환자를 지키겠다는 일념이었다. 국민은 의료진과 병원 관계자, 공무원 등을 응원하는 편지를 보내 이들을 응원했다.

다른 한편에서는 경기 악화로 비상에 걸린 자영업자 살리기 운동이 자발적으로 벌어졌다. 재난으로 사회경제적 연결성이 약화하면서 '소비-유통-생산-유통-소비'로 이어지는 경제 연결망이 파괴되는 상황이었다. 경제의 기본 연결망에서 활동하는 경제주체가 활력을 잃으면 기본 연결망과 상호작용하는 보조 연결망, 즉 금융 등 기초 경제활동을 지원하는 서비스 부문도 시들어간다. 소비가 위축되면 기업의 수입과 수익이 감소하며 부실해지고, 이는 금융 부실로 이어진다. 다시 금융 부실은 실물 부문의 어려움을 가중한다. 경제 연결망의 약화에 따른 1차 타격은 유통을 담당하는 자영업자에게 나타났다. 그러나 시민들은 한 달 임대료를 받지 않거나 임대료 일부를 할인하는 '착한 임대료 운동' 등 고통 분담을 자발적으로 펼쳤다. 코로나19 확산으로 경기가 침체하자 건물주들이 입점 자영업자와 소상공인을 위해 잇따라 임대료 인하에 나선 것이다. 이에 정부도 임대료를 내려받는 건물주들에게 내린 임대료의 절반만큼 세금을 깎아주며 '착한 임대료 운동'을 측면에서 거들었다. 또 소상공인·자영업 업소에 선결제하고 재방문을 약속해 재난으로 위기에 처한 이들의 어려움을 덜어주는 '착한 선결제 캠페인'도 진행했다.

시민들의 자발적 참여와 협력은 감염병 확산을 막는 데 일등공신이었다. 외신들이 한국을 모범 사례로 들며 한국 시민사회의 자발적인 움직임을 높이 평가했다. 반면, 미국과 서유럽, 일본 등에서의 시민의식은 대조를 보였다. 미국에서는 불안감이 확산하며 물품 부족이 우려되자 마스크와 손 소독제는 물론이고 식료품 같은 생필품 및 총기류 사재기까지 전개됐다. 바가지 가격, 의료용품과 장비 부족이 심각한 사회 문제가 되자 일부에서는 연방정부가 의료장비 구매와 공급을 국유화할 것을 제안하기도 했다. 서유럽에서 가장 모범적 대응을 했다고 평가받는 독일에서도 손 세정제나 소독제의 사재기뿐만 아니라 장기 보관할 수 있는 통조림과 냉동식품을 포함 비상용품의 사재기가 빈번했다. 그간 사재기는 상상할 수 없다고 알려졌던 일본도 예외는 아니었다. 마스크, 화장지, 알코올 티슈, 심지어 키친타올 등은 물론이고 식료품까지 사재기 대상이었다.

시민들의 자발적 참여(자율성 발휘)와 협력은 백신이나 치료제 개발 전까지는 방역과 경제를 해결하는 최선책이다. 우리는 어떻게 가능했을까? 개방을 유지하려면 감염 확산이라는 위험을 최소화해야 한다. 이 대목에서 방역 당국은 역량을 보여줬다. K-방역의 특징 중 하나가 3T Test, Trace, Treat였듯이 확진자 동선 추적과 전수조사, 무료 검사와 투명한 관리 등으로 정부는 확산을 최대한 억제할 수 있었

II부. K-방역이 실패해야 하는 사람들

다. 그리고 정부는 단 1명의 국민도 포기하지 않고, 최선을 다해 지켜낸다는 연대의 정신을 강조함으로써 신뢰를 주었다. 해외 체류하던 국민을 이송하기 위해 전세기를 보내고, 진단키트와 같은 의료용품의 지원을 매개로 우리 교민 이송의 당사국 협조를 끌어냈다. 시민들의 자발적 참여와 협력은 소멸성 지역화폐로 지원한 전 국민 재난지원금에서도 발휘됐다. 소멸성 지역화폐는 사회적 거리두기 등으로 직격탄을 맞은 자영업자 등 소상공인에게 산소호흡기 역할을 했다. 소비 활동이 증가할 경우 방역에 부정적 영향을 미칠 수 있었지만, 다행스럽게 큰 폭의 감염 확산은 일어나지 않았다. 시민들이 방역에 협조하면서 소비를 했기 때문이다. 2020년 2분기 방역 성공과 경제적 약진이라는 2마리 토끼를 잡을 수 있었던 것은 개방성-투명성-연대-자율성-협력 등 생태계의 특성에 대한 정확한 이해가 없었으면 불가능한 것이었다. 사실 대구발 코로나19 확산을 겪었을 때만 해도 국제사회는 한국 상황을 매우 비관적으로 보고 있었다. 당시 유럽이나 미국 등은 대유행이 시작하기 전이었다. 그런 상황에서 한국은 세계의 예상을 뒤엎고 위기를 이겨낸 것이다. 한국의 놀라운 성취가 K-방역으로 불리기 시작한 이유다.

'방역'과 '경제'는 하나의 생태계에서 살아가야 한다

그런데 1차 전 국민 재난지원금 지급 이후 2차부터 5차까지 선별만 고집한 정부 대책은 효과가 떨어지기 시작했다. 사람들은 각자도생을 강요받으면서 자율성과 협력이 약화했기 때문이다. 이는 데이터가 증명한다. 전 국민 재난지원금을 지급했던 2020년 2분기와 선별 지원을 했던 2021년 2분기의 가계동향조사를 보면 효과의 차이가 선명하게 드러난다. 2020년 2분기에는 전체 가계의 평균소득이 증가(3.5%)했고, 전체 가구 중 상위 10%를 제외한 가구의 소득이 모두 증가했을 뿐 아니라 하위소득 가구일수록 소득 증가율이 높았다. 반면, 2021년 2분기에는 전체 가구의 소득이 감소(-0.7%)했고, 상위 10% 가구의 소득만 증가하고 나머지 가구는 모두 소득이 감소했다. 또 2020년 2분기에는 자영업 가구의 소득이 전체 가구의 평균소득 증가율보다 2.3배 이상이나 높았을 뿐 아니라 전체 자영업 가구의 소득이 증가했다. 반면, 2021년 2분기에는 자영업 가구의 소득 감소율이 전체 가구의 평균소득 감소율보다 5.6배나 컸다. 정부의 재난지원금 대책이 선별의 주요 대상인 자영업자의 지지조차 받지 못한 배경이다. 팬데믹이 장기화되면서 '사회적 거리두기'가 연장되고, 심지어 강화되면서 경제 생태계는 갈수록 쇠퇴했고, 많은 자영업자는 존폐 위기에 내몰렸다. 자영업자 대출은 2021년 3월 말 기준 약 832조 원으로 이는 1년 전 약 700조 원과 비교해 약 19%가 증가한 규모다. (선별복지 원칙 및 그와 관련된 재정자원 배분의 독점적 권한을 지키려는) 재정 당국의 반시대적 입장에 경제 생태계가 파괴되는 상황인 것이다. 이처럼 방역과 경제가 별개의 사안이 아님을 보여준 팬데믹 재난은 생태계의 관점을 요구하고 있다. 생태계의 관점으로 접근해 방역과 경제, 2마리 토끼를 잡아서 이루어낸 'K-방역'이 낡은 문법에 집착하며 변화를 거부하는 기득권 구조의 저항으로 빛이 바래는 상황인 것이다.

　방역과 경제를 통합적으로 봐야 하는 이유는 탄소중립과 경제를 통합적으로 봐야 하는 이유와도 같다. 탄소중립을 안 하면 사람이 죽고, 사람이 죽으면 경제도 죽는다. 미국 해양대기청NOAA 산하 국립환경정보센터NCEI에 따르면 1980년대 미국에서 10억 달러 이상 피해를 일으킨 기후변화 재난은 연평균 2.9회 발생해 연간 178억 달러의 금전적 피해와 연평균 287명의 목숨을 앗아갔다. 그런데 2010년대에는 연평균 12.3회 발생으로 증가했고, 그에 따라 금전적 피해도 연간 평균 845억 달러로 증가, 사망자도 연평균 약 522명으로 증가했다. 그런데도 과거의 문법은 탄소중립과 경제를 분리해 남 일 보듯이 사고한다. 일부 시민단체들이 주장하듯이 성장의 부작용을 강조하며 탈성장을 얘기하지만, 성장 후퇴 속에 급진적 분배 개선이 가능한 말인가? 반대로, 에너지 소비가 증가하는 한국의 산업계가 탄소 배출원을 줄이지 않고 지속적인 수익과 성장을 추구할 수 있다는 말인가? 결국, 탄소 배출 발전원을 줄이기 위한 재생에너지 개발이나 탄소 배출원이 많은 산업을 적은 산업으로 바꾸는 산업재편을 통해 일자리 성장을 만들어내는 수밖에 길이 없다. 21세기의 문제들인 '새로운 처음'들은 통합적 사고와 패러다임을 요구한다. 이 맥락에서 낡은 체제를 생태계의 관점에서 새롭게 재구성하는 것이야말로 20대 대통령 선거의 시대정신이다.

5

K-브랜드,
K-민주주의의 기회가 되다

우리가 만든 '문법'

팬데믹은 많은 것을 바꾸었고, 바꾸고 있고, 또 바꿀 것이다. 거시적
으로는 전통적인 선진국들의 경우 세계의 중심국가 역할을 해낼 역
량은 고사하고 자국 문제조차 스스로 감당하기 어렵게 됐다. 이러한
격변은 새로운 국가도 등장시킨다. '새로운 처음'형 도전은 '새로운
문법'을 요구한다. 새로운 문법을 만드는 원천은 (사람들이 스스로 협
력을 통해 공적 관계의 조직을 만들어 상호 이익과 공통의 목적을 만들어내는
능력인) '사회적 역량'과 관련이 있다. 예를 들어, K-방역과 K-경제
를 가능케 한 근본적 힘은 K-문화에 기초한 사회적 역량의 차이였
다.* (앞에서도 지적했듯이) K-방역 성공의 주요 요인은 시민들의 자

II부. K-방역이 실패해야 하는 사람들

발적 참여 및 협조였다. 먼저, 왜 다른 국가들은 시민들의 자발적인 참여와 협조가 불가능했는지 물어야 한다.

'개인의 존엄'을 최고의 가치로 삼는 개인주의 사회에서 전파력이 빠른 코로나19 확산의 차단은 구조적으로 어려움에 직면할 수밖에 없다. 즉, 개인주의 문화와 그에 기반한 서구 민주주의의 한계를 드러낸 것이다. 반면, 한국에서 시민들의 자발적 참여 및 협조 도출은 한국인의 '눈치 문화'와 관련이 있다. 중요한 점은 사회 전체의 공적 분위기를 읽고 자신의 개성이나 개인주의적 행동을 자제할 줄 아는, 이른바 "독자적 자아Independent-Self와 관계적 자아Relation-Self의 균형을 추구"**하는 한국인의 눈치 문화가 숱한 희생을 치른 민주주의의 발전 과정에서 업그레이드됐다는 사실이다. 여기서 '눈치'란 "타인의 표정이나 생각 등을 빠르게 읽는 능력"으로 정의된다. 과거 한국인의 눈치 문화는 개성의 부족이나 열등감 등 사회 발전에 부정적인 것으로 인식됐다. 이를테면, 비민주적인 위계질서가 지배하고 주변 강대국에 쉽게 휘둘렸던 과거의 경험 속에서 개인의 개성을 발휘하지 못하게 하는 부정적 문화로만 인식됐다. 하지만 눈치 문화는 지속적인 민주화 과정에서 국민을 사육하려 했던 권력을 무너뜨렸던 경험으로 자긍심과 결합했다. 한국 사회에서 민주주의 발전은 국민과 국가의 자존감을 높여주었다. 자존감과 결합한 눈치 문화는 (촛

- 최배근,《호모엠파티쿠스가 온다》, 2020.
- ** Euny Hong, The Power of Nunchi: The Korean Secret to Happiness and Success, Penguin Group USA, 2019.

불시위나 일본 제품 불매운동 등에서 보았듯이) 사회 전체의 단합을 위해 개인주의적 행동을 자제하는, 공동체에 대한 자기 책임성을 실현하는 모습으로 진화했다. 일본의 자민당 장기 독재가 일본 시민들에게 정치적, 경제적 무력감을 누적시켰듯이, 참여하고 바꿀 수 있다는 민주주의적 활력은 국민의 삶 곳곳에 미친다. 따라서 민주주의의 진화는 문화의 진화로 이어질 수밖에 없다. 이른바 자율성에 기반한 한국 민주주의, 이른바 K-민주주의는 서구 문화와 다른, (디지털 시대의 소통 언어인) 디지털형 '공감' 역량을 장착한 K-문화를 만들어냈다.

세계 대중음악사를 다시 쓰고 있는 BTS, 아카데미 4관왕 특히 작품상을 수상한 '기생충', 전 세계 90개국 넷플릭스에서 1위 자리를 석권한 '오징어 게임' 등 K-팝, K-무비, K-드라마의 힘도 디지털형 '공감' 역량이었다. 모든 것이 연결된 세상에서 '디지털 공감' 역량은 빠른 '연결'을 만들어내는 기초 요인이다. 공감 역량은 개인주의나 집단주의 문화의 사회보다 자율성에 기반한 눈치 문화를 갖는 한국인이 더 우수할 수밖에 없다. 한국이 팬데믹 이후 자타 공인 선진국으로 자리매김하고 있지만, 문화는 이미 팬데믹 이전부터 세계의 중심으로 진입했다고 봐야 한다. K-방역을 만들어낸 사회적 역량은 K-민주주의와 K-문화가 있었기에 가능했다.

K-방역의 결과물이라 해도 과언이 아닌 경제성과도 팬데믹 이전의 경제성과와 차이를 보인다. GDP 기준으로 한국은 팬데믹 이전에도 IMF나 OECD 등에서 이미 선진국으로 분류된 바 있다. 실제로 2021년 11월에 발표한 OECD의 〈재정전망 보고서〉*의 계산 및 추

정에 따르면 한국의 1인당 GDP(구매력평가 기준)는 2016년, 2019년에 각각 이탈리아와 일본을 추월했으며, 2021년 프랑스, 2022년 영국 그리고 2026년에 이르러 캐나다를 추월해 G3에 진입할 것으로 전망했다.[표2.1] 그런데 2021년 유엔이 처음으로 개도국 지위에 있던 한국을 선진국 지위로 변경하는 데 모든 회원국이 만장일치로 승인한 것은 한국의 경제 규모 때문만이 아니었다. 개도국과 선진국 사이에 협력의 강화가 필요한 상황에서 이 역할을 해줄 국가로 한국을 높게 평가한 결과였다. 문재인 대통령이 팬데믹 상황에서 '모두의 자유'를 내세우며 '연대'와 '협력'을 강조했는데, 이것이 바로 포스트 코로나 세계가 요구하는 국제관계의 새로운 문법이기 때문이다. 즉, 코로나 재난은 생태계 관점으로 사고의 전환을 요구하듯이 국제관계 역시 (상대가 존재해야 자신도 존재할 수 있다는) 파트너 관계관이나 호혜주의 세계관에 기초해 재구성할 것을 요구받는 것이다.

미중 관계에서 한국의 입지 강화도 마찬가지다. 미국의 최대 목표 중 하나는 중국의 부상을 제압하는 것이다. 문제는 미국 혼자 힘으로 해결할 수 없다는 점이다. 미국의 공화당이나 민주당 모두 G7 체제 재편을 시도하려는 이유다. 트럼프가 "G7이 세계에서 벌어지고 있는 일들을 제대로 대변하고 있다고 생각하지 않는다. (…) 매우 시대에 뒤떨어진 국가 모임체"라며 G11을 제안한 것도 이러한 배경 아래 나온 말이다. 미국 카네기 국제평화재단이 1970년부터 격월

- The Long Game: Fiscal Outlooks to 2060 Underline Need for Structural Reform, Nov. 2021.

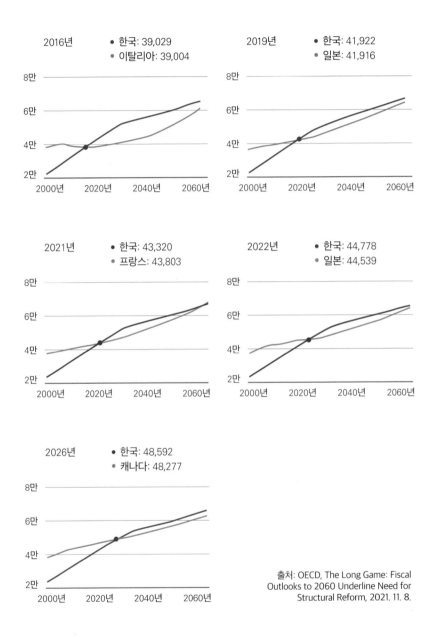

[표2.1] — **한국의 1인당 GDP(구매력 평가 기준)과 주요국 비교(단위: 달러)**

2016년 ● 한국: 39,029
● 이탈리아: 39,004

2019년 ● 한국: 41,922
● 일본: 41,916

2021년 ● 한국: 43,320
● 프랑스: 43,803

2022년 ● 한국: 44,778
● 일본: 44,539

2026년 ● 한국: 48,592
● 캐나다: 48,277

출처: OECD, The Long Game: Fiscal
Outlooks to 2060 Underline Need for
Structural Reform, 2021. 11. 8.

간으로 발행해 온 외교전문지 〈포린 폴리시FP〉도 2020년 6월 10일 기사를 통해 "G7은 잊고, (한국, 호주, 인도를 추가한) D10을 만들라." 고 주문했다. 5G 통신과 취약한 공급망을 해결하기 위해 새로운 민주주의 그룹을 강화해야 한다는 주장이 기사의 골자다. 이러한 상황 속에서 2021년 5월 한미 정상회담이 진행된 것이고, '역사적 합의' 가 나온 것이다. 기존의 수직적 혹은 종속적 한미관계가 향후 파트너(호혜적) 관계로 전환된 중요한 분기점이 됐다. 미국이 한국의 협력을 필요로 하는 상황의 결과물인 것이다.

국격의 상승, 새로운 수출길이 열리고 있다

국격의 상승은 대한민국의 브랜드 가치 상승을 의미한다. K-방역이 재난 상황에서 이룬 경제성과의 일등공신이듯이 브랜드 가치 상승의 원천도 K-민주주의와 관련이 있다. 실제로 브랜드 가치 상승이 경제성과에 기여하고 있다. 경제 관련 국내 및 국제기관이나 경제 전문가 등이 연초에 2021년 경제성장률 전망치를 과소평가한 이유는 한국의 브랜드 가치 상승에 대한 이해 부족에서 비롯한다. 한국이 팬데믹 재난에서 가장 빨리 경제회복을 이룬 이유는 수출에 있다. 한국의 수출 증가율을 보면 주요국들을 크게 앞지르고 있다. 여기서 눈여겨봐야 할 것은 수출 증가도 증가지만, 수출의 내용에 주요한 변화가 발생했다는 점이다. 2021년 수출액은 기존의 최고치인 2018년 수출액을 넘어설 것이 확실시되는 상황이며, 2018년 수출액과 주요한 차이가 확인된다. 2018년 수출이 정점을 찍고 다음 해인 2019

년에 수출이 다시 후퇴한 이유가 2018년 수출이 사실상 반도체 특수에 의한 것이었는데, 반도체 경기가 식으면서 2019년 수출액이 2011년 수준 밑으로 돌아간 것이다.[표2.2] 반도체는 전체 수출에서 (2021년 상반기 기준) 19.8%를 차지한다. 2018년 수출 증가에서 반도체 기여도는 57%에 달했다. 그러나 2021년에는 10월까지 반도체 수출액이 2018년 10월까지의 수출액보다 19%가 부족한 상황이다. 그 결과 전체 수출액에서 반도체의 비중도 2018년 21.2%에서 2021년에는 19.7%로 축소됐다. 수출품목의 다양화로 반도체 리스크가 소멸한 것이다.

마찬가지로 전통적인 13대 주력품목의 수출액 비중도 2018년 77.7%에서 2021년에는 74.2%로 축소됐다. 수출품목의 다변화가 진행되고 있음을 의미한다. 실제로 신성장 품목(바이오, 이차전지, 농수산식품, 화장품)의 수출액이 전통적인 주력 수출업종의 하나인 철강을 추월하기 시작했다. 이러한 변화는 중소기업의 역할에서도 확인된다. 2021년 1~9월까지 전체 수출액이 2018년보다 3.9%가 증가한 것과 비교해, 같은 기간 중소기업의 수출액은 2배가 넘는 8.6%가 증가했다. 이러한 팬데믹 이후의 중소기업 수출 증가는 K-문화 및 국가 브랜드 효과를 빼놓고 설명할 수 없다. 특히, 농수산식품에 주목할 필요가 있다. 전체 수출액이 2016~2020년 기간 연평균 0.9% 증가했으나 농수산식품 수출 증가율은 연평균 4.1%로 전체 수출액 증가율보다 4.8배 빠른 성장을 보였다.

[표2.2] ― **13대 주력 수출품목 비중 감소와 중소기업 수출 증가**(단위: 달러)

품목별	2018년(1~10월) = 5,051.73억		2021년(1~10월) = 5,226.61억		증감률 = +3.5%
	수출액	전체 중 비중	수출액	전체 중 비중	
반도체	1,071.77억	21.2%	1031.79억	19.7%	-3.7%
일반기계	444.45억		433.25억		-2.5%
디스플레이	206.21억		171.05억		-17.1%
자동차	331.53억		381.19억		+15.0%
철강	288.68억		294.56억		+2.0%
13대 품목	3,925.98억	77.7%	3,875.76억	74.2%	-1.3%
중소기업(1~9)	785.63억		853.03억		+8.6%

농수산식품이 이처럼 빠르게 성장한 것은 한류 콘텐츠로 인한 K-푸드 확산과 국가 신뢰도 및 대한민국에 대한 인식 변화와 관련이 있다. '먹방', '치맥' 등 우리 식문화와 관련한 신조어들이 최근 옥스퍼드 사전에 등재된 것에서도 볼 수 있듯이 다양한 한류 콘텐츠를 통해 한국 식품이 유행하는 계기가 됐고, 여기에 팬데믹이 맞물리면서 밀키트Meal-Kit 등 한국산 식품의 확산으로 이어진 것이다. 하지만 식품 안전성과 신선도, 취향 등을 중시하는 까다로운 식습관에 더해, 비서구에 대한 문화적 우월감을 느끼는 서양인들에게 식품 수출이 쉽지 않다는 점에서 한국 식품에 대한 신뢰 상승이 더욱 근본적인 요인으로 보인다. 문화적 측면에 더해, 팬데믹 전후로 한국에 대

해 자신들과 대등한 수준의 국가라는 인식이 형성된 것이다.

K-뷰티 수출도 마찬가지다. 과거 중국과 동남아에 집중됐던 수출이 미국과 유럽으로 시장을 확대하는 상황이다. 식품의약품안전처에 따르면, K-뷰티는 2020년 처음으로 7조 원을 돌파해 9년 연속 흑자 달성에 성공했으며, 글로벌 뷰티 시장에서 프랑스, 미국에 이어 세계 3위를 차지하기도 했다. 이 중 미국에 대한 시장 확대가 눈에 띄었는데, 중국(38억 달러), 홍콩(7억 1,452만 달러)에 이어 미국에 6억 4,050만 달러를 수출하며 서구권 지역에 대한 수출이 확연히 늘어나는 추세다. 실제로 2019년 137개국에서 2020년 160개국으로 증가해 수출국도 다변화되는 추세다. 실제로 독립국가연합CIS나 베트남을 비롯한 아세안으로의 수출이 빠르게 증가하고 있다. 이는 신북방-신남방 정책과 더불어 K-문화의 결과다.

그 결과로 자연스럽게 전체 무역에서 중국에 대한 수출의존도 또한 완화 조짐을 보이고 있다. 중국 리스크 축소는 한국 수출의 중요한 과제라는 점에서 바람직한 변화가 발생한 것이다. 이러한 변화는 시작에 불과하다. '아프가니스탄 충격'이 미국 리더십의 한계를 드러낸 대목이라면, 한국은 자국민과 현지 협력자들을 구출함으로써 세계의 주목을 받았다. 이를 단순히 일회성 사건으로 이해할 경우 팬데믹 이후의 변화를 절대 이해할 수 없다. 그러나 문제는, 이러한 국격 상승을 새로운 흐름으로 자리 잡게 하기 위해서라도 한국 사회 내부에 남아 있는 야만성이나 후진성을 제도적으로 해결해야만 한다는 점이다. 이는 한국의 민주주의가 후퇴하지 않고 더욱 확산돼야 함을 의미한다. K-민주주의가 조직화된 촛불시민의 창조물이라는 점에서 대한민국이 20세기와 전혀 다른 새로운 선진국이 될 수 있느냐가 촛불시민에 달려 있는 것이다. 그렇다면 우리는 무엇을 해야 하는가?

'부동산 폭등'을 즐기는 사람들

폭등 뒤에 숨은 검은 배후

개혁 정부(민주진영)의 부동산 정책이

실패를 반복한 이유는 금융에 대한 무지와

경제 관료집단에 대한 장악 실패 등에서 비롯한다.

문재인 정부와 경제 관료집단의 관계를 보면

부동산 정책 실패의 이유가 드러난다.

문재인 정부는 출범한 지 1년이 지나면서

기재부에게 포획당하기 시작했다.

문재인 정부에서 경제부총리를 한 김동연과 홍남기가 누구인가?

김동연은 이명박 정부의 대통령직인수위원회에 참여했다가

이명박 정부 초반 청와대 경제수석실과

국정기획수석실에서 실무를 담당했다.

이명박 정부의 경제철학을 설계하고 추진한 장본인이다.

1

'LH 사태'가 말해주는 것

부패의 기원

한국은 대외적으로 명실상부한 선진국으로 인정을 받고 있지만, 사회 내부를 볼 때 '우리가 바라는 선진국'이라고 자신 있게 말하기에는 여전히 "그렇다."라고 답할 수 없다. 부정부패와 차별의 만연화, 극심한 불평등과 복지의 취약성, OECD에서 가장 높은 노인빈곤율과 자살률 그리고 가장 낮은 아동청소년의 삶 만족도 등도 우리 사회의 진짜 모습이기 때문이다. 세계가 찬사를 아끼지 않는 K-방역이나 K-민주주의의 특징들인 자율성과 협력, 연대 등과는 여전히 현실적인 차이가 있다. 이러한 차이의 많은 지분이 엘리트 카르텔형 부패구조와 관련돼 있다. 한국의 근본적인 부동산 문제는 이 점을 이해하고, 해결해만 제대로 된 해법을 찾을 수 있다.

'LH 사태', 드러난 부패 카르텔의 단면

엘리트 카르텔형 부패구조는 완벽한 국민 통제를 목표로 한 전체주의 군부독재의 유산이다. 전체주의 체제는 국민을 원자화시켜 지배할 뿐 아니라 자신의 목표 수행을 위해 공적 자원 동원을 일상화했고, 관료제 및 공적 기구를 도구로 삼았다. 국민 통제의 목적으로 제도화된 한국의 관료제와 공적 기구는 민주화 이후 군부에서 시장자본의 이익 실현 도구로 전환됐다. 재벌자본 및 언론과 한편이 되면서 사익 추구를 위해 자신들의 권한을 공고화했다. 그 결과, 공적 자원을 경제력 확장의 수단으로 삼은 후 경제력이 교육 격차를 결정하는 학교교육 시스템Schooling System을 확립하고, 다시 교육 격차가 경제력 격차를 재생산하는 신분의 대물림 체제를 완성한 것이다. 예를 들어, 학교 공부를 공공영역에 진입할 수 있는 도구로 활용하고, 공공영역에 접근한 후에는 공적 자원을 사익 추구의 수단으로 삼으며, 부정부패로 축적한 경제력을 자녀의 교육 격차 및 신분의 대물림 수단으로 만들었다. 공적 자원을 이용한 경제력 축적을 자신의 능력이라 믿으며 학연-지연 등 엘리트 카르텔형 네트워크를 구축한 것이다. 그러한 삶의 방식은 자녀에게 대물림되어, 성적 좋은 아이들이나 좋은(?) 직업을 가진 전문가 집단에 '일베'를 비롯한 병든 의식을 가진 경우가 많은 것도 이 같은 배경에서 출발했기 때문이다.

국가의 공적 자원을 사익 추구(경제력 축적)의 수단으로 삼아 신분을 대물림하는 것은 신봉건제의 모습 그 자체다. 전통적인 봉건제 사회가 경제 외적 강제(정치력이나 물리력의 동원)로 경제력을 축적하면서 신분을 대물림했다면, 현대 봉건제는 공적 자원을 사유화해 경제력을 축적하고, 그 경제력 차이로 교육 격차를 만들고, 다시 교육 격차(능력주의)를 공적 자원에 대한 접근기회로 활용한다. 성장이 둔화한 한국 사회에서 경제력은 부동산을 중심으로 한 자산 축적에서 결정됐다. 예를 들어, 문재인 정부 4년간(2016~2020년) 금융 자산은 연평균 6.5% 올랐지만, 부동산 자산은 연평균 7.9% 올랐다. 여기서 건물 자산은 연평균 6.1% 올랐지만, 토지 자산은 연평균 8.3%나 올랐다. 토지가 자산 축적과 경제력 축적의 원천이 되고 있음을 보여준다. 토지 자산 축적은 개발 정보가 결정적인 역할을 한다. 내부정보를 이용해 사익 추구를 노린 LH(한국토지주택공사) 사태는 본질적으로 공적 자원을 활용한 사익 추구의 전형적인 사례일 뿐이다.

LH 사태는 국민 주거 안정 업무를 담당하는 공기업인 LH의 전·현직원 10여 명이 문재인 정부의 3기 신도시 중 최대 규모인 광명·시흥 신도시 사업지역에 2018년부터 100억(58억은 대출) 원대의 토지를 투기성으로 매입했다는 의혹을 2021년 3월 2일 참여연대와 민변이 제기하면서 수면 위로 올라왔다. 한 LH 직원은 나무 이식 보상비로 87억 원을 챙겼는데, 이러한 부당이득 착복은 고스란히 개발 사업비 증가로 해당 지역 입주자에게 전가된다. 이들은 내부통제를 강화하겠다고 했지만, 한국 사회 엘리트 집단의 자정 역량은 오래전부터 작동하지 않았다. 부패 카르텔과 네트워크의 중심에 엘리트 집단이 있는 구조이기 때문이다. 예를 들어, LH의 경우 내부통제 시스템에 의해 적발된 2020년 부패행위자는 10명이었는데, 이 중 9건이 자체적발된 경우로 부패금액이 10만 원 미만 3건, 10만 원~100만 원 미만 5건, 142만 원이 1건이었다. 외부기관에 의해 적발된 것은 1건으로 부패금액이 141만 원이었다. 내부통제 시스템상으로 내부 정보를 이용한 투기는 단 1건도 없었다. 그리고 적발되더라도 처벌 수준이 대부분 감봉이나 견책으로 그쳤다. 이후 국민적인 분노가 확산되자 자구적인 조처를 하겠다고는 했으나, 내부적발 사례를 보면 말이 자구 노력이지 구조적인 문제에 대한 개혁 없이 앞으로 제2의 LH 사태는 계속될 수밖에 없다.

반칙과 특권에 기생하는 부동산-금융 카르텔

금융 카르텔

엘리트 부패는 필연적으로 특권층 카르텔과 쌍생아로 존재한다. 한국 사회에서 반칙과 특권에 기생하는 특권층 카르텔을 해체하기 위해서는 엘리트 부패를 도려내야 한다. 무엇보다 공적 영역에 종사하는 엘리트가 공공자원의 사유화를 통해 만들어내는 부패의 고리를 끊어내야만 한다. 민주주의의 강화만이 유일한 해법이다. 검찰 개혁과 사법 개혁의 목소리를 함께 높이는 것도 같은 맥락으로 이해할 수 있다. 또한, 민생을 위협하는 반칙과 특권의 또 다른 영역이 재정과 금융 분야다. 즉, 재정과 금융의 민주화를 가로막는 것이 모피아의 특권이다. 재정과 금융 분야 엘리트의 권한을 국민이 회수하는 것이야말로 재정과 금융 민주화의 출발점이다. 경제가 돈의 배분 문제라는 점에서 공공과 민간 영역의 돈의 배분을 떠맡고 있는 재정과 금융 분야의 민주화 없이 보통사람의 삶을 개선하는 것은 불가능하다. 재난지원금을 하위 88%에 한해 지급한 결정은 그것을 드러낸 단적인 예일뿐이다.

금융과 재정은 밀접한 관계를 맺고 있다. 금융의 영역에서는 '1원 1표'의 시장원리가 작동하기에 사회적 통제가 없으면 공공성(자금중개 기능)이 약화하고, 빈익빈 부익부를 심화시키는 도구로 전락한다. 게다가 금융과 달리 '1인 1표'의 민주주의 원리가 작동해야 하는 재정이 선출 권력에 의해 작동하지 않을 때 금융의 탈선과 불평등 열차는 폭주한다. 따라서 한국 사회에서 재정 민주화를 추진한다는 것은 재정자원의 배분 권한을 독점하고 있는 기재부의 권한을 재조정하는 것을 의미한다. 기재부는 사실상 모든 권한을 장악하고 있다. 기재부 권한으로 규정돼 있는 '중장기 국가발전전략 수립'은 기재부가 사실상의 청와대임을 의미한다. 내치를 담당하는 국무총리의 손발 노릇을 하는 국무조정실장(차관급)을 항상 기재부 출신이 장악하는 것도 그 때문이다. 세계 어느 나라에도 없는 권한이다. 재정자원 확보의 핵심수단인 세금 업무와 재정자원의 배분 권한인 예산과 기금에 대한 모든 권한(편성·집행·성과 관리)을 갖고 있다. 부동산 정책에 절대적인 부동산 세제나 공공임대주택 관련 기금이 모두 모피아의 영향력 아래 있는 것이다.

이러한 권한 집중은 군부독재가 종식되는 과정에서 일어났다. 군부독재 체제에서는 경제기획원과 재무부 이원체제였다. 경제기획원은 국가의 경제·사회 발전을 위한 종합계획의 수립·운용과 투자 계획의 조정, 예산의 편성과 그 집행의 관리, 중앙행정기관의 기획 조정과 집행의 심사 분석, 물가안정 시책 및 대외 경제정책의 조정에 관한 사무를 관장했다. 이와 비교해 재무부는 화폐·금융·국채·정부 회계·조세·외국환·대외 경제협력·국유 재산 및 전매에 관한 사무를 관장했다. 그러던 것이 김영삼 정부 출범 후 경제기획원(1994년 12월 폐지)과 재무부가 재정경제원으로 통합됐다. 문제는 청와대로 가야 할 경제기획원이 재무부로 넘어간 것이다. 단일한 경제관료 세력이 공적 자원과 권한을 사유화시킬 수 있게 된 것이다. 권한을 독점한 경제관료는 자신의 사익 추구를 위해 시장의 자본과 결탁했다. 한편, 김영삼 정부에서 경제기획원 폐지와 더불어 한국은행 독립성 강화도 동시에 진행됐는데, 이는 한국은행을 시장자본에 넘긴 것이다. 한국은행의 권한을 가진 금융통화위원 7인 중 3인이 기재부 그리고 1인이 자본에서 결정된다는 점에서 한국은행 역시 시장자본에 넘어간 것이다.

공적 자원과 권한이 엘리트의 사익 추구와 시장자본의 소유물로 전락하면서 재정자원은 기업(자본) 중심으로 배분되고, 조세체계는 부유층에 대한 혜택이 집중되는 한편, 금융 시스템에서 공공성은 사라져 오직 수익성만 추구하는 등 보통사람의 삶을 피폐화시켰다. 여기에 한국은행은 재벌과 금융 자본을 지원하는 역할에 집중해왔다. 금융 안정(금융 불균형)의 핵심 문제로 지적되는 소득 불평등에 관심 없는 것도 이 때문이다. 경제관료 엘리트에게 집중된 권한은 정부조직의 장악으로 이어지고, 퇴임 후 민간 금융회사나 로펌이나 재벌기업 등에 재취업해 로비스트로 활동한다. 실제로 이들은 퇴임 후 은행연합회, 저축은행중앙회, 보험협회, 여신금융협회, 한국거래소 등에 재취업해 사실상 정책 로비 및 외풍 차단기 노릇을 수행한다. 삼성전자나 대형 로펌 등에도 마찬가지로 진출한다. 따라서 기재부와 금융위 그리고 한국은행 등이 본래의 공적 역할을 하도록 하는 것이 재정 및 금융 민주화의 출발점이고, 이를 통해 보통사람이 재정 및 금융자원에 접근할 기회를 확대해야 한다. 이러한 조치가 없는 한 경제적 취약계층이 채무 노예에서 벗어날 수 있는 길은 없을 뿐 아니라 가계채무와 부동산시장의 경착륙은 불가피하다.

2

문재인 정부
부동산 정책 실패의 기원

예고된 신뢰 추락

한국 사회의 부동산 문제는 역사가 깊다. 경제성장이 정체된다는 말은 한 사회가 나눌 수 있는 전체 파이의 크기가 더는 늘지 않는다는 것을 의미한다. 성장 둔화가 이뤄지는 초기에 자본은 임금을 쥐어짜거나 중소기업 영역 및 동네 상권의 침탈을 통해 자신의 몫을 증가시킨다. 하지만 이러한 방식은 결국 내수 시장을 황폐화함으로써 자본 자체의 성장도 한계에 다다를 수밖에 없게 한다. 뒤늦게 해외 시장으로 눈을 돌려도 국내처럼 수익을 추구하기가 쉽지 않다. 새로운 수익원을 개척할 역량이 부족한 기업, 특히 재벌기업의 축적된 자본은 '재무적 투자'라는 허울을 쓰고 재테크에 눈을 돌려, (내부정보 활용으로) 금융보다 수익 추구가 상대적으로 쉬운 부동산, 특히 토지에 눈을 돌린다. 2019년 기준 토지를 소유한 법인기업의 상위 1%가 기업이 소유한 전체 토지의 73.3%를 가졌다는 것만 봐도 이 행태가 잘 드러난다.

이 같은 부의 축적 방식은 가계도 예외가 아니다. 한편으로는 혁신 역량의 부족으로, 다른 한편으로는 부동산의 높은 기대수익으로 상위층 가계도 부동산에 뛰어든다. 상위 1% 가계가 전체 토지의 30%, 상위 5%가 전체 토지의 절반이 넘는 55.4%를, 그리고 상위 10% 가계가 전체 토지의 69.1%를 차지할 정도로 토지 소유의 불평등은 절망적이다. '절망적'이라 표현한 이유는 하위 약 40%는 토지 1평도 가지고 있지 못하기 때문이다. 토지 소유의 지니계수만 0.8이 넘어선 지경이다. 토지 소유의 불평등은 토지 소유의 집중이 심했던 19세기 조선 말 사회보다 훨씬 심하다. 지속 불가능한 수준에 이르렀다. 토지를 비롯한 부동산의 불로소득이 경제력 축적의 지름길이다 보니 온 국민이 부동산에 뛰어드는 것이다. 10대 아이들의 장래 희망이 건물주이고, 2~30대의 '영끌 투자'라는 말이 나오는 나라는 지구상에 한국뿐이 없다. 부동산은 금융과 재벌(건설) 자본과 언론과 관료 등만 관련된 것이 아니라 고용과 노후 불안에 직면한 보통사람의 최대 관심사가 된 지 오래다. 수출이 좋지 않을 때마다 건설경기 부양의 유혹에 빠지는 이유도 이 같은 건설산업에 대한 높은 경제 의존 탓이다. 문제는 금융과 동전의 앞뒷면을 구성하는 부동산 건설이 가진 특성상 가계부채와 내수 취약성을 악화시킬 수밖에 없다는 것이다. 즉, 지속이 가능하지 않은 방식이다.

부동산 문제의 본질은 '금융 정책'이다

이러한 배경에서 문재인 정부는 인위적 건설경기 부양과 가계부채에 대한 적극적 관리 대신에 가계소득을 강화하는 방향(소득주도성장)을 선택했다. 박근혜 정부 마지막 해인 2016년, 부채주도성장(초이노믹스)이 사실상 파산한 상태에서 집권한 문재인 정부로서는 불가피한 선택이었고, 옳은 선택이었다. 가계의 기반을 강화하고, 산업생태계의 활력을 만들어야만 부동산의 인질이 된 한국 경제를 구할 수 있었기 때문이다. 이와 관련해 문재인 대통령은 부동산 투기와 불로소득 근절, 무주택자에 대한 초장기 공공임대주택의 공급 그리고 가계부채 총량 관리제 등을 목표로 제시했다. 이 목표를 달성하기 위해 다주택 소유자와의 싸움은 불가피했다. 그러나 문재인 대통령의 목표는 청와대 인사와 행정부 관료 등에 가로막혔다. 앞에서 지적했듯이, 다주택 소유에 대한 과세 강화는 기재부에 의해 가로막혔고, 공공임대주택 공급은 청와대 인사와 (주택기금 배정 권한을 가진) 기재부와 (금융자원 배분 권한을 가진) 금융위원회 등의 저항에 가로막혔다. 기재부와 금융위 등 모피아가 가로막고, (국토교통부 장관에 취임하며 집값 급등의 원인을 투기 세력으로 지목하고 부동산 과열이 다주택 투기라 했던) 정치인 출신 국토부 장관(김현미)이 부동산 카르텔에 대한 이해 부족으로 관료에 휘둘리는 상황에서 청와대의 의지가 중요했으나 청와대 인사들조차 함께 놀아났다. 이낙연 총리도 문재인 정부의 초대 책임총리였다는 측면에서 책임으로부터 자유롭지 않다. 새 정부는 대통령의 국정철학을 강하게 추진할 수 있는 인사보다 통합이나 화합 차원에서 지역 안배를 고려해 이낙연 총리를 선택했다. 실제로 이낙연 총리는 특유의 포용적 리더십으로 대통령을 도와 정권 초기 국정 전반의 어려운 개혁 과제를 풀어내는 데 공헌했다. 그러나 경제관료들이 가진 속성을 간과했고, 그들의 의도를 지나치게 선의로 수용함으로써 재정 모피아들을 통제하는 데 실패하는 우를 범했다. 실제로 정부 내정은 총리가 경제와 사회부총리를 통해 관장한다. 특히 내정의 핵심 부문은 총리의 손발 역할을 하는 국무조정실과 기재부가 함께 맡고 있다. 정부조직법 20조 ①항에 따르면 국무조정실은 국무총리를 보좌해 "각 중앙행정기관의 행정의 지휘·감독, 정책 조정" 등에 대한 권한을 갖는다. 또한, 정부조직법 27조 ①항에 따르면 기획재정부장관은 "중장기 국가발전전략수립, 경제·재정정책의 수립·총괄·조정, 예산·기금의 편성·집행·성과관리, 화폐·외환·국고·정부회계·내국세제·관세·국제금융, 공공기관 관리, 경제협력·국유재산·민간투자 및 국가채무에 관한 사무" 등 경제를 넘어 국가 발전 전략 모두를 관장할 권한을 갖는다. 그런데 정부조직법 19조 ④항을 보면 "기획재정부장관은 경제정책에 관하여 국무총리의 명을 받아 관계 중앙행정기관을 총괄·조정"하게 돼 있다. 그리고 (기재부가 중장기 국가발전전략 수립의 권한을 갖기에) 국무총리실 국무조정실장은 기재부 출신이 할 수밖에 없다. 앞에서 지적했듯이, 역대 국무조정실장 모두가 기재부 출신이었다. 이처럼 국무조정실장과 기재부 장관은 한집안 식구이고, 국무총리의 손발인 셈이다. 그런데 문재인 정부 초대 국무총리인 이낙연 총리 밑에서 국무조정실장을 홍남기가 했고, 그는 국무조정실장직을 끝낸 후에 이낙연 총리의 추천으로 경제부총리가 됐다. 게다가 홍남기에 이어 이낙연과 정세균 전 총리 밑에서 국무조정실장직을 수행한 노형욱도 기재부 출신으로 국무조정실장 이후 국토교통부 장관으로 승진했다.

　의도했건 의도하지 않았건 문재인 정부의 경제정책은 처음부터 모피아의 손에 있었다. 그들을 방관한 정치인 총리의 오판도 한몫했음을 인정해야 한다. 대통령이 경제를 직접 챙기지 못하는 상황에서 모피아의 논리가 작동한 부동산 정책은 실패가 예고된 것이었다. 부동산 투기수요 억제를 위해 다주택자에 대한 세제 강화(종부세와 양도세 인상)나 무주택자에 대한 초장기 공공주택 공급을 위한 주택기금 배정 등은 기재부의 권한이기에 기재부가 몽니를 부리면 작동하기 어려운 정책이다. 게다가 투기자금에 대한 금융자원 배분의 제한은 금융위원회의 권한이다. 금융위원회는 모피아의 핵심이다. 역대 8명의 금융위원장 중 7명이 기재부 출신이다. 그리고 금융위원회는 국무총리 산하 기구다. 즉, 모피아를 제압하지 못하는 한 애당초 투기 억제는 불가능했다. 계속된 대책에도 불구하고 부동산 투기를 근원적으로 차단할 수 없었던 이유다.

3

왜 민주 정부의 부동산 정책은
항상 실패하는가

부동산 카르텔의 힘

문재인 정부의 부동산 정책을 방어하는 사람들은 해외 부동산 가격
의 폭등을 비교하면서 유동성의 폭발 속에서 불가피했다고 주장한
다. 일정 정도 맞는 말이다. 집값 상승이 전 세계적 현상이었기 때
문이다. 예를 들어, IMF가 발표한 주요 60개국의 2020년 1년간 주
택가격 상승률을 보면 한국은 14위를 기록했다.[*] 또한, 2021년 1분
기 기준 지난 1년간 주택가격 상승률은 한국이 10.3%였는데, 미국
11.7%, 네덜란드 11.3%, 뉴질랜드 20.8%, 오스트리아 12.3%, 덴마

---

[*] IMF, Housing Prices Continue to Soar in Many Countries Around the World, Oct.
18, 2021.

III부. '부동산 폭등'을 즐기는 사람들

크 15.3%, 노르웨이 10.9%, 독일 9.4%, 영국 8.9%, 캐나다 8.7%, 브라질 10.3%, 러시아 11.1%, 체코 12.0%, 터키 32.0% 등과 비교할 때 유별나다고 말할 수 없기 때문이다. 글로벌 팬데믹 상황에서 폭발적으로 증가한 유동성이 자산시장으로 유입된 결과였다. 그러나 한국의 경우, 2017년 말부터 2018년 말까지 금리가 상승한 기간(2017년 10월~2018년 10월)에도 서울 아파트 가격이 약 7% 상승했다는 점을 무시할 수 없다. 또 팬데믹 이전부터, 즉 2019년 말부터 수도권 지역의 아파트로 가격 상승이 확산했다. 따라서 초저금리와 유동성 팽창도 부동산 상승의 요인이었지만, 유동성이 투기수요에 유입되는 것을 최대한 막는 것이 정부 및 금융 당국의 역할이라는 점을 지적할 수밖에 없다. 부동산 가격의 폭등이 정책에 대한 신뢰 실종의 결과라는 것은 부인하기 어렵다. 즉, 대통령의 수차례 약속이 모피아 논리와 공존할 수 없었기에 모피아를 제압하지 못하는 한 신뢰 추락은 예고된 결과였다. 그리고는 취임 4주년 기자간담회에서 "부동산에 대해서는 할 말이 없다."라는 대통령의 무기력한 모습을 확인해야만 했다. 2021년 하반기 정부와 금융 당국에서 부동산 과열을 경고하고, 금리 인상으로 기조를 전환했음에도 시장이 비웃음을 산 것도 이 때문이다.

개혁 정부의 부동산 정책이 계속 실패하는 이유는 모피아 기득권 그리고 부동산을 중심으로 한 특권층 카르텔을 이해하지 못했거나, 알아도 돌파할 의지와 실력이 부족했기 때문이다. 특권층이 경제력을 축적하는 핵심 고리가 부동산이라는 점에서 정부 책임 부분인 주

[표3.4] ─ 실질 주택가격 연 상승률(2021년 2분기 기준, 단위 : %)

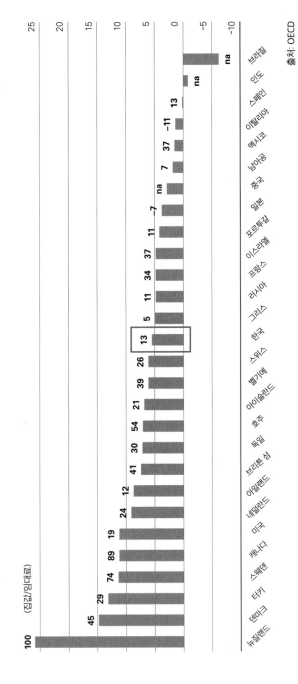

출처: OECD

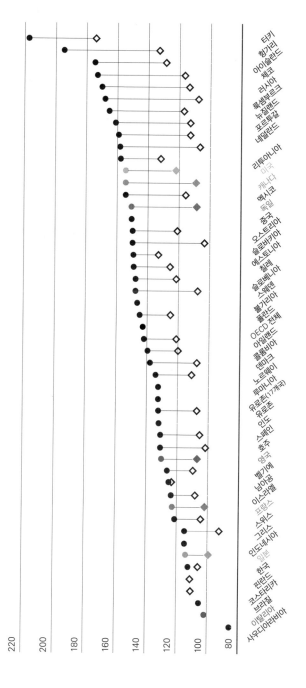

[표.3.5] — 2021년 1분기 OECD 회원국 명목 주택가격(2015년=100)

● 명목 주택가격   ◇ 임대료

티키
헝가리
아이슬란드
체코
러시아
룩셈부르크
뉴질랜드
포르투갈
네덜란드
리투아니아
미국
캐나다
멕시코
독일
중국
오스트리아
슬로바키아
에스토니아
칠레
슬로베니아
스웨덴
불가리아
폴란드
OECD 전체
아일랜드
콜롬비아
덴마크
노르웨이
루마니아
유로존(17개국)
유로존
인도
스페인
호주
영국
벨기에
남아공
이스라엘
프랑스
스위스
그리스
인도네시아
일본
한국
핀란드
코스타리카
브라질
이탈리아
사우디아라비아

폭등 뒤에 숨은 검은 배후

거 정의 문제를 해결하려면 한국 사회의 엘리트 카르텔형 부패구조를 해체해야만 가능하다. 한국 경제는 1990년대 초부터 성장이 둔화하기 시작하면서 금융자본 논리를 적극적으로 수용한 '자발적 금융화'(세계화)를 추진했고, 금융자본에 휘둘린 결과가 외환위기였다. 외환위기 이후 금융자본 논리로 한국 경제는 재구성됐다. 이후 내수 취약성과 성장 둔화는 가속화됐고, 정경유착과 생산을 통한 자본 축적 방식은 엘리트형 부패를 매개로 한 부의 축적 방식으로 바뀌었다. 즉, 시장자본과 선출 권력의 통제에서 벗어난 공공영역이 결합하면서 공적 자원의 사유화를 통한 부의 축적이 구조화된 것이다. 특권층은 자신이 소유한 부를 동원해 점수 경쟁에 기초한 공교육 시스템으로부터 교육 격차를 만들어내고, 학교 공부를 공공영역에 진입할 수 있는 도구로 활용하고, 공공영역에 접근한 후에는 공적 자원을 사익 추구의 수단으로 삼고, 심지어 축적한 경제력으로 정치 권력을 장악하는 한편, 나아가 자신들만의 삶의 방식을 자식에게 물려줄 뿐 아니라 학연과 지연 등을 매개로 부패 네트워크를 구축한다. 부동산을 매개로 한 부패 네트워크에는 경제 관료집단과 재벌 (건설)자본과 정치집단, 금융집단과 언론 그리고 전문가 집단 등이 망라돼 있다.

'모피아'를 잡아야 부동산도 잡힌다

문재인 정부와 경제 관료집단의 관계를 보면 부동산 정책 실패의 이유가 명확히 드러난다. 문재인 정부는 출범한 지 1년이 지나면서 기재부에게 포획당하기 시작했다. 문재인 정부에서 경제부총리를 한 김동연과 홍남기가 누구인가? 김동연은 이명박 정부의 대통령직 인수위원회에 참여했다가 이명박 정부 초반 청와대 경제수석실과 국정기획수석실에서 실무를 담당했다. 이명박 정부의 경제철학을 설계하고 추진한 장본인이다. 이명박 정부 마지막 1년을 기재부 2차 관으로 지냈고, 박근혜 정부의 초대 국무조정실장을 역임했다. 홍남 기 또한 박근혜 정부의 정책조정수석실에서 핵심 역할을 하다가 박 근혜 정부의 창조경제 육성을 관장한 미래창조과학부의 실무를 책 임진 1차관이었다. 그리고 문재인 정부에서 국무총리실 초대 국무 조정실장과 문재인 정부의 최장수 경제부총리를 지내고 있다. 아무 리 관료라 해도 '이명박근혜' 정부의 국정철학을 담당했던 인물들이 어떻게 대척점에 있는 문재인 정부의 초대 경제부총리를 할 수 있는 가? 박근혜 정부의 창조경제와 문재인 정부의 혁신성장을 나타내는 플랫폼 경제 활성화 혹은 데이터 경제 활성화나 코로나19 재난 상 황에서 발표된 '디지털 뉴딜'에 근본적인 차이가 있을 수 없는 이유 다. 사실, 그린 뉴딜도 이명박 정부의 녹색성장과 차별성을 찾기가 쉽지 않다. 문재인 정부에서 혁신성장의 방편으로 추진된 플랫폼 경 제 활성화, 데이터 경제 활성화, 디지털 뉴딜과 그린 뉴딜로 구성된 한국판 뉴딜 모두 이명박, 박근혜 정부의 녹색성장이나 창조경제 육 성 방안에 겉만 덧칠했을 뿐이다.

결론은 둘 중 하나다. '진보'가 아니거나 '무지'하거나. 백번 양보

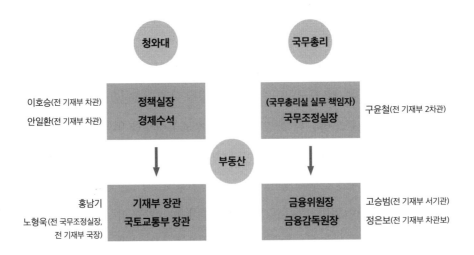

[표3.6] ─ 부동산 정책 결정 시스템

청와대

국무총리

이호승(전 기재부 차관)
안일환(전 기재부 차관)

**정책실장
경제수석**

**(국무총리실 실무 책임자)
국무조정실장**

구윤철(전 기재부 2차관)

부동산

홍남기
노형욱(전 국무조정실장,
전 기재부 국장)

**기재부 장관
국토교통부 장관**

**금융위원장
금융감독원장**

고승범(전 기재부 서기관)
정은보(전 기재부 차관보)

해서 선의로 해석해도 경제에 보수와 진보가 어디 있느냐 하는 안일한 생각을 하는 것이다. 이렇게 인식한다면 실력의 문제다. 개혁 정부가 경제와 금융에 대해서 몰라도 너무 몰라서 생기는 무지다. 문재인 정부의 소득주도성장 정책은 경제 이론적으로 보수세력의 낙수효과 개념과는 대척점에 있다. 김동연이나 홍남기는 기본적으로 낙수효과 개념을 신봉하는 관료들이다. 2017년 청와대 소득주도성장 팀과 김동연(+국무조정실장 홍남기)이 계속 삐걱거렸던 이유도 이러한 관계를 이해하면 쉽게 알아챌 수 있다. 반칙에 기초한 특권을 척결하겠다는 개혁 정부가 특권층 카르텔의 구조를 이해하지 못한 데서 나온 결과라고 봐야 한다. 앞에서 지적했듯이, 정권 초기에는 정권의 색깔을 가진 외부 인사(어공)들이 정부에 진입했다가 시간이 가면서 기재부 출신(늘공)에 의해 모두 대체되는 것도 선출 권력이 관료에게 휘둘린 결과다. 경제관료 엘리트들은 자신들의 권한을 활용하는 한편, 언론과 자본의 지원을 받아 개혁을 추진하려는 어공들을 철저히 무력화시킨다. 결국 선출 권력의 실력 빈곤은 관료에게 권력을 넘기기까지 한다. 검찰, 사법 카르텔 포함해 과거부터 봐왔던 익숙한 그림 아닌가?

'금융 카르텔', 어떻게 대한민국을 지배하는가

경제의 핵심 문제는 돈의 배분이다. 누가 돈을 더 가져갈 것인가의 문제다. 돈은 어디서부터 오는가? 중앙은행인 한국은행이다. 한국은행은 은행과 정부 등을 통해 돈을 공급한다. 전자는 금융의 문제고, 후자는 재정의 문제다. 금융은 가장 불공정한 영역이다. 단적인 예로, 최근 가계부채 대책의 하나로 가계대출이 제한된 상황에서 하나은행이 러시앤캐시에 500억 원을 대출해준 일이 일어났다. 러시앤캐시는 대출한 이 돈을 어디에 쓸까? 1금융권 은행에서 대출받을 수 없는 서민 대상의 고금리 사채 장사에 쓰일 것이 자명하지 않은가. 신용등급 평가 대상 국민이나 신용거래를 하는 국민 중약 20%(2018년 기준)는 신용등급 6등급 이하로 이들 대부분이 시중은행에서 신용대출을 받기 어렵다. 2금융권이나 대부업체 등을 이용해야 한다. 즉, 어떤 사람은 연 3% 이하로, 어떤 사람은 연 20% 이상으로 돈을 이용해야만 하는 현실인 것이다. 이들 간 경쟁의 결과는 자명하다. 금융은 가장 불공정한 영역이고, 빈익빈 부익부의 원천이자 공정한 경쟁을 통해 자원의 효율적 이용을 추구하는 시장원리에도 맞지 않는 영역이다. 금리를 3%대로 자금을 조달하는 경우와 20%대로 자금을 조달하는 경우의 게임은 처음부터 결정 난 것이다. 부동산을 공급해도 집이 없는 무주택자에게 돌아가지 않고 다주택자에게 돌아가는 이유가 무엇인가? 간단하다. 다주택을 소유한 자산가는 무주택자보다 자금을 싸게 많이 동원할 수 있기 때문이다. 금융자본이 만드는 빈익빈 부익부를 완화하기 위한 대표적 수단이 세금이다. 그런데 수익을 추구하는 부유층과 금융자본 등은 세금을 내기 싫어한다. 세금 부과를 최소화길 원하고, 그렇게 거둔 세금조차 경제 취약계층이나 부문에 투입하기보다는 자신들이 사용하기를 원한다.

부동산 카르텔의 논리가 정확히 이것이다. 그런데 개혁 정부가 금융자본의 논리이자 부동산 카르텔의 이해를 대변하는 경제관료를 중용하는 것을 어떻게 봐야 하는가? 민주진영의 정부가 아니거나 아니면 경제와 금융에 대한 무지의 산물이라고 이해할 수밖에 없는 것이다. 경제력의 격차를 축소하기 위해 가장 기울어진 운동장인 금융의 불공정성을 바로잡고, 재정자원으로 빈익빈 부익부를 완화하는 금융과 재정의 민주화를 하지 않는 민주진영의 정부는 사이비 진보 정부이거나 관념적 진보 정부에 불과하다. 내가 금융과 재정의 민주화가 부동산 정책의 성패를 결정한다고 강조하는 이유다.

IV부

'재정안정주의'의
그늘에 숨은 사람들

'모피아' 관료들이 살아가는 방식

금융(은행 시스템)은 가장 기울어진 운동장이다.

시장경제의 핵심인 공정경쟁 원리에 반하는 영역이다.

예를 들어, 금리를 2%로 이용할 수 있는 사람과

15%로 이용할 수밖에 없는 사람 중 누가 수익을

많이 낼 수 있는가? 부유층은 저금리를 이용할 뿐 아니라

더 많은 금융자원을 이용할 수 있기에 부를 축적할 기회가 많고,

부가 많을수록 다시 금융자원의 활용에서 유리한 기회를 얻는다.

빈익빈 부익부가 재생산되는 이유가 바로

금융의 탈선에서 비롯하고 있다. 금융의 민주화가 필요한 이유다.

1

'혁명의 언어'가 된
전 국민 재난지원금

'88%'의 비밀

팬데믹 이후 세상이 그 이전 세상과 전혀 다른 세상이라고 말하면
서도, 실상 그 급격한 변화를 인정하지 않는 사람이 많다. 과거의 패
러다임에서 벗어나지 못하기 때문이다. 특히, 팬데믹 이전 세계에서
만들어진 지적체계에 기초한 전문가나 팬데믹으로 기존의 기득권
에 균열이 생기는 이익집단은 지금의 변화를 거부한다. 실상 팬데믹
재난은 사람들에게 생존을 위해 변화를 강요하고 있다. 팬데믹 재난
을 겪으면서 대한민국은 많은 새로운 경험을 하고 있다. 특히 문화
분야의 활약은 눈부시다. 봉준호 감독이 '기생충'으로 작품상 등 4개
부문에서 아카데미상을 수상한 것으로 시작해, BTS가 빌보드 'Hot

'100' 차트 8주 연속 1위 석권한 데 이어, 황동혁 감독의 '오징어 게임'이 90개국에서 1위에 오른 것은 물론, 넷플릭스 역대 최다 시청 기록을 경신한 전무후무한 기록을 세우기도 했다. 이러한 한국 대중문화의 세계적 확산은 과거에는 상상조차 할 수 없던 것이다. 유엔에서 선진국 지위로 등극한 것이나 세계의 모범이라고 불린 아프가니스탄 현지 조력자 수송 작전(일명 '미라클' 작전), 국제금융시장에서 준 기축통화국 대접을 받는 일본보다 국가신용이 안전하다는 평가를 받은 것도 과거에는 상상할 수 없었던 일이다.

'보편복지'는 항상 부패 카르텔의 이익과 충돌한다

이러한 경험들과 비교될 수 있는 것이 세계 최초로 기본소득이 대선의 주요 쟁점으로 부상한 것이다. 재난지원금이 특별한 의미를 갖게 된 것도 팬데믹 재난 상황과 맞물려 있다. 팬데믹이 없었다면 기본소득에 대한 국민의 관심과 지지는 어려웠을 것이고, 기본소득에 대한 정책실험조차 쉽지 않았을 것이다. 기본소득이 전 국민적 관심을 끌게 된 것은 코로나19 재난에서 추진된 '전 국민 재난지원금'의 결과였다. 성남시에서 청년 기본소득을 도입한 바 있는 이재명 전 경기도 지사가 중앙정부보다 먼저 지자체 차원에서 경기도 전체 도민을 대상으로 재난 기본소득을 지급한 이유도 있지만, 기본소득에 대해 충분한 이해가 부족한 일반 국민에게 전 국민 재난지원금은 기본소득을 연상시키는 효과가 있었다. 게다가 소멸성 지역화폐 방식의 전 국민 재난지원금이었다. 기본소득과 지역화폐는 한국 사회의 부패 카르텔 이익과 충돌한다는 점에서 전 국민 재난지원금은 '혁명의 언어'다.

기재부가 전 국민 재난지원금 지급을 결사반대하는 것은 대한민국 특권층의 뿌리를 흔들기 때문이다. 그 이유는 첫째, 전 국민 재난지원금이 팬데믹 재난 상황에서 일회성으로 그쳤다면 한국 사회의 특권층이 결사반대하지 않았을 것이다. 전 국민 재난지원금이 기본소득으로 발전하는 것이 두렵기 때문이다. 기본소득은 보편복지의 성격을 갖는다. 보편복지는 (부유층이 지지하는) 재정지출 최소주의와 항상 충돌해왔다. 금융화와 신자유주의 바람이 본격적으로 불기 시작한 1970년대 후반에 보편복지가 공격을 받으면서 서구의 복지국가는 위기를 맞이했다. 그런 상황 속에서 전국 차원의 기본복지인 '21세기형 보편복지'가 한국에서 부활한 것이다. 기본소득은 여러 장점 중에서도 최저임금 인상률 부담을 완화할 수 있는 장점이 있다. 한국의 경우 사회임금(정부이전소득)이 턱없이 낮고 시장임금에 대한 의존도가 높다 보니 저임금노동자의 생계 조건을 고려했을 때 최저임금 인상률을 높일 수밖에 없다. 그런데 자영업을 포함한 저임금에 의존하는 저부가가치 사업장이 광범위한 상태에서 높은 최저임금 인상은 이들의 어려움을 고조시킬 수밖에 없다. 따라서 기본소득이 저임금노동자에게 소득을 보전해주는 역할을 함으로써 최저임금 인상률을 완화할 수 있는 효과를 불러온다.

둘째, 기본소득이 21세기형 보편복지인 이유는 기본소득 자체가 재정 민주주의와 조세 시스템의 개혁을 의미하기 때문이다. 현대 사회에서 재정은 중앙집중식 배분 시스템에 기초한다. 중앙정부나 지방정부 등이 거둔 세금을 정부나 의회 등이 배분을 결정하고 있다. 지금까지 한국 사회에서 재정자원의 배분은 기재부의 권한이었고, 이 권한으로 기재부는 정부조직에서 가장 힘이 강한 조직이 될 수 있었으며, 심지어 (지역구 예산 배정을 받아야 하는) 국회(의원)까지 조종(?)할 수 있었다. 그런데 기본소득은 징수한 세금을 모두 국민에게 균등하게 지급한다는 점에서 기재부의 과도한 재정자원 배분 권한을 줄여준다. 이런 측면에서 기본소득은 기재부의 기득권에 반하는 것일 뿐만 아니라 재정자원의 배분 권한을 국민이 회수한다는 의미를 갖는다. 국가적 차원에서의 기본소득 도입은 세계 최초의 재정 민주주의를 의미하는 것이다.

셋째, (지역사회의 소상공인에게만 사용할 수 있는) 지역화폐는 재벌(유통) 자본의 이익과 충돌한다. 앞에서 지적했듯이, 시장에서 힘이 센 자본의 이해를 대변하는 모피아에게 지역사회의 소상공인은 구조조정의 대상일 뿐이다. 자본보다 더 자본의 관점에서 사고하는 모피아에게 지역화폐는 거추장스러운 대상일 뿐이다. 실제로 1차 전국민 재난지원금이 지급되었을 때 대형유통업체는 매출이 감소했다. 2차 지원금이 1차와 같은 방식으로 지급되는 것에 대한 우려를 드러냈던 사실상의 이유다. 반면에 자영업자 단체는 적극 지지했다. 기존의 어느 골목상권 보호 대책보다 효과가 뛰어났기 때문이다. 지역화폐는 기재부나 한국은행 등에서도 기피한다. 기재부는 기존에 사용하는 온누리상품권이 위축될 것을 우려했다. (전통시장을 중심으

IV부. '재정안정주의'의 그늘에 숨은 사람들

로 사용하는) 온누리상품권보다 사용 범위가 넓은 지역화폐 사용이 확산할 경우 온누리상품권 사업은 타격을 받을 수밖에 없기 때문이다. 왜, 온누리상품권에 애착을 갖는 것일까? 온누리상품권과 지역화폐의 차이의 본질은 중앙정부 발행의 상품권이라는 점에 있다. 중앙정부가 발행하는 한 그에 필요한 재정자원의 배분 권한을 장악하고 있는 기재부의 권한임을 의미한다. 실제로 온누리상품권 발행 기관인 소상공인시장진흥공단은 중소벤처기업부 산하의 준정부기관이지만 현재의 조봉환 이사장은 기재부 국장 출신이다. 온누리상품권 예산 배분 권한을 이용해 타 부서(중소벤처기업부) 산하 공공기관장 자리까지 챙기는 기재부의 권한을 보여주는 사례다.

무엇보다 지역화폐의 효능감이 확산할수록 지역사회의 부가 지역 밖으로 유출되는 것을 막기 위해 (지역 공공은행 같은) 지역 금융의 수요가 증대할 수 있다. 이는 (지역에서 금융자원을 추출해 서울 등 대도시에 투입하는) 기존 금융자본의 이익 축소로 이어질 뿐 아니라, 한국은행의 통화공급 독점력도 약화시킬 수 있다. 기재부가 조세재정연구원이나 한국개발연구원 등 산하 국책기관에 기획용역을 발주해 전 국민 재난지원금과 지역화폐 효과를 부정적으로 평가한 이유도 같은 맥락에서 해석할 수 있다. 그러나 체감을 통해 효과를 확인한 많은 국민은 전 국민 재난지원금을 지지하고 있는 것이 팩트다. 기본소득에 대한 지지가 단기간 내에 빠르게 확산할 수 있었던 것도 같은 맥락으로 이해할 수 있다.

전 국민 재난금, 기본소득은 시대정신이다

전 국민 재난지원금은 20세기와 다른 21세기 선진국의 새로운 경제 문법이다. 특권층이 결사반대하지만, 특권층이 고립될 수밖에 없는 정책이다. 기본소득은 시대정신(천심)이기 때문이다. 자신의 조직 이익 사수를 위해 기재부는 2021년 5차 전 국민 재난지원금에서도 선별을 지켜냈지만, 기재부에 대한 국민의 혐오감을 극대화시켰다. 기재부는 전 국민 재난지원금을 지우기 위해 명칭도 '코로나 상생 지원금'으로 바꾸고, 이론적으로 족보가 없는 88% 지급을 밀어붙였다.

실제로 2021년 가계동향조사는 선별 지급이 철저히 실패한 정책임을 드러냈다. 2020년 2분기는 소득이 상위 10%인 가구만 소득이 감소하고 소득이 낮을수록 소득 증가율이 높았으나, 2021년 1차 추경으로 소상공인과 고용 피해층 등에게만 지원을 한 2021년 2분기는 상위 10%만 소득이 증가하고 나머지 90%는 소득이 감소했을 뿐 아니라 소득이 낮을수록 소득 감소율이 높아졌다. 당연히 소득분배가 크게 악화했다. 자영업 가구만을 보더라도 전 국민 대상으로 지급했을 때는 전체 가구의 평균 소득 증가율(3.5%)보다 2.3배나 높았으나 선별 지급했을 때는 전체 가구의 평균 소득 감소율(-0.7%)보다 5배 이상 컸다. 이러한 결과는 2020년 2분기에 시행된 전 국민 재난지원금 지급에 따른 결과였다.

2021년 2분기에 가계소득이 감소한 것은 공적 이전소득이 감소했기 때문이다. 게다가 자영업 가구의 사업소득 증가율은 상위

20~40%(+9.5%), 40~60%(+9.1%), 하위 20~40%(+8.3%)가 상위 20%(+3.5%)보다 오히려 높았는데 소득 수준이 높다는 이유로 상위 12%를 배제하는 것은 정당성을 가질 수 없다. 이론적으로나, 경험적으로 88% 지급은 족보가 없다. 역설적으로, 기재부가 제시한 수치가 중요하지 않았음을 드러내는 기준이기도 하다. '전 국민'만 주지 않으면 될 뿐이기 때문이다. 1가지 효과라고 하면, 국민을 설득할 수도 없는 정책을 밀어붙임으로써 기재부가 개혁돼야 할 기득권 집단임을 국민에게 각인시켰다는 점이다.

2

모피아가
재정지출에 반대하는 이유

재정 사유화

모피아는 금융자본의 논리가 내장된 집단이다. 1970년대부터 미국에서 금융화가 진행되면서 기업경영에서 금융자본의 영향력이 증대하고, 그 결과 미국과 영국 등에서 극대화된 단기수익을 추구하는 단기주의Shortermism가 지배했다. 문제는 고용 축소였다. 기업경영이 단기적 수익을 목표로 할 때 수입 극대화보다 비용 최소화에 초점을 맞출 수밖에 없고, 단기적으로 비용 축소의 대부분이 인건비일 수밖에 없다. 기업 구조조정이 상시화되고 고용 유연화로 포장된 고용 불안이 불가피하다. 그 결과로 소득 불평등이 심화한다. 노조의 약화나 정부의 정책적 실패 등으로 인한 생계 압박이 커진 중산층에게 감세 논리가 확산되고, 이와 함께 지원이 꼭 필요한 대상을 중심으로 한 지원(선별복지) 논리도 힘을 얻었다. 1980년 전후부터 부유층에 대한 대규모 감세가 미국과 영국 등을 중심으로 진행된 배경이다.

금융자본은 수익(리스크) 추구를 위해 탈규제를 추구한다. 규제는 정치(정부와 의회)의 영역이다. 금융자본이 정치에 대한 영향력을 확대해온 것은 그 때문이다. 이때부터 월가와 워싱턴의 유착이 노골화하고 금융에 대한 규제가 해체되기 시작했다. 게다가 재정(공적 금융)을 담당하는 재무부 장관을 월가(민간 금융회사) 출신이 장악했다. 실제로 1981년부터 미국 정부의 재무부 장관은 정권과 상관없이 월가 출신이 차지했고, 또 공직을 떠난 후에는 다시 월가로 복귀했다.

이윤을 신앙으로 삼는 금융자본의 논리는 한국에서도 마찬가지였다. 1990년대, 특히 김영삼 정부에서 자리를 잡기 시작했다. 세계화로 포장한 '자발적 금융화'가 그것이다. 경제 운용이 시장에 맡겨질 때 시장은 자본이 독재한다. 민주주의가 시장을 견제해야 하는 가장 큰 이유다. 1980년대 이후 자본은 금융자본으로 주도권이 넘어갔고, 한국에는 1980년대 중반부터 금융시장 개방 압력이 들어왔다. 노태우 정부에서는 금융시장 개방 속도를 조절했지만, 김영삼 정부는 국가 주도의 경제개발을 포기하면서 대안 없이 시장에 경제 운용을 모두 넘겼다. 그리고 금융시장 개방 속도를 최대로 높였다. 그 결과가 잘 알다시피 IMF 외환위기로 나타난 것이다. 금융자본에 대한 무지의 결과였다. 이와 동시에 해체한 경제기획원의 권한을 재무부에 넘김으로써 경제관료는 견제 없는 권한을 갖게 됐다. 군부에 충성(?)했던 경제 엘리트들은 태세를 바꿔 (금융과 재벌)자본의 도구로 전락했다. 자본의 논리가 체화된 경제 엘리트들이 '재정안정주의'를 신봉하기 시작한 것도 이때부터다. 이들은 보수언론과 결탁해 틈날 때마다 외환위기의 트라우마를 이용한다. 국가채무가 증가하면 또다시 외환위기가 올 수 있다는 겁박을 반복하는 것이다. 그런데 한국이 외환위기를 당했던 1997년 국가채무, 정확히 표현하면 정부채무는 GDP 대비 10%에 불과했다. 외환위기 전후로 한국의 국가신용등급은 (S&P 기준으로) AA-에서, 투자를 권유할 수 없을 뿐 아니라 매우 투기적인 수준의 B+로 추락했다. 무려 10등급이 하락한 것이다. 그런데 외환위기 이후 한국의 신용등급은 AA로 위에서 3번째 등급까지 상승했다.

여기서 주목해야 할 사실은 국가신용등급이 11단계나 올라가는 동안 정부채무가 거의 5배 수준까지 올라갔다는 점이다. 국가신용등급과 정부채무 간 상관성이 없다는 사실은 주요 선진국뿐 아니라 싱가포르 같은 개방도가 높고 경제 규모가 작은 나라에도 해당한다. 싱가포르는 정부채무가 급증했으나 항상 최고등급인 AAA를 유지하고 있다. 싱가포르 정부채무는 1990년대 70% 미만에서 현재는 거의 2배 수준인 130%대까지 증가했다. 경상수지 흑자 기조가 지속하고, 외환보유고를 높은 수준으로 유지하고 있기 때문이다. 외국인 투자자 관점에서 볼 때 투자금을 회수하지 못할 확률이 거의 없다고

　　　　　　　　　IV부. '재정안정주의'의 그늘에 숨은 사람들

보는 것이다. 반대로 한국이 외환위기를 겪은 이유는 경상수지 적자가 증가하는 상황에서 적자 부분을 금융시장 개방으로 유입된 외화로 막았는데, 그렇게 금융시장에 투자했던 외국인이 자금을 일시에 회수하면서 외화 유동성에 급격한 위기가 왔기 때문이다.

모피아 기득권의 화룡정점, '재정안정주의'

모피아가 재정지출 최소화를 내용으로 하는 재정안정주의를 집착하는 이유는 자본의 수익성 극대화를 뒷받침하기 위한 것이다. 모피아는 정권의 성격과 관계없이 오직 재정안정주의를 제도화시키고 싶어 한다. '재정준칙'의 도입에 집착하는 것도 이 같은 배경에서 비롯한 것이다. 박근혜 정부에서 시도했다가 당시 야당인 민주당의 반대로 관철을 하지 못했던 재정준칙을 문재인 정부에서도 포기하지 않고 반복하고 있다. 재정준칙 도입을 관철하기 위해 홍남기 장관은 정기국회가 열렸던 2020년 10월 5일 '한국형 재정준칙'의 도입 계획을 발표했다. 무슨 '준칙'에 한국형이 있고, 유럽형이 있고, 미국형이 있다는 것인가? 모피아의 집요함에 혀를 내두르지 않을 수가 없다. 아니 섬뜩하기까지 하다. 1970년대 미국에서 밀턴 프리드먼이 (일정한 상수 비율만큼 시장이 예측할 수 있는 범위로 통화량을 늘려야 한다는) '통화량준칙'을 미국 헌법에 명기하자고 할 때가 떠올랐다. 정권에 따라 금융자본의 이해가 흔들리지 않게 하려는 시도가 21세기 대한민국에서 다시 벌어지고 있는 것이다. 재정준칙은 말 그대로 국가채무 등 재정지표가 일정 수준을 넘지 않도록 정하는 규범이다.

이 재정준칙에는 많은 문제점이 담겨 있다. 그래서 IMF나 세계은행 등에서도 '준칙'으로 규정하기보다 신중한 적용을 권고하거나 아예 부정적인 견해를 보인다. 물론, 재정준칙 도입이 아예 없는 것은 아니다. 재정준칙을 도입한 대표적 사례를 유로동맹(유로존)에서 찾을 수 있다. 하지만 유로화라는 단일통화를 도입한, 즉 개별적인 통화 발행을 포기한 유로존 회원국은 개별적으로 통화정책과 환율정책을 사용할 수 없기에 재정 역시 자율성이 제한돼야 하는 특수적 상황이라는 점을 감안해야 한다. 통화 발행권을 포기한 개별 국가는 재정만으로 경제를 운용해야 하는데 과도한 재정 투입이 인플레이션을 유발할 때 교과서적 처방은 통화량을 축소하는 것이다. 그런데 개별 국가별로 중앙은행이 없는 유로존 회원국은 통화정책을 사용할 수 없고, 인플레이션은 시장금리 인상과 자본 유입, 자산가격의 급격한 상승 등을 유발할 수 있다. 심지어 수출 가격 경쟁력을 떨어뜨려 경상수지를 악화시킬 수도 있다. 유로존 위기는 그 산물이었다. 따라서 유로존의 재정준칙은 유로화 가치 안정성을 확보하기 위한 컨센서스Consensus로 이해하는 것이 옳다. 실제로 유로존 위기에서 보았듯이 자본이 갑작스레 유출될 때 국가채무가 높은 국가는 신뢰 상실로 자금조달 비용이 급증하고, 단일통화로 연결돼 있다 보니 한 회원국의 어려움이 다른 회원국으로 확산한다. 그런데 한국은 독립적인 중앙은행을 가진 국가라는 근본적인 차이를 갖는다.

이와 함께 당시 경제이론은 통화정책으로 경제 문제를 대부분 해결할 수 있다는 믿음이 지배했다. 그런데 유로존 재정준칙에서 제시했던 'GDP 대비 국가채무 비율 60% 이내'와 '재정수지 적자 3% 이내'에 대해 유로존 당국이 경제적 정당성을 제시한 적이 없다는 사실을 기억해야 한다. 1990년대 초반 유럽 주요국들의 국가채무 비율을 평균으로 산출했을 때 60% 내외였던 것으로 알려져 있을 뿐이다. 그것도 명목성장률 5%와 이자율 4~5%를 전제로 한 것이다. 2000년대에 명목성장률이 하락하면서 유럽 주요 국가에서 국가채무 비율이 상승한 배경에서 그 기준점을 찾은 것으로 보인다. 경제학 교과서는 경제성장률이 이자율보다 높게 유지되고 재정적자가 크지 않는 한 국가채무는 증가할 가능성이 없다고 말한다. 하지만 글로벌 금융위기 이후 초저금리가 지속하면서 높은 국가채무 비율을 감당할 여력이 생겨났다.

금융위기 이후 국가채무 비율에 관한 연구는 경제성장에 부정적으로 영향을 미치는 수준에 집중됐다. 이조차 시기마다 차이를 보였고, 팬데믹 이전 상황에 대한 실증연구에 집중됐으며, 국가채무 비율이 약 90% 이상부터 경제성장에 부정적으로 작용한다는 보고가 있을 뿐이다. 결론적으로 말하면, '국가채무 비율이 어느 정도가 적정한가?'라는 질문에 대해서는 '모른다.'가 정답에 가깝다. 무엇보다 민간채무와 달리 국가채무의 원금은 만기 때 국채 재발행으로 이른바 돌려막기가 가능하다. 유로존 위기가 스페인에서 이탈리아까지 확산할 당시 유럽중앙은행ECB이 무제한 국채 매입을 선언하자 유로존 위기가 급속히 진정됐는데, 이것도 같은 맥락으로 이해할 수 있다.

그렇다면 이렇게 가변적인 요인이 많은 재정준칙을 굳이 이 시점에 도입하려는 의도가 무엇일까? 재정준칙은 심각한 경제위기 시 준칙 적용을 예외로 하고 있지만, 기본적으로 정권 변화와 관계없이 선출 권력의 재정 사용을 제한하겠다는 것이다. 재정자원 배분에 대한 기재부 권한을 제도화하겠다는 것이다. 지금도 국회는 기재부가 제출한 예산 규모나 새로운 항목(비목)을 증가시킬 수 없다. 더욱이 또 다른 선출 권력인 대통령(청와대)의 권한도 제한하겠다는 것이다. 매년 5월에는 국가재정전략회의가 대통령 주재로 열린다. 재정은 국가를 경영하는 데 있어서 핵심 자원이다. 국정 방향이나 목표 등에 따라 재정 운용이 결정된다. 2019년 국가재정전략회의에서 대통령이 '과감한 재정정책'을 주문하자 이 자리에서 홍남기는 "GDP 대비 국가채무 비율의 마지노선을 40%로 본다."라며 신중한 접근이 필요하다며 반론을 제기했다. 이를 두고 보수언론에서는 장관이 대통령에게 '고언'을 드렸다고 두둔했는데, 특권층 카르텔의 공동전선을 펼친 것일 뿐이다. 이에 대해 문재인 대통령은 "미국은 107%, 일본은 220%, OECD 평균이 113%인데, 우리나라는 40%가 마지노선인 근거가 무엇이냐?"고 되물었다. OECD 평균 수치를 언급하지 않았다면 미국과 일본 등은 기축통화국이라 우리와 사정이 다르다며 반박했을 것이다. 대통령의 질문은 합리적이었다. 40%라는 수치는 경제학의 족보는 물론이고 세계 어느 나라에서도 사용한 적이 없는 수치이기 때문이다. 마지노선이라 완강하게 주장했던 40% 선이 일찍이 무너졌는데 대한민국에는 아무 일이 일어나지 않고 있다.

여기에 국가신용등급도 개선되고 있다. 국제금융시장에서 투자자들이 평가하는 국가신용이 국채 CDS 프리미엄이다. CDS Credit Default Swap란 신용이 지켜지지 않았을 때 발생하는 리스크(손실)를 떠안아주겠다는 파생상품이다. 즉, 금융상품은 정도 차이가 있을 뿐 100% 안전한 투자상품이 없다. 각 국가가 발행한 국채가 만기가 되었을 때 상환을 하지 못하면 투자자는 손실을 본다. 이 손실을 막기 위한 장치를 만들고 싶고, 이러한 수요를 이용해 만든 상품이 CDS 다. 2021년 9월 9일 기준 한국채 5년물 CDS 프리미엄이 17.58bp였다. 1bp는 0.01%로 0.1758%라는 말이다. 한국채 5년물에 투자한 사람이 투자 위험에 대해 안전장치를 마련하고 싶어서 이 상품에 투자한다고 가정했을 때, 1년에 0.1758%의 수수료를 내고 한국채에 대한 투자금을 회수하지 못할 때 보상을 받는, 이른바 금융상품에 대한 보험상품이라고 이해하면 된다. 참고로, 한국채 5년물 CDS 프리미엄은 문재인 정부 출범 당시 약 56bp였으나 2021년 8월 말부터는 18bp 아래로 하락했다. G7 회원국 중 이탈리아, 캐나다, 프랑스를 제치고 일본 국채 CDS 프리미엄과 엎치락뒤치락할 만큼 한국채에 대한 국제 금융시장의 평가가 크게 개선된 상황이다. 겉으로는 재정을 든든히 하겠다는 명분을 내세우지만 실제로는 다른 의도가 있음을 짐작하게 하는 대목이다.

문제는, 특권층 카르텔이 재정을 사익 추구의 수단으로 삼을 때에는 재정지출을 반대하지 않는다는 점이다. 사실 국가채무의 연평균 증가율을 보면 문재인 정부(2017~2021년)의 9.0%는 박근혜 정부

[표4.1] — 문재인 정부 출범 후 국가채무 변동 폭(단위: %)

일반정부 채무(D1) 변동 폭(국제결제은행, 시장가치 기준)							
높은 국가군	2017년 1분기	2020년 4분기	변동 폭 (%p)	낮은 국가군	2017년 1분기	2020년 4분기	변동 폭 (%p)
대한민국	**38.5**	**44.7**	**6.2p**	덴마크	42.8	48.9	6.1
그리스	174.1	222.7	48.6	폴란드	55.8	60.6	4.8
미국	97.5	132.0	34.5	독일	73.6	76.8	3.2
이탈리아	148.2	177.0	28.8	헝가리	81.6	84.1	2.5
캐나다	86.5	115.1	27.7	룩셈부르크	24.8	26.2	1.4
스페인	111.5	139.2	30만	스위스	31.0	31.5	0.5
일본	211.2	237.9	26.7	스웨덴	44.6	41.8	-2.6
영국	111.6	134.4	22.8	체코	43.7	40.2	-3.5
프랑스	112.8	134.6	21.8	네덜란드	67.5	63.0	-4.5
호주	39.6	60.6	21.0	아일랜드	85.0	65.9	-19.1
벨기에	122.6	138.6	16.0				
칠레	23.6	38.2	14.6				
이스라엘	67.4	80.5	13.1				
포르투갈	136.6	149.4	12.8				
터키	28.9	39.1	10.2				
노르웨이	40.0	47.0	7.0				
오스트리아	93.0	99.6	6.6				
핀란드	68.4	74.7	6.3				

D2(일반정부+비영리 공공기관 채무, IMF)							
높은 국가군	2016년	2020년	변동 폭 (%p)	낮은 국가군	2016년	2020년	변동 폭 (%p)
대한민국	**37.6**	**47.9**	**10.3p**	독일	69.1	69.7	0.6
미국	106.8	133.6	26.8	인도네시아	28.0	36.6	8.6
캐나다	91.8	117.8	26.0	러시아	16.1	19.3	3.2
이탈리아	131.4	155.8	24.4	멕시코	56.8	61.0	4.2
중국	44.2	66.3	22.1				
인도	67.7	89.4	21.7				
스페인	99.0	120.0	21.0				
브라질	78.3	98.9	20.6				
사우디 아라비아	13.1	82.5	19.4				
일본	236.3	254.6	18.3				
호주	40.5	58.1	17.6				

자료: 국제결제은행

(2013~16년)의 9.1%와 비교할 때 비슷하기 때문이다. 모피아의 재정 안정주의로 인해 (팬데믹을 겪었던 2020년 말까지) 문재인 정부에서 국가채무 비율의 증가 폭은 G7 국가들의 18~28%에 불과했다. 팬데믹 상황이었던 2020년을 제외하면 문재인 정부(2017년 3월~2019년 말)에서 국가채무 비율은 0.7%p만 증가했을 뿐이다.

한국은 국제적 기준으로 볼 때도 국가가 돈을 지나칠 정도로 사

[표4.2] ─ 문재인 정부 출범 이후 가계채무 변동 폭(단위: %)

	2017년 1분기	2020년 4분기	변동 폭 (%p)		2017년 1분기	2020년 4분기	변동 폭 (%p)
대한민국	**87.3**	**103.8**	**16.5p**	덴마크	116	111.9	-4.1
그리스	60.4	58.9	1.5	폴란드	36	34.9	-1.1
미국	76.8	79.5	2.7	독일	53.2	58.8	5.6
이탈리아	41.1	44.9	3.8	헝가리	19.7	21	1.3
캐나다	102.8	112.2	9.4	룩셈부르크	64.2	70.8	6.6
스페인	63.6	62.5	-1.1	스위스	123.1	132.7	9.6
일본	57.6	65.3	4.5	스웨덴	86.2	95.3	9.1
영국	85.5	90.0	4.5	체코	31.1	34.0	2.9
프랑스	57.5	68.7	11.2	네덜란드	110.6	104.6	-6.0
호주	123.5	123.5	0	아일랜드	51.3	35.3	-16.0
벨기에	58.7	67.7	9.0				
칠레	42.6	48.2	5.6	아르헨티나	6.0	5.6	-0.4
이스라엘	41.3	44.1	2.8	브라질	30.7	36.9	6.2
포르투갈	71.7	68.3	-3.5	중국	45.4	61.7	16.3
터키	17.4	17.5	0.2	콜롬비아	26.31	32.0	3.69
노르웨이	102.1	114.9	12.8	홍콩	67.6	91.2	13.6
오스트리아	50.1	53.2	3.1	인도	31.5	37.7	6.2
핀란드	64.2	69.3	5.1	인도네시아	16.9	17.8	0.9
				말레이시아	67.9	76.4	8.5
뉴질랜드	92.0	97.6	5.6	멕시코	16.0	17.4	1.4
러시아	15.4	22.1	6.7	사우디 아라비아	13.2	14.6	1.4
남아공	33.9	36.1	2.2	싱가포르	55.9	55.4	**-0.4**
				태국	68.8	77.8	9.0

자료: 국제결제은행, 43개국

용하지 않고 있으며, 그 피해를 고스란히 가계가 짊어지는 상황이다. 국제결제은행BIS이 발표한 43개 국가를 대상으로 문재인 정부의 가계채무 비율 증가 폭은 1등이었다.[표4.2] 팬데믹 상황인 2020년만 보더라도 4번째로 높았다. 주목할 점은 금융위기를 겪었던 국가들이 공통적으로 가계채무를 성공적으로 관리했다는 사실이다. 미국과 영국, 유로존 위기를 겪었던 이른바 '집시' 국가들(그리스, 이탈리아, 아일랜드, 포르투갈, 스페인) 그리고 1990년대 초 자산시장 거품 붕괴 이후 잃어버린 30년을 경험한 일본 등 모두 국가채무가 많이 증가했으나, 가계채무는 높게 증가하지 않도록 관리했다. 더구나 국가채무 비율이 130%대를 기록하는 싱가포르조차 우리나라의 약 절반 수준밖에 되지 않음에도 가계채무 비율이 줄었다는 점이다. 왜 그랬을까? 가계가 정부보다 채무에 취약할 뿐 아니라 가계채무가 문제 될 때 은행 부실로 이어지고, 은행 부실은 공적자금 투입으로 이어져 국가 재정의 안정성도 담보되지 않는다는 사실을 모두가 아는 것이다. 게다가 가계가 파산할 경우 내수마저 크게 훼손돼 경기회복에 도움이 되지 않는다는 사실을 이해하기 때문이다. 이에 반해 한국은 팬데믹 상황에서도 가장 빨리 경제가 회복되고 있는 나라임에도 불구하고 양극화가 심화하는 모습을 보인다. 기업 설비투자나 수출이 빠르게 회복되며 2021년 3분기 현재 실질 GDP는 팬데믹 이전에 비해 3% 증가했으나, 가계소비는 여전히 2.4% 이상 회복하지 못한 형편이다. 업종별로 보더라도 문화 부문의 실질소득은 팬데믹 이전보다 18%가 감소한 데 비해, 금융 및 보험 부문의 소득은 13%

나 증가했다. 정부 지원이 부족한 가운데 민간 금융회사들은 가계와 소상공인 등의 고통 속에 성장을 구가한 것이다. 내수가 안정되지 않고 어떻게 국가 재정이 안정될 수 있겠는가?

재정은 금융과 더불어 돈의 배분과 관련된 핵심 영역이다. 민간 영역에서 돈의 배분을 맡고 있는 것이 금융이라면, 공공영역에서 돈의 배분을 수행하는 것이 재정이다. 재정 배분을 부패 카르텔과 연결된 모피아에게 맡겨두는 한 서민이나 소상공인 등에게 배분될 돈은 적을 수밖에 없고, 지금의 불평등은 심화할 수밖에 없다. 재정자원의 공정한 배분을 위해서 재정에 대한 권한을 모피아로부터 국민이 회수해야만 한다. 이것은 재정 민주주의 문제인 것이다.

'나랏돈'이 쌓인다는데,
무엇이 문제일까?

모피아는 왜 재정지출 최소화에 목매는 것일까? 이를 이해하기 위해서는 모피아의 탄생 배경을 알아야 한다. 한국의 고도성장기는 군부독재의 통치 기간이었다. 당시 경제 엘리트 관료는 군부독재라는 물리적 폭력에 기반한 권력의 도구 역할을 충실히 수행했다. 그런데 문민정부를 표방한 김영삼 정부가 집권하면서 구도에서 주요한 3가지 변화가 발생했다.

첫째, 군부독재를 청산하고 문민화를 진행하면서 국가 주도를 '악'으로 규정하고, 경제의 국가 주도를 시장 주도로 전환했다. 이 과정에서 사회적 자산인 재벌기업을 재벌총수의 배타적 개인 소유물로 전락시켰다. 재벌기업은 대주주뿐만 아니라 (한국의 고도성장에서 정책금융이 결정적 역할을 했듯이) 사회 전체가 키운 것이었다. 기업경영이 부실화될 때 재정이나 한국은행의 특별융자 등이 투입된 것은 잘 알려진 사실이다. 그래서 군부 권력이 공공연히 재벌에게 정치자금을 요구할 수 있던 것이다. 재벌이 재벌 총수의 개인 소유물이 아니라 권력이 만들어주었다는 인식이 깔려 있던 것이다. 이후 김영삼 정부는 재벌기업에 대한 사회적 통제를 포기하고, 권력을 시장에 넘기기 시작했다. 그리고 고삐가 풀린 재벌자본이 시장 권력의 중심이 되는 것은 자연스러운 결과물이다. 자본이 수익을 추구하는 것은 자연스러운 성향이지만, 한국의 자본은 기존의 주요 선진국들이 그랬던 것과 비교해 부의 축적에서 정당성이 부족하다. 실제로 선진국의 자본은 '혁신'이 부의 축적에서 차지하는 지분이 꽤 있으나, 한국의 자본은 재벌을 생각하면 '정경유착' 이미지가 연상되듯이 혁신보다는 불공정한 방식으로 부를 축적한 것이 사실이다. 불공정은 국민의 희생으로 이어졌다. 한국의 재벌 중심 경제 시스템의 특징을 '이익의 사유화와 손실의 사회화'로 규정하는 이유다.

둘째, 세계화로 알려진 '자발적 금융화'를 추진했다. 미국 월가와 워싱턴이 추진한 자본자유화와 그에 따른 금융시장 개방 압박이 한국에도 1980년대 후반부터 밀려왔다. 압박을 받은 군부 정권에서는 점진적 개방을 추진했는데, 김영삼 정부에서는 '압박'에 의한 개방이 아니라 '필요'에 의해 적극적 개방으로 방향을 전환했다. '자발적 금융화'라고 표현한 이유다. 당시 추진했던 OECD 가입도 적극적 금융시장 개방과 관련이 있다. 그러나 김영삼 정부는 지나치게 금융에 대해 무지했고,

그 결과로 외환위기라는 값비싼 대가를 치러야만 했다. 자발적 금융화와 더불어 외환위기 이후 사실상 금융시장의 완전 개방으로 한국의 금융 부문은 월가(자본) 논리로 재구성됐다. 시장 권력이 국내 재벌자본과 해외 금융자본으로 재편됐다.

셋째, 김영삼 정부는 국가 주도로 경제를 운영할 때 군부 권력의 목표를 기획할, 즉 국가의 중장기 발전전략을 수립하는 역할을 경제기획원을 해체하고, 재무부에 통합시켰다. 중장기 발전전략부터 예산과 기금 배분, 세제, 화폐와 외환 등 경제와 관련된 모든 권한을 가진 공룡 경제관료 조직인 재정경제원이 등장한 것이다. 경제 중심의 국가 운영에서 재정경제원은 사실상 내치와 관련된 대부분 권한을 장악했다. 군부 권력처럼 자신들을 통제했던 국가권력이 없어진 상황에서 새롭게 부상한 시장 권력인 재벌자본 및 금융자본과 결합했다. 재벌 대기업과 금융자본 등의 이해 논리가 경제관료에게 내재화됐고, 이들이 바로 '모피아'로 발전한 것이다. 현직에 있을 때 재벌 대기업과 금융자본의 이익을 위해 복무하던 경제관료는 퇴임 후 재벌 대기업이나 민간 금융기관 그리고 이들을 고객으로 삼고 있는 대형 로펌 등으로 이동해서 로비스트 역할을 수행한다. 은행자본의 이익단체인 은행연합회 회장, 2금융권의 대표적인 저축은행 이익단체인 저축은행중앙회 회장, 카드회사들의 이익단체인 여신전문협회 회장, 손해보험협회 회장, 심지어 자본시장 이해관계자들을 회원사로 가진 한국거래소 이사장 등이 모두 기재부 혹은 기재부와 사실상 한 몸인 금융위원회 출신이다. 재벌 대기업도 다를 바가 없다. 김영삼 정부 때 재정경제원 장관을 하고, 이명박 정부에서

국무총리를 한 한승수나 노무현 정부에서 재정경제원 장관을 한 한덕
수 등은 김앤장의 사실상 로비스트 역할을 하는 고문직을 수행한 것을
상기하면 된다. 김영삼 정부에서 재경원 출신으로 강만수와 더불어 (시
민단체 등으로부터) 외환위기 주범 중 한 명으로 지목됐던 윤증현은 김앤
장 고문으로 있다가 이명박 정부에서 기재부 장관으로 화려하게 돌아
왔다. 또한, 이명박 정부에서 정무수석, 국정기획수석, 노동부 장관, 기
재부 장관을 하며 이명박과 처음과 끝을 같이 했던 박재완은 공직을 떠
난 후 (이건희 사면의 공로를 인정받아?) 현재 삼성전자 이사회 이사장직을
수행하고 있다. 이처럼 모피아는 새로운 권력인 재벌 및 금융자본과 사
실상 한 몸이 되어 엘리트 카르텔형 부패구조의 중심에 있다. 모피아가
재정지출 최소주의(재정안정주의)를 추구하는 이유도 자본의 이해를 대
변하기 때문이다.

3

제2의 윤석열, 최재형은 계속된다

언론, 검찰, 모피아

한국 사회에서 열심히 살아가는 보통사람의 삶이 힘든 이유는 기본적으로 구조화된 불공정과 부패에서 비롯한다. 다만, 지난 5년간 한국 사회에 커다란 변화가 일어났다. 앞서 소개했듯이, K-민주주의와 그 주인공인 촛불시민이 K-방역과 대한민국의 대외적 위상의 변화를 만들어낸 것이다. 그 결과로 우리 사회의 부패를 구조화시키는 반칙과 특권이 더는 양립하기 어려워진 조건이 만들어졌다. 그러나 여전히 부패구조의 중심에 '자본-엘리트 관료집단-언론' 동맹이 존재한다. 촛불시민이 중심이 되어 언론 개혁과 검찰 개혁, 모피아 개혁 등을 완수해야 하는 이유다. 오래전부터 (이윤을 신앙으로 삼는) 자본의 도구로 전락한 보수언론과 사주의 주문에 따르는 기자 자신이 조롱의 대상으로 전락할 만큼 언론에 대한 신뢰가 바닥에 떨어졌다. 그중에도 검찰 개혁은 차원이 다른 문제다. 사회 공동체와 국민을 위해 사용하라고 부여한 검찰 권한이 검사 개인 혹은 검찰조직의 이익을 위해 사용되는, 검찰권이라는 공공자원의 사유화 문제가 드러난 것이다. 공공자원의 사유화는 검찰만의 문제가 아니라 주요 권한이 집중된 관료조직에서 만연된 문제라는 것이 드러났다. 내부정보를 활용해 투기한 LH 직원들의 일탈부터 재정 운용에서 경제관료 집단의 독선적인 모습까지, 국민이 부여한 권한을 개인이나 조직의 사익 추구에 사용함으로써 국민의 부담을 가중시킨다.

공공자원의 사유화는 민주화 과정에서 청와대 권력에만 초점을 맞추고, 국민의 생활에 실질적 권한을 행사하는 관료조직에 대한 민주적 통제를 간과한 데서 비롯한다. '대통령만 바뀌었을 뿐'이라는 한탄이 나오는 이유이기도 하다. 군부독재를 타도하고 평화적 정권교체와 뒤이은 참여정부의 등장에도 불구하고 보통사람의 삶은 여전히 힘들었고, 부동산 정책이 실패하면서 '이명박근혜'로 이어지는 '반동의 시간'으로 되돌아갔다. 반민주적 적폐는 다시 기승을 부렸다. 이들은 대통령직까지 사익 추구의 수단으로 삼았다. 이명박은 횡령, 뇌물수수 등으로 징역 17년과 벌금 130억 원, 추징금 57억 8,000만 원이 선고됐다. 박근혜 역시 뇌물과 공천개입 등 혐의로 징역 22년과 벌금 180억 원, 추징금 35억 원이 선고됐다. 이들은 국민으로부터 부여받은 권한을 사용해 사익을 추구하고, 그 권한을 함부로 남용해 국정 혼란을 일으킬 정도로 공적 자원의 사유화에 대한 어떠한 죄의식도 없다.

문제는 대통령직은 선출 권력이므로 국민의 심판을 받을 수 있지만, 관료집단은 자신이 가진 권한으로 행해지는 개인이나 조직의 이익추구를 막을 장치가 없다는 것이다. '검사는 누군가를 죽이는 수사로 명성을 얻고, 또 누군가를 덮는 수사로 돈을 얻는다.'라는 말이 회자하고, 검찰의 검사 대상 불기소율이 99%에 달할 정도로 검사의 자기 식구 감싸기가 질타를 받는 상황이다. 사익 추구에 공적 자원을 사용하고 그 동원의 피해는 고스란히 국민의 몫이다. 이렇듯 공적 자원의 사유화는 반칙을 통해 법 위의 특권을 누리고, 사익 추구의 수단으로 삼는 특권층 카르텔(부패세력)의 원천이다. 저들이 노무현 대통령을 철저히 제거하려 했던 이유도 노무현 대통령이 꿈꿨던 '사람 사는 세상'이 저들의 반칙과 특권을 부정했기 때문이다. 마찬가지로 "대한민국은 모든 권력이 문재인에게서 나오는 문주文主공화국"(〈조선일보〉, 2020년 7월 2일)이라며 문재인 대통령을 조롱한 이유도 문재인 대통령이 꿈꾸는 나라가 평등과 공정과 정의의 나라였기 때문이다. 저들은 이제 이재명을 죽이기 위해 모든 수단을 동원하고 있다. 이재명의 억강부약抑強扶弱 대동세상大同世上이 특권층의 나라를 부정하기 때문이다. 대한민국이 진짜 선진국이 되기 위해서는 공적 자원의 사유화를 해체하고 공적 자원에 대한 민주적 통제를 만드는 제2의 민주화가 필요하다.

반칙에 기초해 특권을 누려왔던 부패세력은 제2의 민주화에 저항할 수밖에 없다. 홍남기 부총리가 자신의 의지가 막힐 때마다 "직을 걸겠다." 혹은 "직을 던지겠다."라며 저항하는 이유도 같은 배경에서 출발한다.

문재인 정부 지지자 중 일부는 "대통령이 왜 홍남기를 교체하지 않는지 모르겠다."라고 불평을 한다. (대통령에게 직접 확인한 것은 아니지만) 문재인 대통령의 고민은 한마디로 곤혹스러움이다. 자신이 임명했기에 문재인 정부의 사람이라고 한 사람들(윤석열, 최재형, 김동연 등)이 공직을 떠나 자신에게 반기를 드는 모습이 모욕적일 것이다. 문재인 정부에서 초대 육군 참모총장과 공군 참모총장을 지낸 김용우, 이왕근 예비역 대장이 윤석열 캠프에 합류했다. 이런 상황에서 최장수 경제부총리를 지낸 홍남기마저 교체 후 야당에서 후보로 영입하는 일만큼은 피하고 싶을 것이다. 게다가 홍남기는 민주당 대선후보 경선 중 한 명이었던 이낙연 전 총리의 사람이다. 문재인 정부 초대 총리인 이낙연 전 총리의 수족이나 다를 바가 없는 초대 국무조정실장을 지냈고, 경제부총리 자리로 옮겨갈 때도 이낙연 전 총리의 강력한 추천이 있었다. 더욱이 홍남기는 민주당의 또 다른 경선 후보였던 이재명 전 경기지사와 여러 번 충돌을 한 사람이다. 민주당 대선후보 경선 과정에서 철저한 중립을 지켜야 하는 문재인 대통령이 (선별 지원을 고집하는) 홍남기를 경질했다면 (전 국민 지원을 주장하는) 이재명에 대한 지지이자 이재명 전 지사의 기본소득을 공격해 왔던 이낙연, 정세균 전 총리를 반대하는 것으로, 충분히 논란거리가 됐을 것이다.

그러나 이 문제의 본질은 문재인 정부의 지지층인 촛불시민과 특권층 카르텔의 충돌이다. 스스로 촛불정부를 자임하는 문재인 정부와 기득권을 지키려는 부패세력은 양립하기 어렵다. 보수언론이 문재인 정부의 성과조차 가짜뉴스로 공격을 하는 진짜 이유다. 보수언론과 같은 목표를 가진 엘리트 부패집단(경제관료, 판검사 등)이 자신이 동원할 수 있는 권한을 가지고 저항하며, (경제력 격차⇒교육 격차⇒공적 자원 사유화⇒부의 대물림 등을 내용으로 하는) 특권층 카르텔 재생산 구조에서 수혜를 입은 전문가 집단들(의사, 변호사 등)과 그들의 자녀들(일부 SKY대생)까지 저항하는 것도 모두 같은 맥락에서 이해할 수 있다. 이들은 자신 스스로 '주류'라고 규정하고, 한국이 자신들의 나라라고 생각한다. "대한민국의 주권은 국민에게 있고, 모든 권력은 국민으로부터 나온다."라는 촛불시민을 조선시대의 상민常民이나 심지어 노비로 보는 것이다.

'뛰는' 청와대 권력 위에 '나는' 부패 세력의 권력 있다

문재인 정부가 부패세력의 구조에 대한 이해가 부족했다는 점을 솔직히 인정해야 한다. 청와대를 모피아에게 점령당하고 자신에게 반기를 든 인사들을 기용한 것에 대한 비판을 피하기 어렵다. 물론 탕평의 차원에서 인사를 했으나 협치를 거부했다고 변명할 수 있다. 그러나 윤석열과 홍남기가 아니었더라도 마찬가지 결론이었을 것이다. 그 어느 검사나 경제관료를 앉혀도 제2 윤석열, 제2 홍남기가 될 가능성이 큰 것은 그 자리가 검찰과 모피아 조직의 이익을 지켜야만 하는 자리이기 때문이다. 결국, 어렵지만 조직을 해체하는 수준에서 재구성했어야 한다. 대한민국의 견고한 특권층 카르텔, 부패 카르텔에 대한 이해가 부족했던 것이다.

문재인 정부를 지지했든 문재인 정부의 인사와 정책에 실망했든 그것이 특별히 중요한 것은 아니다. 무엇보다 K-민주주의의 주체인 촛불시민이라면 특권층 카르텔(부패세력)을 용인해서는 안 된다. 공정 사회(사람 사는 세상)를 추구한다는 점에서 우리 사회의 특권, 즉 축재와 권력 장악을 통해 법 위의 존재로 군림하려는 카르텔에 맞서야 한다. 부패세력은 자신의 특권을 위협하는 K-민주주의와 촛불시민을 눈엣가시로 여길 수밖에 없다. 부패세력이 촛불시민을 끊임없이 파편화시키고, 분열시키려는 이유도 여기에 있다. 홍남기의 88% 재난지원금 지급이 촛불시민의 분열에 한몫했음을 상기할 필요가 있다. '재산세 과세표준 기준을 초과하는 성골(3%), 금융소득 기준을 초과하는 진골(상위 7%), 보험료 기준을 초과하는 6두품~4두품(상위 12%), 재난지원금을 받는 평민(상위 90%), 재난지원금+10만 원을 받는 노비(상위 100%)'라는 내용의 '재난지원금 신분 계급표'가 희화화돼 시중에 떠돌기도 했다. "노예인데 가족과 묶여 성골로 분류돼 받지 못했다."라는 푸념이나 "평민으로 분류돼 재난지원금 받았지만 좋아해야 하는지 모르겠다."라는 식의 자조 섞인 글도 떠돌았다.

반칙으로 특권을 재생산하는 부패세력이 일본의 경제침략 과정에서 문재인 정부를 비난하고, K-방역이 실패하기를 바라는 이유도 촛불정부의 지지율을 붕괴시킴으로써 '주류'의 나라를 복원하려는 것이다. 우리 자녀들이 살아갈 나라를 다시 야만이 지배하는 세상으로 되돌리려는 것이다. 4·15 총선 전 검찰과 야당에 의한 선거 개입도 국회를 장악해 공수처 설치를 무력화시키는 한편, 문재인 정부를 식물 정권으로 만들고, 정권을 교체하는 데 목적이 있었다. 그러나 이들의 노력에도 불구하고, 촛불시민들은 아베의 경제침략, 공수처 설치 관철, 대구발 코로나 위기 등을 딛고 K-방역을 만들어냈으며, 부패세력의 기도를 잘 막아냈다. 그리고 다시 문재인 정부의 부동산 정책 실패를 틈타 촛불시민을 분열시키고 있지만, 촛불시민은 제2 민주화의 길로 전환하고 있다. 촛불시민이 파편화되지 않는 한 제2 민주화로, 대한민국은 20세기의 선진국과 또 다른 선진국이 될 기회를 맞이하고 있는 것이다.

국민의힘 후보로 윤석열이 결정됨으로써 20대 대선 구도는 명확해졌다. 국민이 진짜 주인인 나라를 만들 것인가? 검찰 공화국을 만들 것인가? 조국의 완전독립을 만들 것인가? 친일 사관을 가진 '토착왜구'의 나라로 돌아갈 것인가? 억강부약 대동세상을 만들 것인가? 반노동과 친자본의 나라를 만들 것인가? 검찰 공화국이 분단과 식민지의 유산이라는 점에서 20대 대선은 또다시 한일전이다.

4

경제관료 못 잡으면
'K-민주주의' 없다

'늘공' 통제 시스템

제2 민주화의 핵심은 개혁과 더불어 재정과 금융 민주화다. 모두 공적 자원의 사유화에 기초한 부패 카르텔을 해체하는 출발점이기 때문이다. 모피아 개혁은 재정과 금융의 민주화를 의미하고, 이는 경제관료의 제자리를 찾아주는 일이다. 경제관료는 (예산과 기금 배분 등) 재정에 대한 권한으로 정부조직 및 국회(의원)를 지배하고, 세제에 대한 권한으로 부동산 등 경제정책에 영향을 미치며, 화폐 발행 권한을 이용해 한국은행의 통화 배분에도 영향을 미친다. 그리고 경제관료는 국무총리실 산하의 금융위원회와 국무조정실도 장악함으로써 국무총리를 통제할 수도 있다. 이는 선출 권력인 대통령이 국

IV부. '재정안정주의'의 그늘에 숨은 사람들

무총리와 장관들을 임명해도 사실상 경제관료가 행정부에 대한 영향력을 행사할 수 있음을 의미한다. 이렇게 무소불위의 권한을 갖고 있다 보니 툭하면 "직을 걸겠다."라며 '영웅 놀이'를 하는 것이다. 정치적으로 극한 대립이 일상화된 한국 사회에서 대통령에게 부담을 주는 것은 야당 진영의 영웅으로 등극할 수 있음을 의미하기 때문이다. 윤석열 전 검찰총장이 검찰 권한을 활용해 대통령 인사권에 도전하고 대통령이 임명한 장관과 참모들에 대해 먼지털이식 수사를 하며 스스로 '정권에 항거한 투사'의 이미지를 만들어 야당의 대선 후보로 부상한 것이 대표적인 예다. 이 모든 일은 권한의 집중과 독점에서 비롯되는 것으로 민주주의 원리인 견제와 균형 장치가 없어 발생한 것이다. 검찰 개혁이 고위공직자범죄수사처(공수처) 도입 등 검찰에 집중된 권한을 분산시키는 방향으로 진행되는 이유이기도 하다. 이런 맥락에서 경제관료의 제자리를 찾아주는 정부조직법의 전면적인 수술이 필요하다. 이를테면, 청와대의 정책실과 국무총리 산하 국무조정실을 통합하고, 기재부의 예산·기금 편성 및 세제 업무를 선출 권력이 통제하고, 중장기 국가발전전략 수립 기능을 청와대로 회수해 대통령의 국정철학을 실행하는 핵심단위로 만들어야 한다. 그리고 이곳의 인적자원들이 장관들을 따라가서 각 행정부서의 관료를 통제해야 한다.

또한, 조직 개편과 더불어 기본소득과 기본금융과 기본주택 등을 재정과 금융 민주화의 출발점으로 삼아야 한다. 기본소득형 재정시스템은 조세저항을 넘어설 수 있을 뿐 아니라 재정 배분에서 경제관료의 개입을 줄이는 효과가 있다. 기본주택 역시 경제관료와 (재벌) 건설자본과 금융자본과 보수언론 등의 유착, 즉 부동산 카르텔을 해체할 수 있다. 근본적인 금융 민주화를 위해서 무엇보다 한국은행을 국민의 품으로 돌려놓아야 한다. 현재 한국은행은 모피아와 자본의 수중에 있다. 한국은행의 주요한 결정은 7인의 금융통화위원으로 구성한 금융통화위원회에서 결정한다. 7인 중 기재부 장관 추천 1인, 금융위원장 추천 1인, 은행연합회 회장 추천 1인, 대한상공회의소 회장 추천 1인 등 4인이 모피아와 자본의 몫이다. 금융위원장은 기재부 출신이고, 은행연합회 회장도 기재부 출신이 맡기에 3인이 모피아의 몫이고, 대한상공회의소는 산업자본의 이익단체이기 때문이다.

국민의 세금으로 만든 한국은행, 그런데 왜 국민은 대출할 수 없을까

한국은행의 힘은 화폐 발권력에서 나온다. 교과서에 중앙은행은 정부의 은행, 시중은행의 은행으로 정의돼 있다. 경제학 교과서에서 중앙은행과 시중은행을 합해 화폐제도 혹은 통화금융기관이라 부르는 이유는 이들이 국가 법정화폐의 독점적 수혜자이기 때문이다. 이는 중앙은행의 탄생 배경과 관련이 있다. 중앙은행 시스템은 은행자본과 국가권력 간 이해 타협의 산물이다. 1694년 설립된 영란은행BOE의 탄생 과정을 보면 이해하기 쉽다. 권력 투쟁(귀족 전쟁)의 결과물인 유럽의 절대왕정은 대외 팽창을 위해 전쟁자금의 안정적 조달이 필요했던 데 비해, 은행은 금 확보 없이도 자신이 발행하는 은행권(은행화폐)에 대한 신용 확보가 과제였다. 당시 은행은 자신이 발행하는 은행권을 금으로 교환해준다는 약속하에 유통시킬 수 있었다. 시중은행이 발행하는 자기앞수표를 생각하면 된다. 자기앞수표를 믿고 거래하는 이유는 법정화폐로 언제든 교환된다는 믿음 때문이듯이, 당시에 은행권에 대한 믿음은 금으로 교환해준다는 믿음으로 가능했다. 그런데 금 보유량은 한계가 있을 수밖에 없었기에 은행권 발행 역시 제한적이었다. 반면, 차입으로 전쟁자금을 조달했던 왕은 과도한 차입금을 상환하지 못해 파산 위험에 직면하곤 했다. 이에 런던의 은행업자들은 왕의 차입금, 즉 국가가 발행한 채권(국채)을 은행이 인수해주고 상환 부담을 (반영구적으로) 면제해주는 대신 국민이 납부하는 세금을 자신이 발행한 은행권으로만 납부할 수 있는 '특혜'를 요구했다. '국가(법정)화폐의 등장' 배경이다. 중앙은행의 법정화폐 발행권이 국가의 조세권으로 뒷받침된 것이다. 국가채무는 원금 상환 부담이 없다는 점에서 민간채무와 다르다고 말했는데, 이 차이는 (은행자본과 국가권력 간 이해 타협의 산물인) 중앙은행의 탄생 배경과 관련이 있다. 한국은행법 제75조 ①항이 "한국은행은 정부에 대하여 당좌대출 또는 그 밖의 형식의 여신을 할 수 있으며, 정부로부터 국채를 직접 인수할 수 있다." 그리고 제75조 ③항은 "제1항에 따른 여신에 대한 이율이나 그 밖의 조건은 금융통화위원회가 정한다."라고 '대정부 여신'을 규정하고 있다. 이는 정부가 발행한 채권을 한국은행이 직접 인수하고, 정부는 이자만 부담하면 된다는 것을 의미한다. 원금은 만기가 되면 새로 발행한 채권으로 대체하면 되기 때문이다. 이자도 이론적으로는 제로금리로 발행할 수 있다. 한국은행의 이익은 (최소한의 필요 부분을 남기고) 정부 세입歲入으로 귀속되고, 자체적으로 해결하지 못하는 손실은 정부가 보전해주기 때문이다. (내가 계속해서 주장하는) 외국인 국채 보유 비중 증가나 이자 부담 증가를 최소화하기 위해 한국은행의 국채 직접 인수도 검토해야 한다는 지적에 자본의 입장을 대변하는 인사들이 '한국은행법 75조' 폐지를 거론하는 이유도 한국은행에 대한 선출 권력의 개입을 제거하고 오로지 은행자본의 이익 도구로 삼고 싶기 때문이다.

국가화폐의 등장으로 은행자본은 날개를 단다. 금 보유량에 묶인 신용 공급의 한계를 넘어 국가가 신용을 보증한 지폐(중앙은행 채권)로, 그리고 가장 낮은 자금조달 비용(기준금리)으로 영업자금을 조달할 수 있도록 했기 때문이다. 게다가 (수익 추구 과정에서) 은행이 (유동성) 위기에 처할 경우, 중앙은행의 유동성을 지원받을 수 있다. 이른바 중앙은행의 최종대부자 기능Lender of Last Resort이 그것이다. 일반적인 회사 영업이 자금조달 위기에 놓일 때 중앙은행이 지원을 해주는 경우가 있던가? 또한, 예금에 대한 '예금보장제'로 예금인출 사태Bank-run에 대한 제도적 보호 장치도 제공해준다. 은행업은 '땅 짚고 헤엄치기'식이 된 것이다. 은행업은 이러한 특혜를 가졌기에 아무나 할 수 없고 국가로부터 인가를 받아야만 할 수 있다. 은행법 제8조(은행업의 인가) ①항은 "은행업을 경영하려는 자는 금융위원회의 인가를 받아야 한다." 그리고 제53조(은행에 대한 제재) ②항은 "금융

[표4.3] ― 정부-중앙은행-시중은행 간 집단보증 시스템

위원회는 은행이 다음 각호의 어느 하나에 해당하면 그 은행에 대하여 6개월 이내의 기간을 정하여 영업의 전부 정지를 명하거나 은행업의 인가를 취소할 수 있다."라고 규정하고 있다. 그래서 국가는 은행에 대한 특혜의 반대급부로 (돈이 필요한 모든 곳에 자금을 배분해주는) '공공성'을 요구한다. 은행의 목적을 규정한 은행법 1조에서 은행법의 존재 이유를 '자금중개 기능의 효율성을 높여 국민경제의 발전에 이바지하는 것'으로 규정한 것도 이 때문이다. 특히 중앙은행이 발행하는 국가 법정화폐(채권)를 우리가 신뢰하는 이유는 국가가 그 가치를 보장해주기 때문이고, 이는 법정화폐가 국민 전체가 가치를 집단보증한 신용(채권)임을 의미한다.

정부와 중앙은행의 대차대조표를 보면 쉽게 이해된다. 조세권에 기초해 정부가 발행한 국채를 중앙은행이 화폐를 발행해 인수하기에 양자의 대차대조표를 연결하면 (정부의 부채인 국채와 중앙은행의 자산 국채가 상쇄되기에) 중앙은행이 발행한 화폐(채권)는 정부가 가진 조세권, 즉 국민이 납부하는 세금으로 지원되는 것이다. 은행의 수

익 추구에 새로운 세계를 열어준 국가 법정화폐가 국민이 보증한 것이라는 점에서 국민 모두 국가 법정화폐에 대한 최소한의 권리를 갖는다. 그런데 현실을 보면 신용등급이 낮은 국민 상당수가 시중은행의 (신용) 대출을 이용할 수 없는 비국민非國民이다. 이들은 자신이 비국민 취급을 받는 이유를 자신이 못나서 그런 것으로 생각하는 경향이 있다. 이들은 2금융권으로 밀려나 고금리에 직면하면서 채무 노예의 덫에 빠질 가능성을 키운다. 이상하지 않은가? 이처럼 '비국민' 취급을 받는 사람들을 정상적인 국민으로 대하는 일이 바로 '기본금융'이다.

기본신용, 기본금융, 기본 대출

금융(은행 시스템)은 가장 기울어진 운동장이다. 시장경제의 핵심인 공정경쟁 원리에 반하는 영역이다. 금리를 3%로 이용할 수 있는 사람과 20%로 이용할 수밖에 없는 사람 중 누가 수익을 많이 낼 수 있는가? 부유층은 저금리를 이용할 뿐 아니라 더 많은 금융자원을 이용할 수 있기에 부를 축적할 기회가 많고, 부가 많을수록 다시 금융자원의 활용에서 유리한 기회를 얻는다. 빈익빈 부익부가 재생산되는 이유가 바로 금융의 탈선에서 비롯하고 있다. 금융의 민주화가 필요한 이유다. 금융 민주화는 국가 법정화폐의 신용에 대해 집단보증을 해주고, 또 정부 조세권의 원천인 모든 국민에게 금융에 대한 최소한의 동등한 기회를 제공하는 데서 출발할 수 있다.

그 개념이 기본신용, 기본금융, 기본대출이다. 예를 들어, 이재명 후보가 주장하는 기본금융(대출)은 모든 국민에게 똑같은 대출금리 (예를 들어, 신용 1등급자에게 적용하는 금리)로 10년 이상 이자만 내고 1천만 원 정도의 마이너스(-) 통장을 이용할 수 있게 하는 것이다. 신용 1등급자의 신용대출 금리가 연 3%라면 1년에 최대 30만 원 이 자만 10년간 납부하고, 10년 후 원금을 상환하면 다시 연장하면 된 다. 1달에 최대 3만 원이 되지 않기에 부담이 크지 않다. 이 정도 이 자를 고의로 상환하지 않고 채무 불이행자가 될 사람은 거의 없다. 채무 불이행자가 되면 경제활동을 사실상 포기해야 하기 때문이다. 은행은 최소 연체율을 넘는 연체에 대해서 정부가 보증해주기에 손 실을 볼 염려도 없다. 비록 금융권의 서민대출 수익이 기존보다 줄 어들겠지만, 지금까지 서민 대상으로 과도하게 이익을 실현한 것을 고려했을 때 금융의 정상화로 보는 것이 옳다. 무엇보다 은행의 본 래 역할을 회복하는 출발점이 될 것이다.

기본금융 도입이나 한은의 국채 직접인수를 반대하며 전가의 보 도로 쓰이는 말이 있다. 바로 '시장의 신뢰를 잃는 정책은 실패한다.' 라는 말이다. 그런데 '시장의 신뢰'란 도대체 무엇인가? 또 '시장'은 무엇인가? 시장은 모두가 똑같은 비중의 목소리를 반영하는 세계 가 아니다. '1인 1표'가 작동하는 세계가 아니라 '1원 1표' 원리가 작 동하는, 돈이 지배하는 세계다. 즉 '시장의 신뢰'라는 말에는 (금융) 자본의 요구를 따르라는 협박이 담겨 있다. 한국에서 자본의 이해와 충돌하지 말라는 말이다. 그런데 이들 자본의 이익에 충실히 따르면 서 세상이 긍정적으로 변화하기를 기대할 수 있을까? 이미 가속 페

달을 밟은 불평등의 열차를 막을 수 있을까? 진정한 금융의 정상화는 '시장의 신뢰'라는 허위의식에서 벗어날 때 가능하다.

만기에 미상환이 우려된다면 '기본일자리' 정책으로 뒷받침할 수 있다. 한국형 국가고용보장제를 도입할 수도 있다. 기존의 공공근로 일자리 사업을 업그레이드하면 가능하다. 지역 단위에서 활동하는 다양한 사회적 경제조직이나 협동조합 등이 지역사회에 제공하는 사회서비스 사업에 필요한 노동력에 대해 정부가 최저임금 정도의 인건비를 지원해주는 방식도 검토할 수 있다. 경제활동인구의 3% 정도를 흡수하는 데 GDP의 0.7% 정도면 가능하다. 현재 투입하는 일자리 예산의 약 절반 정도 수준밖에 되지 않는다. 기본금융을 이용한 사람이 상환할 능력이 없을 때 일자리를 연결해줌으로써 상환 가능성을 높일 수 있다. 그리고 실업자를 줄임으로써 저임금노동자의 임금 상승 압력 요인으로 작용할 수 있고, 그 결과로 최저임금 인상률에 대한 부담도 완화할 수 있을 것이다. 동시에 기본금융은 복지 사각지대에서 어려움을 겪으며 극단적인 선택을 할 수 있는 사람들을 찾아낼 수 있는 정보로도 활용될 수 있다. 대출금을 모두 사용하고 이자 상환도 하지 못하는 사람들을 파악해 극단적 선택을 사전에 방지하는 조치도 취할 수 있다.

일부에서는 금융회사들의 타격을 걱정한다. 특히 저축은행이나 카드사, 대부업체 등이 타격을 받을 수 있다. 실제로 2020년 카드론 이용 실적은 7개 전업 카드사 기준으로 48조 7천억 원을 기록했다. 보통사람은 살다 보면 급전이 필요할 때가 있다. 문제는 카드사의 대

IV부. '재정안정주의'의 그늘에 숨은 사람들

출이자율이 너무 높다는 점이다. 2021년 9월 기준 신용점수 900점 초과하는 1등급도 6~15%대까지 구성된다. 평균 금리가 13%대 안 팎이다. 기본금융이 도입되면 이들이 타격을 입을 수밖에 없다. 그렇지만 이들 금융회사가 타격받을 것을 우려해서 고금리에 고통을 받는 국민을 외면하는 것은 정당하지 않다. 오히려 이들도 대출금리 인하에 동참시키는 효과를 만들어낼 수 있다.

은행의 제자리 찾아주기와 더불어 자본 친화적인 한국은행을 국민 친화적인 한국은행으로 바꾸어야만 한다. 이것이 진정한 한국은행의 민주화라고 할 수가 있다. 금융통화위원회 구성에 노동자, 소비자, 청년, 자영업자 등을 대표하는 위원을 포함해야 한다. 한국은행은 박근혜 정부 때부터 신성장이나 설비투자 지원 등에 기준금리보다 낮은 금리로 기업에 직접금융을 지원하고 있다. 한국은행이 보통사람에 대한 금융지원을 강화하도록 해야 한다. 경기가 후퇴하거나 부양하기 위해 금리 인하 등 통화공급으로 대응하고 있지만, 한국은행의 통화공급은 보통사람에게 제대로 돌아가지 않는다. 돈을 풀어도 화폐유통속도가 갈수록 떨어지는 것이 이를 증명한다. 외환위기 이전 1보다 컸던 화폐유통속도가 계속 떨어져 올해부터는 0.6이 무너졌다. 자칫 잃어버린 30년이 진행된 일본의 길을 걸을 수 있다. 탈선한 은행 시스템을 방관한 채, 아무리 돈을 공급한다 한들 정작 필요한 곳에는 미치지 않는다. 한국은행이 공급한 돈이 얼마나 많은 시중 통화량을 만들어내는가를 나타내는 통화승수도 글로벌 금융위기 이전 26배가 넘었는데 점차 줄어 최근 14배가 무너질 위기에 처했다.

필요한 곳에 자금을 배분하는 은행 시스템의 공공성을 강화하는 노력과 더불어 취약한 부문에 한국은행의 직접금융 배분이 필요하다. 이것은 한국은행을 국민의 품으로 돌려놓는 일이다. 그래야만 한국은행의 목표 중 하나인 금융안정을 관리할 수 있다. 금융안정의 최대 위협 요인이 소득 불평등이기 때문이다. 한국은행은 금리라는 수단 하나로 물가안정과 금융안정을 모두 달성할 수 없다고 하지만, 금융 불균형의 최대 요인이 소득 불평등이고, 소득 불평등이 금융의 불공정에서 비롯한다는 점에서 은행 시스템의 공공성 강화나 한국은행의 민주화는 소득 불평등 완화와 금융 불균형 예방에 공헌할 것이다.

모든 국민은 '기본신용'을
이용할 권리가 있다

금융은 민간 부문에서 돈을 배분하는 역할을 맡는다. 은행은 국가로부터 인가를 받아야만 할 수 있는 사업이다. 현대 사회의 특징을 (경제뿐만 아니라 사회 전체를 금융 논리로 재구성한) '금융화Financialization'로 표현하듯이 현대 금융은 '고삐 풀린 망아지'에 비유할 수 있다. 무엇보다 수익성 추구에만 매몰된 금융은 불평등과 양극화의 근원이 되고 있다. 이는 금융의 정상화 없이 양극화 완화는 물론이고, 사회경제의 정상화가 어렵다는 사실을 의미한다. 금융은 기본적으로 신용Credit에 의존하고, 신용은 화폐경제, 특히 국가가 보증한 신용인 법정화폐의 도입으로 폭발적인 성장의 기회를 얻었다. (자신이 보유한 금의 양에 따라 돈놀이를 제한받았

던) 은행의 신용 공급 족쇄를 풀어줬기 때문이다. 은행자본의 공동이해
를 대변하는 중앙은행이 초기에 (전비 조달 문제를 가졌던) 국가(왕)에 대
해 상환 의무가 없는 자금을 대여한 것도 같은 배경이다. 형식이나 내
용에 관계없이 정부에 대한 한국은행의 자금대여 의무를 규정한 한국
은행법 75조는 여기에 뿌리를 두고 있다. 이처럼 중앙은행은 은행자본
과 국가(왕)의 경제적 이해관계의 조정과 타협의 역사적 산물이다. 중
앙은행을 만듦으로써 은행은 신용 공급의 제약이 크게 완화됐을 뿐만
아니라 가장 낮은 금리로 자금(신용)을 조달할 수 있게 됐다.

　그 후 은행자본의 이익은 끊임없이 확장됐다. 은행이 영업하다가 자
금난(유동성 위기)에 봉착할 때 중앙은행이 무제한 자금을 지원할 수 있
게 했다. 이른바 중앙은행의 '최종대부자A Lender of Last Resort 기능'이 그
것이다. 또 은행이 위험한 수익을 추구하다가 손실을 봐서 고객의 신뢰
를 잃으면 예금인출과 은행파산 사태에 맞닥뜨리곤 했는데, 이를 방지
하기 위한 '예금자보험제도' 도입이 그것이다. 이렇게 다른 사업들과 달
리 수많은 특혜를 받는다는 점에서 은행업은 '땅 짚고 헤엄치기'에 비유
될 수 있다. 특혜를 갖다 보니 은행업은 하고 싶다고 누구나 할 수 있는
영업이 아니고 국가에서 인가를 받아야만 한다. 현대 국가는 은행이 갖
는 특혜에 대한 반대급부로 은행자본에 신용 창출(자금중개)의 '의무'를
씌웠다. 은행법 1조가 자금중개 기능을 통해 국민경제 발전에 도모하는
것을 은행의 목적으로 설정한 이유다. 그런데 지난 수십 년간 화폐유
통속도가 지속해서 하락해 최근에는 (잃어버린 30년이 진행되는 일본처럼)

IV부. '재정안정주의'의 그늘에 숨은 사람들

[표1.20] ─ 군정 종식 후 기재부가 장악한 금융 카르텔

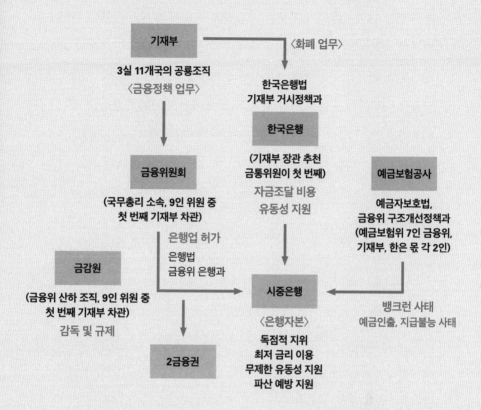

0.5대까지 감소했듯이 은행의 자금중개 기능은 실종됐다.

국가가 가치를 보증한 신용인 국가(법정)화폐는 사실상 '국민 전체가 집단적으로 가치를 보증한 신용'이다. 따라서 (가치 보증의 책임을 진) 모든 국민 또한 기본적인 신용을 이용할 권리가 있다. 이것이 '보편적 기본신용Universal Basic Credit'을 의미하는 '기본대출(금융)'의 이론적 정당성이다. 오늘날 현실을 보면 모든 국민이 집단보증한 신용인 국가(법정)화

폐의 창출 덕택으로 은행자본이 돈놀이에서 큰 혜택을 입었지만 수많은 국민(2018년 기준 1천만 명 안팎)이 은행 신용에서 배제되고 있다. 은행자본이 공공적 기능은 외면하고 자기 수익만 추구한 결과다. 이처럼 은행자본의 탈선은 고스란히 보통사람의 피해로 이어지고 있다. 약탈적 금융에 내던져진 수많은 사람이 '빚의 노예'에서 벗어나지 못하고 있는 이유다. 정권이 바뀔 때마다 일부 가계채무를 탕감하지만, 가계채무가 지속해서 증가하는 배경이기도 하다. 사실 2금융권, 3금융권을 이용하면서 자활을 기대할 수는 없다. 자활은 금융에 대한 기본 권리를 인정해줄 때 가능하다.

기본대출(금융)은 여러 효과를 기대할 수 있다. 예를 들어, 대부업체에서 이용할 수 있는 자금 규모인 1천만 원을 모든 국민이 동일한 조건(기회의 평등)으로 이용할 수 있도록 신용등급 1등급자의 대출금리(예를 들어, 현재 3% 수준)를 적용해 10년 이상 이자(연이자 30만 원)만 상환하고, 원금은 만기에 상환하도록 하는 것이다. 원금을 상환할 경우 다시 10년 연장해주면서 평생 1천만 원의 마이너스(-) 통장을 이용할 수 있도록 하면 될 것이다. 상환하지 못하는 경우는 국가가 손실을 보장해준다. 먼저, 기본대출은 급전을 이용해야 하는 사람이 이용하는 고금리의 부담에서 벗어날 수 있도록 해준다. 이런 점에서 기본대출은 '21세기형 환곡'이자 위기대응 비상금A Rainy Day Fund의 성격을 갖는다. 급전이 필요해서 카드회사의 현금서비스를 이용하거나 심지어 대부업체를 이용하는 사람들에게 큰 도움이 될 수 있다. 적어도 급전 이용이 악순환의 출발점이 되는 것을 막을 수 있다. 무엇보다, 기본대출은 사람들에게 새로운 시도를 할 수 있게 하는 '시드머니Seed money' 역할을 할 수 있다. 창업을 준비하는 청년이 5인이 모인다면, 5천만 원까지 이용할 수 있다. 창업자금으로는 큰 도움이 되는 규모다. 현재 대한민국에 절대적으로 필요한 것이 '혁신'의 활성화다. 혁신이 활성화되려면 국민이 새로운 시도를 하게 해주어야 한다. 국민, 특히 청년이 새로운 시도를 할 수 있는 환경을 마련해주는 것은 사회적 투자다. 새로운 시도가 활성화되지 않는데 어떻게 혁신의 활성화를 기대할 수 있고, 어떻게 대한민국의 미래가 보장되겠는가. 기본대출이 기본소득과 결합할 경우 (재정적 안정성을 제공함으로써) 어쩔 수 없이 하기 싫은 일을 하던 사람들에게 자신을 되돌아보고 관심을 가졌던 일을 시도할 수 있게 해준다.

기본대출(금융)에 대한 우려(도덕적 해이)는 기우에 불과하다. 대출 부실이 급증할 것에 대한 우려의 목소리가 많다. 그런데 기본적으로 이는 국민을 무시하는 사고다. 1천만 원을 고의로 상환하지 않아 (경제생활의 사형 선고자와 다를 바 없는) 채무 불이행자가 될 사람은 그리 많지 않다. 게다가 이용할 수 있는 금리 중 최저 수준이기에 채무 불이행 확률은 낮아진다. 사실 10년간은 매년 이자만 상환하기에 큰 부담이 되지 않는다. 연 3% 이자율이면 월 상환이자는 2만 5천 원에 불과하다. 단순한 아르바이트를 해도 이자는 감당할 수 있는 수준이다. 만기 때 상환 부담을 갖는 사람들이라면 '기본일자리'를 제공함으로써 상환 가능성을 높일 수 있다. 여기서 '기본일자리'란 시장과 정부가 해결하지 못하는 (자연)실업자의 상당 규모(예를 들어, 경제활동인구의 3%)를 지역사회의 사회적 경제조직이 제안하는 사회서비스 사업에 필요한 노동력의 임금을 정부가 최저임금 수준으로 지원해주는 개념이다. 이른바 전통적인 '국가고용보장제'로 이해해도 된다. 정부가 만드는 일자리 대신 지역사회(사회적 경제조직)가 만드는 사회서비스 일자리에 정부는 (최저임금 수준의 인건비에 대해) 재정 지원만 하는 방식이다.

은행이나 금융회사의 손실에 대한 우려도 지적한다. 은행은 신용 1등급자의 금리를 이용하지 못하는 사람들의 1천만 원 대출에 대해서는 금리 손실을 볼 수 있지만, 그렇다고 손실을 보는 것은 아니다. 단지, 은행 수익이 조금 감소할 뿐이다. 은행은 1천만 원 이상에 대해서는 기존 방식으로 수익을 추구할 수 있다. 2021년 3분기의 GDP는 코로나19 재난 직전인 2019년 말 대비 3% 증가했다. 재난 수준에서 완전히 회복된 것이다. 그런데 대면 활동이 위축된 결과 문화 및 기타 서비스 부문은 여전히 18%나 회복되지 않고 있지만, 금융보험 부문은 13%나 성장했다. 기본대출(금융)의 도입으로 이익이 감소할 곳은 대부업체, 카드업체, 2금융권 등 금융회사다. 그러나 금융의 공공적 기능을 강화함으로써 민간 금융이 효율화되는 계기가 될 것이다. 무엇보다 국민 전체의 이익 증진이 우선이지 금융회사의 영업이익 감소를 우선할 수는 없다. 게다가 기본금융 도입은 과도하게 고금리를 요구하던 금융회사가 고객 확보를 위한 경쟁 압력의 증대 속에서 대출 금리를 인하하는 효과도 만들어낼 수 있다. 은행법에서 규정한 대로 금융의 탈선을 바로잡고 모든 국민에 대한 기본적 금융 권리를 회복시켜주는 금융 민주주의 성격을 갖는 기본대출(금융)은 제적 취약계층에게 숨통을 열어줄 수 있을 뿐 아니라 실물경제에 대한 금융 배분 증대와 혁신 활성화를 통해 대한민국의 미래를 만들 수 있다. 금융 민주주의를 반대하는 이들은 탐욕에 빠져 있는 금융자본일 뿐이다.

팬데믹 이후,
'선진국 한국'이
마뜩잖은 사람들

새로운 문명을 주도하는 한국 경제

오늘날 한국의 이미지와 대외적 위상은 몰라보게 격상했다.

이를 가능하게 한 요인을 세계 10위의 경제 규모만으로

설명할 수 없다. 촛불혁명으로 '세계시민상'과 '에버트 인권상' 등을

수상케 한 K-민주주의, 팬데믹 재난 속에서 국제사회와 함께

'모두를 위한 자유'를 만들어가겠다는 새로운 리더십,

그리고 동시대를 사는 세계인에게 공감을 얻은 '기생충',

'오징어 게임', BTS 등 한류 문화 콘텐츠들이

모두 한국의 위상을 새로이 만들었다.

새로운 경제 생태계와 대안체제에 남과 북이 동의하고

국제사회가 협조할 때 한반도는 세계 경제에서

가장 역동적인 지역으로 부상할 것이다.

말 그대로, 대륙과 해양을 아우르며 평화와 번영을 선도하는

'교량 국가'가 되는 것이다.

1

한국은 '미국과 중국'이
원하는 것을 가지고 있다

'미중 전쟁'의 득실

중국이 급격하게 팽창한 이래로, 미중 경제전쟁은 예고된 것이나 다름없었다. 미국과 중국은 모두 다른 나라에 영향을 미칠 수 있어도 자국은 영향을 받을 수 없다는 자국중심주의 세계관을 공유한다. 더구나 중심국가가 되기 위해 경제력과 군사력에 기초한 팽창주의를 지향한다는 공통점을 가진다. 즉, 미중 경제전쟁은 개인주의와 국가주의 팽창 방식의 전면적인 충돌을 의미한다.

경제력 축적을 위해 기술 굴기를 추진하는 중국은 제조업 분야에서 격차를 빠른 속도로 줄여나가고 있을 뿐 아니라, 4차 산업혁명 관련 산업에서 선도국가를 추구하고 있다. 산업화에서는 뒤처졌지만

4차 산업혁명 시대를 맞아 선진국형 산업구조를 선점하겠다는 목표를 갖고 있다. 바이두, 알리바바, 텐센트 등 플랫폼 사업모델을 부흥시키는 한편, 스마트폰부터 자율주행차-차량공유서비스 등 스마트 모빌리티, 인공지능(AI) 기술까지 미국과 선두를 다투고 있으며, 5G 통신과 전기차 등 미래 차 분야에서는 미국을 추월하는 등 상당한 성과를 내고 있다. 미국은 스마트 모빌리티를 통해 확보한 데이터로 솔루션(새로운 사업이나 가치 등)을 만드는 단계에서 혁신의 정체를 보이는 가운데 중국이 턱밑까지 추격해오자 더욱 강경한 모습으로 선회하고 있다. 여기에 GDP도 미국과 중국의 격차가 팬데믹을 계기로 예상보다 더 빠르게 축소되고 있다. 미국이 중국을 제압할 시간적 여유가 그리 많지 않은 상황인 것이다.

이 같은 긴박한 상황에도 미국은 풀어야 할 내부 문제가 만만치 않다. 그중 하나는 21세기에 들어서며 '새로운 처음'형 사건을 빈번하게 겪으면서 미국의 체력이 빠르게 약화하고 있다는 점이고, 다른 하나는 위기에 처한 공동체에 대한 미국 엘리트의 책임 의식이 실종됐다는 점이다. 예를 들어, 남북전쟁부터 한국전쟁까지 미국 정부는 전쟁을 치를 때마다 전쟁채권을 발행해 전쟁 비용을 조달했다. 2차 세계대전 이후 한국전쟁 비용을 마련하기 위해 가장 부유한 미국인에게 최고 소득세율을 92%로 인상했고, 베트남전쟁 때도 70%대를 유지했다. 그런데 금융화가 본격화된 1980년대부터 미국 부유층의 공동체에 대한 책임의식이 실종됐다. 산업자본보다 불로소득의 성격을 갖는 금융자본의 탐욕의 결과였다. 1980년대 소련과 군비 경쟁으로 국가채무가 급증하는 가운데 최고 소득세율은 1980년대 말에 30% 밑까지 내려갔다. 심지어 2001년 9·11테러 이후 아프가니스탄과 이라크전쟁 비용은 정규 국방예산에 편성하기보다 보충예산으로 편성, 즉 부채를 통해 조달했다. 더욱이 행정부와 의회는 가장 부유한 미국인들을 위해 8%의 세금을 줄여주기까지 했다. 그 결과, 빌 클린턴 행정부에서 낮췄던 미국 정부채무가 (2003년 54%에서 금융위기 전인 2007년에 63%까지) 조지 부시 행정부에서 큰 폭으로 증가했다. 미국 브라운대의 전쟁 비용 프로젝트Costs of War Project 통계에 따르면, 아프가니스탄과 이라크 전쟁에 투입한 초기자금만 2조 2천억 달러에 달했으며, 이자 비용도 2030년까지 2조 1천억 달러 초과, 2050년까지 6조 5천억 달러를 초과할 것으로 예상된다. 또 드러난 비용 이외에도 약 400만 명의 참전용사에 대한 의료비, 장애 보상비, 장례비 등에 따른 비용도 2조 달러에 달할 것으로 전망된다. 미국 의회예산국CBO도 순이자 비용만 2031년까지 GDP의 2.7% 수준으로 증가할 것이라 추정한다. 성장률의 둔화 속에서, 증세하지 않거나 인플레이션이 크게 상승하지 않는 한, 재정 부담 압박이 증가할 수밖에 없다. (트럼프가 결정한 것을 실행으로 옮긴) 조 바이든이 아프가니스탄에서 철군하면서 미국의 핵심이익에 집중하겠다고 천명한 속내도 바로 여기에 있다.

1960년대만 하더라도 미국의 경제력(GDP 기준)은 세계 2~19위까지의 나머지 국가 경제력의 합보다 컸지만, 오늘날은 중국과 일본을 합한 규모가 미국에 근접할 정도로 경제력이 다원화됐다. 말이

다원화지 미국의 관점에서는 미국의 세계에 대한 영향력이 급격히 줄었다는 것을 의미한다. 여기에 엎친 데 덮친 격으로 팬데믹이 터지며 전통적인 힘만으로는 현안을 해결하기 어려운 국면을 맞이하게 된 것이다. 산업 문명을 만들어낸 서유럽 국가(영국, 프랑스, 독일, 스페인 등)나 미국 등이 기축통화 발권력을 포함한 경제력과 군사력 등 전통적인 힘을 가진 나라임에도 코로나19 피해가 가장 큰 국가들이었듯이 전통적인 힘이 팬데믹 재난 앞에 무력감을 드러냈다. 이 상황에서 중국이 (아프리카, 동남아, 중남미 등에 대한 백신 공급 등) 미국이나 서유럽 국가들이 하지 못하는 약한 고리를 파고들었다. 미국이 혼자의 힘으로 해결할 수 없는 문제들이 많아진 틈을 타, 중국이 그 미국의 자리를 엿보는 상황인 것이다. 이것이 미국의 바이든 행정부가 다자주의로 회귀한 근본적인 배경이다. 중국의 부상과 팬데믹이라는 새로운 과제 속에서 등장한 조 바이든의 다자주의는 미국의 절대적 힘에 기초한 전통적 다자주의와 비교해 협력적 성격이 강화될 수밖에 없다.

한국의 존재가 부상한 것도 이 때문이다. 즉, 중국의 도전에 직면하고, 백신 공급 등 글로벌 문제 등을 함께 풀어낼 협력의 파트너로서 미국에 한국이 필요했다. 그 결과로 한미 간의 전통적인 수직적 관계가 폐기될 수 있었다. 한미 글로벌 백신 '파트너십' 구축이 그것이다. 파트너십은 호혜적이고 협력적인 관계를 의미한다. 미국의 이러한 변화는 쉽게 말해 '한국이 미국에 해줄 수 있는 것들을 가진 국가'가 됐기 때문이다. 예를 들어, (AI, 자율주행, 전기차, 배터리 등) 미래

차 분야에서 중국에 뒤처진 분야를 메우며, 동시에 중국의 추격을 막기 위해 반도체와 전기차 배터리 부문에 한국의 도움을 요청했다. 중국은 팬데믹 상황 속에서도 2020년 전기차 생산이 43% 성장했으나, 미국은 단 4% 성장에 불과했다. 이 추세라면 2025년까지 중국이 전 세계 전기차의 최소 절반 이상을 생산할 수준이 된다. 한국으로서도 미국 시장을 확장할 기회라는 점에서 미국의 요청을 거부할 필요가 없다. 또한, 중국의 영향력 확대를 견제하기 위해서라도 미국은 개도국에 대한 중국의 5G 기술을 배제하고 인프라(+금융) 지원을 해줄 필요가 있는데, 이를 위한 파트너로 한국만큼 적합한 나라는 없다.

　한국의 대외적 위상 변화는 (2018년 수출액을 넘어서는) 2021년 수출 구조의 변화에서 그대로 확인된다. 국가 브랜드 가치 증가에 따라 한국 상품에 대한 수요가 전반적으로 증가하면서 수출의존도가 높은 독일과 일본 등과 비교해도 수출(액) 증가율이 높다. 전체 수출액의 약 20%를 차지하는 반도체의 수출 기여도가 2018년 57%를 차지한 데 비해, 전체 수출액에서 반도체의 수출 비중은 2021년에는 약 19% 수준으로 떨어졌으며, 10대 수출 주력품목의 수출 비중도 2018년 72%에서 2021년에는 68%로 감소했다. 특히 농수산식품, 즉 (문화의 차이를 반영하는) 먹는 음식의 수출이 증가하고 있다는 것은 한국에 대한 이미지 개선 없이는 불가능한 것이다. 이 같은 중국에 대한 수출 비중 감소와 수출 상품의 다변화는 한국 경제의 리스크를 줄이는 데 크게 공헌한다. 확실히 바람직한 방향으로 변한 것이다. 미국과 중국 간의 신냉전을 20세기 방식의 사고에서 바라보지 말고, 변화한 21세기의 눈으로 봐야 하는 이유다. (미국의 종속 변수였던) 과거와 달리 (미국이 혼자 해결할 수 없는 영역이 증가한 상황에서) 한국의 협력이 필요해진 상황을 활용해야만 한다. 이는 한국 외교의 자율적 공간이 확장되는 것을 의미한다. 미국의 관점에서 가장 바람직한 것은 한반도 문제는 물론이고 동북아 문제를 한국에 맡기는 것이다. 한국에 맡기되 한국의 선택과 결정이 미국의 이익에 반하지 않는 것이다. 미국이 첩보동맹인 파이브 아이즈Five Eyes에 한국의 가입 확대를 고려하는 것도 이 같은 맥락에서 이해할 수 있다. 미국에 대한 한국의 존재적 의미 변화는 한미 정상회담 공동성명에서 중국에 대한 표현과 관련해 우리의 입장이 최대한 반영된 것에서도 확인할 수 있다. 한미 정상회담에서 동북아 지역과 세계질서에 대한 한미 간 협력의 기준으로, 첫째는 민주주의적 규범, 인권, 법치(국제법) 등 가치와 규범을 기준으로, 둘째는 양국 국민에게 평화와 번영 보장을, 그리고 미국의 이해에 민감한 인도·태평양 지역에 대해서는 안전과 번영에 협력하며 양국의 자율성 인정과 국제법 존중으로 정리했고, 그 연장선에서 대만해협에서도 평화와 안정 유지에 힘을 모으기로 합의했다. 중국이라는 단어 한마디 표현 없이 중국에 대한 대응 기준으로 (홍인인간 이화세계의 21세기 버전인) 인류 사회의 보편적 가치들을 제시했다.

'열린 사회와 경제'를 주제로 열린 G7 확대정상회의 두 번째 세션에서 문재인 대통령은 국제사회의 공동 현안인 인종차별이나 극단주의 등의 위협에는 강력한 대처를 주문했고, 민주화 경험을 가진 한국의 입장을 살려 다른 국가의 민주주의 역량 강화를 위해 개도국 여성·아동의 지원 확대를 약속했다. 국제사회에 책임을 다하는 국가가 될 것임을 천명한 것이다.

미중 간 신냉전을 민족의 생존이 위협받을 수 있는 상황임에도 한반도 문제에서 자율성을 발휘할 새로운 기회로 전환해야 한다. 한반도 문제라는 주요 국제 현안을, 바로 그 국제 현안을 결정하는 핵심국 모임체의 일원으로서 우리가 참여함으로써 우리의 이익을 반영시킬 수 있기 때문이다. 1907년 헤이그에서 열린 2차 만국평화회의에 (을사조약의 부당성 호소를 위해) 이위종, 이준, 이상설 열사가 참석하려다 입장을 거부당하고, 이준 열사가 순국한 비극과 비교하면 한국의 위상에 근본적 변화가 일어난 것이다. 이는 국제사회에서 소외되고 배제됐던 100년의 역사에서 벗어나 최강대국들이 한국 없이는 국제 현안 처리가 어렵다는 모습을 보여준 것으로, 우리의 경제력과 외교적 리더십이 인정받고 있음을 의미한다. 문재인 대통령 말대로 "우리는 우리 운명을 스스로 결정하고, 다른 나라와 지지와 협력을 주고받을 수 있는 나라가" 된 것이다. 촛불시민이 염원하는 '나라다운 나라'와 '국민이 진짜 주인인 나라' 중 1가지 목표가 1기 촛불정부에서 상당한 진전을 이룬 것이다. 2기 촛불정부는 문재인 정부가 이루어낸 성과를 바탕으로 '국민이 진짜 주인인 나라'를 만들어 '나라다운 나라'를 완성하는 것이다.

2

미중 경제전쟁,
양자택일을 바라는 사람들

한국 경제가 이기는 법

미중 경제전쟁이 우리 경제에 미치는 영향을 부정적으로만 볼 필요는 없다. 또 일부가 우려하는 것처럼 한미동맹이 훼손되는 것도 아니다. 미국이 우리의 협조를 원하기에 미국과의 관계에서 호혜성을 강화할 수 있기 때문이다. 반대로 미국과의 협력 강화가 중국과의 갈등 격화를 의미하는 것도 아니다. 따라서 우리는 미국과 중국 중에서 양자택일할 필요가 없다. 양국으로부터 자율성을 확보하는 것이 우리가 취해야 할 옳은 방향이다.

수출의존도가 높은 한국 경제는 금융위기 이후 세계 교역액 증가율의 둔화로 위기를 맞이했다. 반도체 경기가 살아났던 2017년과 2018년을 제외하면 2010년대 수출은 이른바 '잃어버린 10년'이었다. (달러 기준) 2019년 수출액(5,422억 달러)이 2011년 수준(5,552억 달러)을 밑돌았기 때문이다. 이 상황에서 또 다른 '새로운 처음'인 코로나 팬데믹 국면을 맞이한 것이다. 2010년대 한국의 수출 중 미국의 비중은 적게는 10.2%에서 많게는 13.5%를 차지했다. 그러던 것이 팬데믹이 시작된 2020년 14.5%, 그리고 수출의 새로운 기록을 쓰고 있는 2021년(1~8월) 15.3%로 증가함으로써 포스트 코로나 한국 경제의 기적에 중요한 역할을 하고 있다. 그렇다고 중국에 대한 수출 비중이 큰 폭으로 감소한 것도 아니다. 2010년대 대중국 수출 비중은 적게는 24.2%에서 많을 때는 26.8%를 차지했는데, 2020년과 2021년에도 25%대를 유지하고 있기 때문이다.

더구나 중국의 '제조 2025' 전략과 4차 산업혁명 관련 미래산업 육성과 관련해 중국의 추격을 받거나 중국에 추월당한 상황에서 (중국을 제외한) 미국의 글로벌 공급망 재구축 계획과 미래 차 관련 산업의 육성을 위해 미국이 한국을 주요 파트너로 삼는다는 것은, 중국 관점에서도 한국과의 협력 없이 성장할 수 없음을 보여주는 대목이다. 결과적으로, '안보는 미국, 경제는 중국'이라는 이분법에서 벗어나 경제에서 중국에 대한 의존을 낮추면서도 한미관계는 수직적 관계에서 호혜적 관계로 업그레이드할 수 있는 계기로 만들 수 있다는 말이다. 미국 못지않게 중국도 내부 상황이 좋기만 한 것은 아니다. 국가주의로 급격히 기울면서 플랫폼 경제가 방향을 잃고 있다. 플랫폼 경제의 궁극적 목표는 좋은 아이디어를 발휘하는 환경에서 디지털 생태계를 풍성하게 하는 데 있다. 그런데 확보한 데이터조차 국가 통제의 도구로 활용하며 국가주의를 강화하는 시진핑 체제로는 디지털 생태계의 혁신을 만들어낼 수 없다. 미국은 물론이고 중국보다 경제의 플랫폼화(와 그 결과 AI 기술)에서 뒤처진 한국 경제가 (플랫폼 독점 문제를 해결할 수 있는) '한국형 플랫폼 경제'를 만드는 과정에서 반면교사로 삼아야 할 부분이다.

미중 경제전쟁 과정에서 미국의 대중국 봉쇄에 참여하라는 보수 세력 등의 주장은 그렇기에 더욱 20세기 냉전적 사고에서 벗어나지 못한 낡은 문법이다. 우리는 중국과 적대적 관계가 될 필요가 없다. 우리가 왜 그래야만 하는가? 한미 정상회담은 미중 간 신냉전에서 우리가 어떤 태도와 관점을 가져야 하는지에 대한 '교과서'를 만들었다. 무엇보다 미국도 대중국 봉쇄를 지혜롭게 추진하고 있다. G7을 D10으로 확장하려는 의도에서 확인할 수 있듯이 미국은 민주주의 가치로 중국 포위 전선을 만들고 있다. 마침 국가주의를 강화하는 시진핑 체제가 미국의 이런 의도를 도와주고 있다. 국가주의 역시 기존의 선진국이나 한국에 낡은 문법이기 때문이다. 더욱이 민주주의 가치, 안전과 번영, 평화와 안정 등 국제사회 모두가 수용할 수 있는 가치와 규범을 중국 역시 적어도 표면상으로는 반대할 명분이 없다.

아시아와 유럽을 잇는 '교량 국가'로 가는 길

미중 대립 구도 속에서 상대적 자율성을 확보하는 데 협력적 아시아 네트워크를 한국 주도로 만들어 우리의 가치를 올리는 것도 중요하다. 협력적 아시아 네트워크에는 중국과 국경을 마주하는 아세안과 인도, 중앙아시아 국가 등을 우선 참여시킬 수 있다. 이들도 한국과 마찬가지로 중국과 함께 살아갈 수밖에 없으며 동시에 중국으로부터 위협을 느낄 수밖에 없다. 그런 면에서 '패권국'을 추구하지 않는 한국은 그들에게 매력적인 존재다. 문재인 정부의 신남방-신북방 정책이 갖는 중요한 의미다. 최대 16%대였던 아세안의 수출 비중이 2019년부터 17%대를 기록하고 있다. 포스트 코로나 수출 특징 중 하나인 독립국가연합CIS을 포함한 9대 수출 지역 전체의 수출이 골고루 증가한 것도 고무적이다. 중국과 인접한 국가 대부분이 (자신들에게 전혀 위협의 대상이 아닐 뿐 아니라 기술과 자본력을 갖춘) 한국과의 협력 강화를 바란다. 게다가 K-문화, K-방역의 힘으로 한국의 위상이 높아지면서 이들 국민에게 한국은 사귀고 싶은 친구로 여겨지고 있다. 주변국에 위협적이지 않은 '멋진Cool 나라'가 한국의 이미지로서 자리 잡고 있는 것이다.* 그 어느 때보다 한국이 주도하는 아시아 네트워크 구축에 호의적인 상황이다. 네트워크는 큰 힘을 발휘한다. 중국에 일대일로 대응하기보다는 함께 대응하는 것이 효과적이다.

물론, 남북이 통합된 상태에서 국제관계에 대처하는 것보다 나은

* Sue Mi Terry, "Korean Invasion: Can Cultural Exports give South Korea a Geopolitical Boost?" Foreign Affairs, Oct. 2021.

것은 없다. 남북 통합은 한반도가 상대적 자율성을 가장 확실하게 담보할 방법이다. 미중 간 신냉전에서 민족의 안전을 확보할 뿐 아니라 동북아 및 세계 평화를 위협하는 미중 간 신냉전을 이겨낼 수 있는 활로다. 여기서 말하는 통합은 갈등의 원인 해소를 의미하고, 갈등은 현재(혹은 과거) 가치를 둘러싼 관점의 차이에서 비롯한다. 분단(냉전)의 원인이 무엇인가? (자유민주주의 대 국가민주주의, 자유 대 평등 등) 민주주의 방법론 차이에 근본적인 원인이 있다. 신냉전(미중 전쟁)의 원인은 무엇인가? 미국식 패권주의(개인주의 시장 시스템)와 중국식 패권주의(국가주의 시장 시스템)의 갈등에서 비롯한다. 시장 시스템은 기본적으로 '팽창'(패권주의)의 논리로, 20세기의 패권주의 세계관에 기초한 2개의 시장 시스템은 공존할 수 없다. 따라서 한반도 통합은 정치, 경제적으로 '대안 민주주의'를 찾고 구현하는 길이자 21세기 인류 문명을 여는 새로운 프로젝트로서 추진돼야 한다.

남북 통합을 위해서는 통합의 원칙을 먼저 정리해야 한다. 우선, 분열과 갈등은 공정성이 담보된 패권주의를 해소할 수 있는 미래지향적인 가치로 풀어내야 한다. 그리고 21세기 시대에 갈등을 수반하는 자국 이익 중심의 문제해결 방식이 아닌, 상대에게 필요한 존재(파트너)가 되는 과정에서 자기 존재를 인정받고 자기 요구를 반영하는 것이다. 실제로 신냉전을 해소할 수 있는 미래가치는 국제관계의 패러다임 변화 속에 존재한다. 21세기의 국제 이슈들이 (어느 나라도 혼자 해결할 수 없는) 초국가 문제(새로운 처음)이고, 그로 인해 글로벌 공공재가 된 초국가 협력이 필요해졌기 때문이다. 이는 인류 세계의 보편적 가치(민주적 규범, 인권 등)를 공유하는 호혜주의(파트너적 관계)를 의미한다. 보편적 규범에 기반한 다자주의다. 이는 상호연대와 협력, 공동번영이라는 홍익인간 이념의 구현과도 일치한다.

남북 통합 프로젝트의 필요충분조건은 무엇일까? 첫째, 남북 통합(방식)에 이해관계를 가진 국제사회의 협력 확보가 필요하다. 한국이 미국 및 유럽 주요국 간 파트너십 구축으로 국제사회 협력의 최소조건을 확보할 수 있다. 여기에 D10 회원국이 된다는 것은 국제사회 협력 확보의 안정적 환경 구축을 의미한다. 남북 통합이 관련국의 이해와 충돌하지 않아야 하는 것은 또 다른 필요조건이다. 둘째, 냉전 해결과 북한체제의 발전적 진화에 공헌할 수 있는 대안 통합 모델을 제시해야 한다. 이는 주변국 및 국제사회로부터 지지(환호)를 받을 수 있는 모델이어야 한다. 한반도 문제는 이미 국제 문제가 된 지 오래다. 무엇보다 한국은 (경제의 디지털화 및 플랫폼화에 부합하는) 경제 생태계의 재구성이 필요한 시점이다. 동시에 한국의 새로운 경제 생태계가 북한체제를 발전적으로 진화시킬 방향에 부합해야 한다. 디지털 생태계(플랫폼)의 핵심 특성이 '자율적인 이익 공유와 협력'이라는 점에서 (통제와 강요된 협력을 통해 평등을 만들어내려 한) 북한체제의 발전적 진화에 부합한다. 요컨대, 남북 통합은 새로운 경제 생태계로 진화를 해야 하는 한국 경제가 직면한 과제이자, 그렇게 만들어낸 새로운 경제 생태계가 북한체제가 수용할 수 있는 가치에 기반한 경제체제여야 하고, 동시에 새로운 경제체제가 미국이나 중국 등 주변 국가의 이해와 충돌하지 않아야 한다.

남북 통합은 한국의 미래를 만드는 것이자, 한반도와 동북아를 항구적인 안정 지역으로 만드는 것이다. 무엇보다 남북 통합은 한반도를 대륙과 해양을 아우르며 평화와 번영을 선도하는, 아시아와 유럽 통합의 '교량 국가'로 만들 것이다. 침략과 식민지배의 아픔을 딛고, 긴밀히 교류하며 경제 분업과 협업을 통해 사상 유례없는 발전을 이룩한 아시아와 유럽 간의 통합을 가속할 것이다. 이것이 실현된다면 한국은 미개척 북한 개발을 주도하는 역할을 맡고 아시아의 허브로 부상할 기회가 생겨날 것이다. 51개 회원국(+EU 집행위원회, 아세안사무국)을 가진 ASEM의 가치(정치, 경제, 사회·문화 협력)를 강화하고, 다자주의 자유무역체제의 강화와 배타적인 지역주의 추세의 완화에도 공헌할 것이다. 문명사적으로는 패권주의에서 다자주의와 다극체제로의 전환에 한국이 크게 공헌하는 것을 의미한다.

3

수명 다한 '서구 모델'에
목메라는 사람들

'새로운 처음'

경제학자로서 아이러니한 말이지만, 경제학은 시효가 사실상 소멸됐다. 경제학은 금융위기라는 '새로운 처음'을 예상하지 못했고, 팬데믹 재난이라는 '새로운 처음' 앞에서도 다시 무력감을 드러냈기 때문이다.

그런데 사실 제조업의 경험에 기초해 만들어진 경제학은 이미 (제조업 종사자가 줄어드는 현상인) 탈공업화 이후부터 제대로 작동하지 못했다. 농업사회 경제학과 산업화시대 경제학의 엄청난 차이를 생각하면 경제학이 포스트 산업사회에서 제대로 역할을 할 수 없음은 자명한 것이었다. 경제 생태계가 새로운 단계로 전환하는 과정에서 과거의 생태계는 활력을 잃어가고 새로운 생태계는 아직 개화되지 않은 이행기, 즉 과도기를 겪는다. 제조업에 기반한 경제 생태계가 활력을 잃으며, 돈이 제조업을 떠나 금융으로 몰리면서 (금융자본의 논리로 사회가 재구성되는) 경제의 금융화가 진행됐다. 경제학은 이 대목에서 이미 실패한 것이다.

이를 간단히 정리하면 다음과 같다. (공공성을 외면하고 수익성만 추구하는) 금융의 탈선이 진행되며 (정부지출 축소와 기업 구조조정의 상시화 등으로) 불평등이 심화하고 (저축성향이 높은 부유층의 저축이 대출로 이어져) 금융은 성장하지만, 사회의 채무화도 심화한다. 재정이 금융자본에 포획당한 시기에 겹쳐 중산층의 쇠퇴와 민주주의가 위기에 빠졌다는 것을 떠올리면 쉽게 이해할 수 있다. 불평등은 총수요 증가의 둔화와 투자 감소로 이어져 금리가 하락하지만, 총수요 증가가 둔화한 상황에서 낮아진 금리를 이용할 수 있는 부유층은 풀린 돈을 자산 매입에 사용하고 자산가격 상승과 가계채무 급증으로 이어진다. 이 과정에서 중산층도 자산 매입에 뛰어들고 정부 정책이 개입될 경우 자산 매입은 저소득층까지 확산한다. 문제는 기존의 경제학이 이러한 부채를 현재와 미래 시점 간 자금의 효율적 배분으로 미화하며 정당화한다. 부채의 증가는 미래소득이 안정적으로 확보되지 않는 한 지속 불가능하고 자산가격의 하락과 더불어 금융위기의 원인이 될 수밖에 없음에도 말이다.

주지하다시피, 다수의 국가가 금융위기라는 '새로운 처음' 앞에 국가채무 급증, 양적 완화와 제로금리 등 초금융 완화로 대응했고, 부실화된 금융회사를 구제하고 수익성 낮은 좀비기업의 수명을 연장했다. 그러나 그 과정에서 가계부채의 구조조정을 강요받은 수많은 가계가 크게 내상을 입었고, 총수요 증가는 더욱 둔화했으며, 불평등 또한 가속화했다. 생산성과 성장의 전반적인 둔화는 금리 정상화를 가로막고 금융완화를 지속시켰다. 이러한 상황에서 또 하나의 '새로운 처음'인 팬데믹 재난이 터지며 다시 제로금리와 양적완화를 불러왔고, 국가채무를 급증시켰다. 국가채무가 급증하고 통화정책이 정상화하지 못하는 이유는 초금융완화가 실물경제 회복에 아무런 도움이 되지 못하기 때문이다. 금융위기 이후 계속 하락해온 화폐유통속도(화폐 1단위가 일정 기간 소득거래에 사용되는 평균횟수)는 팬데믹 이후 더 하락했다. 미국에서조차 2020년 1분기 1.379였던 화폐유통속도는 2021년 1분기 1.112로 하락했다. 돈을 아무리 공급해도 돈이 돌지 않는다는 말이다. 돈이 정작 필요한 곳에 공급되지 않으니 돈이 돌 수 없고, 이 상황에서 초저금리와 통화공급은 부유층의 자산거래에만 집중적으로 사용되고, 결과적으로 부동산 자산 등으로 인한 불평등만 심화시켰다. 대부분 국가가 비슷한 형편이지만, 특히 미국은 부유층의 증세 거부와 맞물려 국가채무에 대한 이자조차 감당하기 어려운 상황에 빠지며 '제국' 유지가 어려워진 것이다. 미국의 GDP 대비 이자 부담은 현재는 1.5% 안팎이지만 2040년 전후부터는 5%를 넘어설 것으로 전망된다. 아프가니스탄 철군과 핵심이익 국가로 집중 등 바이든 행정부의 대외관계 변화 그리고 그에 따른 국제질서의 변화가 불가피한 이유다.

불평등의 이론적 근거로 전락한 '경제학'

지금까지의 통화정책은 문제해결에 도움이 되기는커녕 (부유층의 이익에 복무함으로써) 문제를 명백히 악화시켰다. 그런데도 경제학자들은 기를 쓰고 이를 외면한다. 불평등이 핵심임에도 불평등을 조장하는 통화정책의 문제를 외면하다 보니 자신들의 근간인 경제학을 무덤에 파묻는 것이다. '초저금리의 함정'에서 벗어나는 길은 불평등을 완화하고, '혁신'을 통해 경제 생태계의 활력을 회복하는 데 있다. 그러기 위해서는 첫째, (돈을 정말 필요로 하는 저소득층의 금융 접근성을 강화하는) 금융의 공정성을 강화해야 한다. 둘째, 국가 재정의 안정성을 위해서라도 가계 안정이 필요하고, 가계 안정을 위해서는 좋은 일자리를 만들어낼 수 있는 혁신의 활성화가 필요하다. 미국이 '초저금리의 함정'에서 벗어나지 못한다는 것은 혁신이 활발하지 않다는 것을 의미한다. 특히 2010년 이후 미국에서 혁신은 실종됐다고 해도 과언이 아니다. 이 내용을 간단히 살펴보면 다음과 같다.

2000년 전후 미국 산업계는 지각변동을 경험한다. 제조업 일자리가 급감했고, 전통적인 제조업체는 확연한 쇠퇴를 드러냈다. 예를 들어, GE의 주가는 2000년 정점을 찍고 장기적으로 하락의 길을 걸었다. 산업체계의 지각변동은 표면상으로는 기술진보에서 비롯한다. 1990년대 IT 및 인터넷 혁명은 새로운 사업모델(가치 창출 방식)을 등장시켰다. 야후와 아마존 같은 닷컴 사업모델이 그것이다. 그런데 잘 알다시피 야후는 2000년 이후 쇠퇴의 길을 걷다가 매각됐다. 반면에 아마존은 살아남았고, 특히 2010년경부터 비상했다. 닷컴모델 중 일부는 쇠퇴하고 일부는 진화했다. 야후로부터 하청받아 검색서비스를 담당했던 구글은 AI 기술의 선두주자 중 하나가 됐고, 테슬라와 함께 자율주행차 사업을 선도하고 있다. 야후와 구글의 차이는 무엇일까? 답은 구글의 플랫폼 사업모델에 있다. IT 혁명과 인터넷 혁명은 디지털 (경제) 생태계의 기술적 조건을 마련해줬다. 그런데 생태계가 되려면 독자적 사업모델과 더불어 새로운 생태계에서 살아갈 수 있는 생명체(경제주체)가 필요하다. 닷컴 사업모델은 오프라인 사업모델을 온라인으로 그대로 옮겨온 것에 불과했다. 전통적인 오프라인 사업모델은 필요할 때만 연결되는 반면, 디지털상에서 필요할 때만 연결되면 생태계가 제대로 만들어질 수 없다. 게다가 야후는 이메일이나 콘텐츠 서비스를 유료화함으로써 대중으로부터 매력을 잃었다. 반면, 구글이나 페이스북, 유튜브 등 플랫폼 사업모델은 편익(예를 들어, 구글링) 제공을 통해 연결성을 강화했을 뿐 아니라 이익 공유를 매개로 가치를 공동창조했다. 연결보다 혼자만의 능력으로 가치를 창조하는 오프라인 사업모델과의 차별점이다.

스마트폰이 등장하고, 스마트 모빌리티가 추진되며 (전기차와 더불어 차량공유서비스와 자율주행차 등으로 구성하는) 스마트카(컨넥티드카) 사업이 진행되는 것도 연결성이라는 맥락의 연장선에 있다. 특히 모빌리티의 스마트화를 본 궤도에 올린 애플은 플랫폼 사업모델을 한 단계 끌어올렸다. 스티브 잡스가 21세기 '혁신의 아이콘'이 된 이유다. 스마트폰의 핵심요소인 앱 생태계 구축도 (앱 개발자와 애플이 7:3으로 이익을 분배하는) 이익 공유에 기반한, 즉 디지털 생태계의 가치 창출 방식인 공동창조 원리가 적용됐다. 기존의 플랫폼 사업 모델과 중요한 차이는 '앱App'이라는 기존에 없는 상품(가치, 시장)을, 전통적인 기업 모델을 넘어 공동창조 방식으로 디지털 생태계(플랫폼)를 새로운 차원으로 끌어올렸다는 점이다. 이 점이 당시 검색 중심의 구글 모델과의 차이였다. 구글이 뒤늦게 무인차(Waymo) 사업으로 '모빌리티의 스마트화'에 총력을 기울였던 것도 그 때문이다. 이후 이동 순간에도 연결이 가능해짐으로써 데이터가 폭발적으로 증가하며 AI 열풍으로까지 연결됐다. 정확히 이 무렵부터 (AI 기술을 활용해 오프라인 유통업을 파괴한) 아마존의 가치가 급상승했다. AI 기술의 발전으로 사물의 지능화가 이루어짐에 따라 사람과 사람의 연결은 사람과 사물, 사물과 사물의 연결로 확장돼 이른바 초연결 시대를 등장시켰으며, 데이터 혁명 혹은 데이터 경제 시대가 본격화됐다. 이후 미국 시총 10대 기업에 애플을 필두로 플랫폼 기업이 진입했고, 오늘날에는 플랫폼 기업이 대부분을 차지한다. 이윽고 제조업의 상징이자 다우존스의 원년 멤버 GE는 2016년을 마지막으로 미국 10대 기업 명단에서 사라졌다. 제조업 시대의 종언을 알린 것이다.

하지만 AI 기술이 만개하기 시작한 2010년 이후부터 플랫폼 거인이자 AI 기술을 선도한 구글(2010년)과 애플(2012년)의 수익성(영업이익률)도 정체 국면에 돌입했다. 또한, AI 기술의 선두주자이자 AI 기술로 사업 변신을 추진한 IBM도 2013년부터 쇠퇴의 길을 걸었다. 게다가 AI 기술로 많은 오프라인 유통업체를 파산시킨 아마존의 주가가 2018년 9월 이후 팬데믹으로 비대면 거래가 증가하기 이전까지 정체를 보였다. 아마존의 주가가 정체를 보인 2018년 10월은 미국 유통업의 상징인 백화점 부문의 거인인 시어스 홀딩스Sears Holdings가 파산한 시점으로 아마존이 사실상 유통업의 황제로 등극했다는 평가를 받은 시점이었다. 무슨 일이 일어난 것인가? 이는 구글의 모기업인 알파벳의 재무제표에서 힌트를 얻을 수 있다. 구글 서비스와 구글 클라우드 등의 사업을 가진 알파벳의 매출액이 (6월에 끝나는) 2020 회계연도에 약 383억 달러에서 2021년도에는 약 619억 달러로 1.6배 이상 증가했고, 영업이익도 약 64억 달러에서 약 194억 달러로 증가했지만, 알파벳 신사업부Other Bets의 영업손실은 2020년 약 11억 달러에서 2021년에는 약 14억 달러로 증가했다. 플랫폼으로 구축한 네트워크 그리고 플랫폼 구축으로 확보한 AI 기술이나 방대한 데이터 등으로 새로운 수익원을 만들어내지 못한 것이다. 스마트 모빌리티 사업의 목표도 디지털 생태계 구축을 통해 '솔루션'(새로운 가치) 만들기에 있는데 지금까지 뚜렷한 솔루션을 찾지 못하고 있다. 네트워크, AI 기술, 데이터 등을 활용해 새로운 사업(수익원)을 찾아내고 해결해야 하는 단계에서 멈춘 것이다. "플랫폼 독점으로 장사할 뿐 혁신이 사라졌다."라고 말하는 것도 이 때문이다. 그런데 이는 기존의 '합리주의'를 금과옥조로 여기는 낡은 경제학 관점, 즉 '경제적 인간호모 이코노미쿠스 Homo Economicus'의 관점에서 수익을 추구하기 때문에 발생한 문제다. 승자독식의 시장구조가 불평등을 유발하고, 그로 인한 불평등이 승자독식의 시장구조를 고착하는 악순환의 고리에서 벗어나지 못하는 것이다.

산업시대를 위한 경제학은 이미 죽었다

기존의 주류 경제학은 디지털 생태계의 성격이나 특성 등을 설명하는 데에 전혀 유효하지 않다. 토지와 노동과 자본을 3대 생산요소로 보고 제조 사회의 경험을 바탕으로 만들어진 경제이론인 데 비해, 디지털 생태계는 데이터와 아이디어 등이 핵심 생산요소이고 유형재가 아닌 무형재가 주요 거래대상이기 때문이다. 전통적 산업의 기업가치가 5천억 달러 규모를 넘기 어려웠던 반면, 플랫폼 사업모델들은 기업가치가 1조 달러를 넘어 2조 달러대를 기록하는 이유다. 애플의 기업가치가 미국, 중국, 일본, 독일, 영국, 프랑스, 인도의 경제 규모 다음일 정도가 된 것도 전통적 영토에 제약받지 않는 디지털 생태계를 구축했기 때문이다. 무엇보다 제조 사회의 경제학은 경쟁과 사적 소유, (각자는 독립적으로 최대 이익을 만들 수 있다는) 독립적 최적화를 경제운영 원리로 삼고 있지만, 디지털 생태계는 연결(협력)을 통해 가치를 창출하기에 이익 공유와 공동창조를 운영원리에 기초한다. 산업사회 생태계와 전혀 다른 특성을 갖다 보니 주류 경제학이 제대로 역할을 할 수가 없다.

일본이 1990년대 말부터 추진한 창조산업 육성 정책이 처참하게 실패한 것도 같은 맥락으로 이해할 수 있다. 제조업과 전혀 다른 창조산업을 제조업 육성 방식으로 접근한 결과였다. 한국이라고 다르지 않았다. 일본의 창조산업 육성을 모방해 추진한 창조경제 육성을 시도한 박근혜 정부는 4년 내내 창조경제에 대한 개념조차 확립하지 못했다. "지하경제를 양성화시켜 복지 재원을 마련하겠다."라는 대통령의 충격적인 발언이 창조경제가 아니냐는 비아냥까지 들어야 했다. 그런데 문재인 정부가 추진한 혁신성장의 구체적 산업정책이었던 플랫폼 경제나 데이터 경제 활성화도 마찬가지였다. 플랫폼 경제와 데이터 경제는 정확히 같은 개념이다. '스마트 모빌리티 솔루션' 비즈니스 모델에서 확인할 수 있듯이 모빌리티의 스마트화는 (모든 것이 디지털상에서 연결되는) 디지털 생태계의 조성 및 이를 통한 (빅)데이터의 확보에 있는 것이고, 데이터를 활용해 사람들의 필요와 욕망을 찾아내고, 이 문제의 해결에서도 생태계에 연결된 사람들과의 협력으로 풀어가는 것을 지향한다. 데이터가 있어도 사람들의 필요와 욕망을 찾아내려면 (창의력이나 비판적 사고 등) 상상력이 필요하고, 연결된 사람들과의 협력을 만들어내려면 소통이 필요하며, 소통하려면 상대에 대한 배려와 공생과 연대에 대한 신뢰가 구축돼야 한다. 소통하고 협력을 끌어내는 일은 산업사회에 적합한 '경제적 인간'보다 이른바 '공감형 인간호모 엠파티쿠스, Homo Empathicus'이 적합하다. 스마트공장, 스마트팜, 스마트시티, 5G 기술, 자율주행차, AI 대학원 등을 만든다고 '솔루션'이 만들어지는 것이 아니다. 문재인 정부의 기재부가 추진한 플랫폼 경제 활성화는 정확히 제조업 시대 특정 산업 육성 정책이다. AI 기술 개발의 선두주자였던 미국의 IBM 이나 플랫폼 사업모델의 상징인 애플이나 구글 등이 새로운 수익원을 찾아내지 못하는 이유를 제대로 이해하지 못한 것이다. 즉, 플랫폼 경제의 목표를 모르는 것이다. 육성하려는 산업에 대한 몰이해는 정책의 방황에서 드러난다. 2018년 플랫폼 경제 활성화는 2019년 데이터 경제 활성화로, 그리고 2020년 팬데믹 상황에서 다시 '한국형 뉴딜'로 탈바꿈했다. 플랫폼 경제와 데이터 경제를 '디지털 뉴딜'로 재포장하고, 기후변화 문제를 외면할 수 없는 상황에서 (신재생에너지 관련 기술과 산업에 투자를 내용으로 하는) '그린 뉴딜'을 추가했을 뿐이다. '한국형 뉴딜'을 상징하는 사업이 (노후 학교를 디지털화하고 재생에너지 기반의 학교로 개조한다는) '그린 스마트 스쿨 프로젝트'다. 그런데 이는 유사성 오류에 불과하다. 재생에너지를 쓰는 디지털화한 학교로 개조한다고 해서 그린 솔루션을 만들어낼 인재를 양성할 수 있다는 말인가? 관념적이며 하드웨어적인 사고가 산업화시대의 무언가와 닮았다. '경제적 인간형'을 전제로 만든 경제학은 플랫폼 경제 활성화나 산업재편에 아무 도움이 되지 않는다. 이름만 바꿔 같은 재료의 부품을 갈아 끼운다고 해서 새로운 플랫폼 경제가 활성화되는 것은 아니다. 그러면 한국이 가야 할 경제 생태계는 어떻게 전환되어야 할까? 이제 그 이야기를 마무리해보자.

4

진짜 '플랫폼 경제'를
준비해야 한다

종의 다양성

경제 생태계의 변화에 따라 경제를 보는 시각도 새로워져야 한다. 농업사회를 바라보는 시각으로 산업사회를 주도할 수 없듯이 말이다. 플랫폼 사업모델의 등장은 디지털 생태계라는 새로운 생태계를 구성하는 출발점에 불과하다. 플랫폼 사업모델은 여전히 많은 과제와 문제점을 드러내고 있다. 아이디어 집약적인 플랫폼 사업모델은 기존의 제조업과 달리 물적 자본이나 노동력에 대한 의존도가 낮다. 플랫폼 사업모델을 자산 및 고용 축소형 사업모델Asset-light and Employment-Light Business Model이라 부르는 이유다. 인터넷 및 IT 혁명이 사업모델에 영향을 미친 1990년대 중반 이후 무형자산의 비중이

[표5.1] — **S&P 500 기업의 자산 구성(무형자산 비중, 단위: 조 달러)**

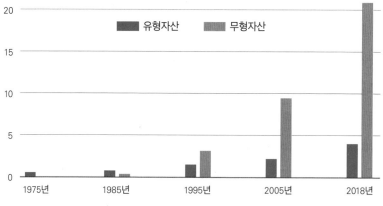

자료: WSJ, Pandemic Hastens Shift to Asset-Light Economy, Oct 7, 2020.

빠르게 증가한 것도 같은 맥락에서 해석할 수 있다. 예를 들어, 미국 S&P 500대 기업의 무형자산 비중은 1995년 68%에서 2018년에는 84%로 높게 증가했다.

미래 플랫폼, '사람'과 '지역'을 살리는 경제 생태계

플랫폼 사업모델은 고용 특성에서도 제조업 등 기존 사업모델과 큰 차이를 보인다. 예를 들어, 2020년 애플의 기업가치와 고용 규모는 각각 2.48조 달러와 14만 7천 명이었다. 이에 비해 폭스바겐 기업가치와 고용 규모는 각각 1,773억 달러와 66만 5천 명이었다. 기업가치는 애플이 폭스바겐의 약 14배에 달했지만, 고용 규모는 약 22%에 불과했다. 기업가치와 고용 규모가 각각 1,794억 달러와 170

만 명인 맥도날드나 4,223억 달러와 230만 명인 월마트와는 더욱 비교된다. 물론 금융업이라고 해서 다르지 않다. 금융회사 중 기업가치가 가장 큰 버크셔 해서웨이(6,547억 달러)의 고용 규모 36만 명과도 비교된다. 이는 기존 금융업과 AI 기술을 활용하는 핀테크 사업모델과 비교에서 확인된다. 예를 들어, 약 6백여 명의 직원을 가진, 페이팔의 모바일 결제서비스 업체 벤모Venmo의 이용자는 2020년 현재 6천 9백만 명으로, 페이팔은 사업 시작한 지 10여 년 만에 (30년 이상 인수 합병 등으로 이용 고객을 약 6천만 명 수준으로 만든) JP 모건 체이스를 추월했다. JP 모건 체이스의 고용 규모는 2020년 기준 25만 5천 명이었다.

　이 같은 기업가치와 고용 규모 간 상관성의 약화는 '기업 주도 일자리 패러다임'에 심각한 문제를 제기한다. 대부분의 국가는 정책적으로 기업을 지원한다. 사익을 추구하는 기업에 대해 일반 국민이 낸 세금 등을 지원하는 이유는 일자리 창출이라는 기업의 사회적 역할을 기대하기 때문이다. 주주가치라는 사적 이익과 일자리 창출이라는 사회적 이익이 같이 움직이다 보니 '유한책임'이라는 특혜도 정당화된 것이다. 현대 주식회사를 '유한책임회사Limited Liability Company'라 부르듯이 기업의 책임을 제한하고 있다. 제한된 책임에 대한 명시적 정당성은 그것이 기업에 대한 투자와 위험 감수를 장려해 경제적으로 유익한 혁신으로 이어지게 하고, 기업의 성장이 일자리 창출로 이어진다는 전제가 포함돼 있다. 그런데 유한책임은 공정한 제도가 아니다. 기업이 유발하는 피해에 따른 책임 의무가 너무 약하다. 피해보다 작은 책임을 지우는 것은 법적·사회적 보조금을 지급하는 것에서 알 수 있다. 그렇다면 (국민 세금이 부담하는) 보조금에 해당하는 사회적 편익이 뒷받침돼야만 한다. 기업의 주주가치 증가가 일자리 창출에 공헌하지 않는다면 기업에 대한 지원을 왜 해야 하느냐는 질문을 할 수밖에 없다.

　게다가 디지털 생태계에서 고용 관계는 오프라인 생태계보다 유연화될 수밖에 없고, 그 결과 노동의 안정성을 위협한다. 즉, 경제 생태계의 근본적 변화에 따른 산물이다. 첫째, IT와 AI 등 기술 진보로 장기 고용 및 숙련 노동력 확보의 필요성이 줄어든다. 하도급 관계를 통한 외부 계약으로 전문적이고 숙련된 노동력 확보조차 가능해진다. 둘째, 기업의 경우 단기적 수요 변동에 대응해 노동력을 '조건부로 임시 고용Contingent Workers'을 함으로써 유연성의 이점을 확보하고 노동비용을 절약할 수 있다. 플랫폼 사업모델과 관련된 노동은 현대 고용 규제의 '틀'을 제공한 1935년 와그너법Wagner Act; National Labor Relations Act과 1938년의 공정노동법Fair Labor Standards Act에서 분류한 고용인과 고용주 중 어디에도 해당하지 않기에 최저임금, 초과 시간 규칙, 노조결성권 등의 사각지대에 놓이게 된다. 게다가 원격 근무가 확대할 경우 기업은 (공간적 측면의) 국민국가 제약에서도 벗어난다. 플랫폼 사업모델 관련 노동은 다양한 유형이 존재하지만, 영국의 켄 로치Ken Loach 감독의 2019년 작품 '미안해요, 리키'에 플랫폼 노동의 현실이 잘 드러나 있다. 택배기사인 주인공 리키는 계약 해지를 당하지 않으려면 새벽같이 물건을 받아 배달해야 하고,

'배송 위치 추적 기술'은 화장실 갈 틈도 허락하지 않아 페트병에 소변을 봐야 할 정도다. 리키의 아내 애비도 노인·장애인 돌봄 노동자다. 정해진 보수 없이 임시직 계약으로 방문한 가정 건당 시급으로 아침 7시 30분부터 오후 9시까지 일을 한다. 멀리 떨어진 집들을 오가야 하지만 교통비를 자비로 부담해야 하는 것은 물론이고, 이동시간은 보수에 쳐주지도 않는다. 가족의 더 나은 미래를 위해 택한 일이지만, 부모가 과로에 시달리는 동안 아직 10대인 자식들은 방치되고 멀어져 간다.

플랫폼 사업모델은 '승자독식Winner-Takes-It-All 사업모델'로 불리며 초양극화의 원인으로 지적되고 있다. 이른바 '플랫폼 독점'의 문제다. 디지털 생태계는 (추가 공급에 따라 추가로 발생하는 비용인) 한계비용이 제로일 뿐 아니라 물리적 장벽의 소멸로 (공간 제약을 받는 유형재인) 제조업과 비교할 수 없을 정도로 (생산 규모를 늘릴수록 경제성이 개선되는) '규모의 경제성'을 만들어냄으로써 시장 집중을 초래하고, 시장 지대의 규모를 증가시킨다. 시장 집중을 통해 늘린 수익은 다시 신생 기업 인수 자금이 됨으로써 시장 집중의 악순환을 만들어낸다. 승자독식의 시장구조가 불평등을 유발하고, 그로 인한 불평등이 승자독식의 시장구조를 고착하는 악순환의 고리다. 플랫폼을 독점한 기업의 수익은 주주, 투자자, 최고 경영층, 핵심 고용원 등 소수에게 대부분 배분되고, 평균 노동자들은 지대 획득에서 소외되며 소득 불평등을 심화시키는 '승자독식' 시장구조가 고착된다. 실제로, 상위 0.1%의 자산 비중이 2015년 20.0%에서 2018년에는 19.4%로 감소했으나, 상위 0.00001%의 자산은 1.0%에서 1.2%로 증가했다. 게다가 수익원을 찾지 못하면서 기업 수익의 대부분을 자사주 매입이나 배당으로 배분하면서 주주의 부 축적을 지원하고 있다.

플랫폼 사업모델은 새로운 생태계를 만들어내는 긍정적 측면과 더불어 고용의 불안정 및 '플랫폼 독점' 등의 위험한 문제를 수반한다. 따라서 우리는 2가지 과제에 직면한다. 첫째, 디지털 생태계로의 전환은 한국 경제가 직면한 산업재편이나 (역할이 쇠퇴하는 제조업에 대한) 과잉의존 문제를 해결하기 위해 반드시 해야 한다. 둘째, 일자리 불안정과 부의 초집중 등을 해결하는 방향으로 '경제의 플랫폼화'를 만들어내야 한다. 유감스럽게도 한국 경제는 플랫폼 사업모델조차 제대로 만들어내지 못하고 있다. 중국이 (구글에 해당하는) 바이두, (아마존에 해당하는) 알리바바, (페이스북에 해당하는) 텐센트 등을 만들어내고, 이를 기반으로 AI 기술에서 미국과 대적하는 현실과 비교가 된다. 그럼에도 한국에서는 정책 당국이나 사업자 대부분이 플랫폼 사업모델의 본질을 이해하지 못하면서 외형만 베끼다 보니 효과도 제한적이고 사회 갈등도 수반한다. 실제로 한국의 모빌리티 사업모델은 외형만 모방한 것으로 IT와 모바일 기술을 전통적인 서비스 사업에 결합해 비용 절감을 추구하는 사업모델에 불과하다. '타다'는 변형된 렌트카 사업이지 이익 공유에 의한 가치 창출 원리와 데이터와 연결을 통해 솔루션을 목표로 하는 플랫폼 사업모델과는 거리가 있다. 가맹 숙박업체와 소비자를 연결해주고 수수료나 광고료 등을 목적으로 하는 숙박앱 사업모델도 모빌리티 사업모델과 다를 바가 없다. 특히, 숙박앱의 경우 플랫폼 사업모델의 목표를 이해하지 못하다 보니 과도한 수익 추구에 매몰돼 생태계의 지속 가능성까지 위협한다. 플랫폼은 이익 공유가 핵심 가치인데 과도한 수수료나 광고료 등으로 가맹 숙박업체의 생존 기반, 즉 생태계를 악화시킨다. 가맹 자영업자에 대한 수수료를 인상했다가 후폭풍에 시달린 한국의 대표적 배달앱 배달의민족(배민)도 본질적으로 마찬가지다. 단기적인 수익 극대화를 추구하면서 자신의 수익 원천인 가맹 자영업자를 고사시키는 요인이 되고 있다. 이런 점에서 한국에서 앱 기반의 사업모델이 보여주는 모습은 이익 공유에 기반한 플랫폼 사업모델들이 아니다. 왜 이런 결과가 나왔을까? 데이터 활용 역량이나 무엇보다 네트워크상 연결을 통해 새로운 가치를 만들어낼 역량이 부족하다 보니 IT와 모바일 기술로 만들어낸 비용 절감의 이점만을 활용해 기존 시장을 빼앗고 시장독점력으로 단기수익 극대화를 추구한다. 무엇이 문제일까? 추격형 성장전략이 내면화된 결과다. 안타깝지만 모방 대상에 대한 정확한 이해조차 부족한 것이 우리의 현실이다.

한국형 플랫폼 경제, 고용 불안정과 플랫폼 독점을 넘어

플랫폼 경제는 제조업 경제와는 완전히 다르므로 지금까지의 산업정책에서 벗어나야만 가능하다. 그리고 고용 불안정과 플랫폼 독점을 넘어 솔루션 만들기를 활성화할 수 있는 '한국형 플랫폼 경제

(디지털 생태계)'를 만들어야만 한다. 그러기 위해서는 3가지 풀어야할 과제가 있다. 첫째, 현재 (삼성전자나 현대차 등) 민간 대기업이 플랫폼 사업모델로 진화하지 못하는 상황에서 지역사회 주도의 '지역 공유 플랫폼' 구축을 추진해야 한다. 지역의 생산자, 소비자, 공공기관 등 모두가 참여할 수 있는 플랫폼을 만들어야 한다. 예를 들어, 지역의 생산자가 공급하는 상품을 지역의 맘카페 등이 홍보를 맡아 소비로 연결하고, 생산자는 유통비용을 맘카페에 제공한다. 지자체는 지역화폐를 발행하고 생산자와 소비자 모두 지역화폐를 사용하게한다. 지역공유 플랫폼이 활성화되려면 다양한 콘텐츠도 공급돼야만 한다. 지자체의 정책 홍보는 물론이고 지역사회 구성원이 다양한 콘텐츠를 공급하는 주체가 되도록 해야 한다. 이 플랫폼에서 확보하는 데이터를 지역의 청년을 비롯해 지역 구성원들이 활용해 창업 등 새로운 솔루션을 만들게 해야 한다. 둘째, 심각한 저출산 속에서 지방소멸을 막고 지역 활성화를 위해 청년이 유입되게 해야 한다. 이를 위해서는 청년이 살고 싶은 지역이 되도록 주거문제를 해결해줘야 하고 새로운 도전을 할 수 있는 기본소득과 기본금융을 제공해야한다. 기본소득은 아르바이트 압박을 줄여 새로운 도전을 할 기회를 지원할 것이고, 기본금융은 새로운 도전을 사업으로 연결할 수 있는 창업자금이 될 것이다. 셋째, 데이터를 활용해 문제를 찾아내고 다른 사람과 협력을 통해 문제를 해결할 수 있는, 즉 비판적 사고Critical Thinking와 창의성Creativity 그리고 소통Communication과 협력Cooperation 등 '4C 역량'을 갖는, 이른바 디지털 생태계가 요구하는 '공감형 인

간Homo Empathicus'을 양성할 수 있는 교육혁신이 필요하다. 여기서 말하는 공감형 인간은 자율성, 인간 발전, 사회 능력을 갖춘 인간형이다. 개방성과 유연성을 특성으로 하는 디지털 생태계가 역동적 발전과 혁신을 계속하기 위해서는 그 구성원들이 이러한 역량을 갖춰야 한다. 그렇다면 어떻게 공감형 인재를 키워낼 것인가?

새로운 인간형인 공감형 인간을 양성하기 위해서는 다음의 3가지 원칙이 필요하다. 첫째, '법'이나 '규칙'에만 순응하며 자신의 삶과 생각과 행동을 만들어나가는 것이 아니라, 개인 의지를 발휘하는 동시에 '보편적 가치'에 부합하는 방식으로 삶을 살 줄 알도록 교육해야 한다. 디지털 생태계가 신뢰, 투명성, 공정성, 연대감 등을 발휘할 수 있는 자율형 인간을 요구하기 때문이다. 연결이 모든 것의 출발점인 디지털 생태계는 말 그대로 협력 없이는 어떤 솔루션도 만들어낼 수가 없다. 연결된 모두의 자발적 협조 없이는 공동의 문제를 해결할 수 없는, 이른바 '집단행동의 딜레마' 문제도 자율성으로 해결할 수 있다. 자신만을 중심에 두고 모든 것을 규정하고 판단하는 사상, 사고방식, 가치관, 신념, 태도, 기질을 말하는 '개인주의' 사회에서 자율성은 발휘되기 어렵다. 그 반대로, 집단을 중심에 놓는 집단주의 사회도 마찬가지다. 다행스럽게 한국은 자율성에 대한 오랜 역사적 토대를 갖추고 있다. 단군 이래 조선왕조 말까지 우리 삶에는 개인과 전체가 다 같이 사는 '개전쌍전個全雙全'이나 하나는 전체이고, 전체는 하나라는 '일즉다, 다즉일一卽多, 多卽一' 사상이 체화되어 있다. 문재인 대통령이 2020년 5월 WHO 초청 연설에서 '모두를 위한 자유'라는 화두를 던질 수 있었던 철학적 배경도 같은 맥락에서 출발한다. 연결의 세계에서 중심주의(자기 우선주의) 세계관과 심지어 자신의 이익을 위해 상대를 부정하는 절대주의(절대이념), 그리고 그에 기반한 개인주의나 집단주의 문화 모두 무력감을 드러낼 수밖에 없다. 따라서 자율성이라는 새로운 규범과 상대주의(호혜주의) 세계관이 요구된다. 둘째, TV와 쇼핑과 같은 수동적인 소비에 길들여진 삶을 행복으로 받아들이는 쾌락주의적 '경제적 인간'이 아닌, 정신과 육체에 내재해 있는 (욕망과 그것을 실현할 능력의) 가능성을 발견하고 또 개발해 나가는 삶을 행복으로 여길 줄 알도록 양성해야 한다. 디지털 생태계에서 솔루션은 무엇보다 과거에 없던 새로운 답을 찾아내야만 한다. 이를 할 수 있는 사람은 자신의 일을 좋아하고, 그 일에 대한 만족감이 높은 사람이다. 이들에게는 경제적 포상도 중요하지만, 일 자체 혹은 그 일을 새로운 차원으로 발전시켜 나가는 만족감을 추구한다. 셋째, 자신이 찾아낸 문제나 자신의 관심사에 대해 공감하는 사람과 협력할 수 있어야 한다. 따라서 자신의 이익과 행복만 생각하는 존재가 아니라 타인과 연계해 생각할 줄 알며, 필요할 때마다 능동적으로 다양한 연결을 만들어낼 능력을 갖춰야 한다.

자연 생태계의 건강성을 결정하는 것이 생물 종의 다양성이듯이, 디지털 생태계가 활력을 가지려면 다양한 플랫폼이 만들어져야 한다. 이미 앞서 등장한 플랫폼 경제의 외형을 모방하는 방식으로 새로운 디지털 생태계를 만들 수 없듯이, 그린 스마트 스쿨에서 코딩

기술을 배운다고 새로운 인재가 탄생하는 것이 아니다. 관건은 새로운 플랫폼을 다룰 내부 역량을 키우는 데 있다. 사회 구성원들이 적극적으로 공유된 데이터를 활용하고 연결망의 참여자를 연결해 흥미로운 솔루션을 만드는 역량에서 결정될 것이다. 즉, 디지털 생태계의 참여자들이 단순히 전통적인 생산요소(노동력, 주택, 자본 등)의 제공자를 넘어, 정답이 정해져 있지 않은 솔루션을 만드는 주체가 될 때 플랫폼 경제는 건강해질 것이기 때문이다.

5

한국판 뉴딜 너머의
세계를 열다

교량 국가의 길

문재인 대통령은 2020년 10월 28일 국회 시정연설에서 "국제사회와 함께 기후변화에 적극 대응해 2050년 탄소중립을 목표로 나아가겠다."라며 이른바 '2050년 탄소중립' 선언을 했다. 주지하듯이 탄소중립은 온실가스 배출량과 제거량이 상쇄돼 순배출량이 '0'이 되는 상태로 일명 '넷제로Net Zero' 혹은 '배출제로'라 불린다. 그런데 정부가 지난해 유엔에 제출한 NDC Nationally Determined Contribution, 국가 온실가스 감축 목표 목표치는 2017년보다 24.4% 적은 5억 3,600만 톤까지 감축하는 것이었다. 이는 박근혜 정부였던 지난 2015년에 수립된 것과 비슷한 수준이었다. 결국, 유엔기후변화협약은 감축 계획을 다시 제출하라고 퇴짜를 놓았다. 이에 문재인 대통령은 2021년 4월 22일 '기후목표 증진'을 주제로 화상으로 진행된 기후정상회의에 참석해 "2030 국가 온실가스 감축 목표NDC를 추가 상향해, 연내에 유엔에 다시 제출할 것."이라고 밝혔다. 사실상 '빈손'으로 참석한 것이다.

이후 유엔총회 참석을 계기로 미국 뉴욕을 방문한 문재인 대통령은 2021년 9월 20일 열린 한영 정상회담에서 보리스 존슨 영국 총리에게 "한국도 상향된 NDC 목표를 발표하기 위해 준비하고 있다."라고 언급했다. 2021년 11월 영국 글래스고에서의 제26차 유엔기후변화당사국총회COP26를 데드라인으로 정한 것이다. 상황이 급해지자 김부겸 국무총리는 2021년 9월 26일 지역민영방송협회 특별 대담에서 "언론에서는 (2050 탄소중립 정책 관련해) '우리 사회의 미래와 실정을 모르고 이데올로기로 접근한다.'라고 하는데, (탄소중립은) 피할 수 없는 것이다. 국제 합의를 따르지 않으면 탄소 제품은 팔 수가 없다. 각 나라, 기업마다 목표가 있고 이 제품이 어떻게 탄생했다는 이력이 다 나온다. 우리가 늦었다. 유럽 선진국은 2000년대 초반부터 산업을 재편했다. 우리가 하기 싫다고 안 하면 굶어 죽는 것이다. 2030년 목표치를 금년 (10월) 중에 내놓아야 한다. (2030년 NDC는 지난 2018년 온실가스 배출량 대비 40% 이상을 감축하는) 40%까지는 목표치를 해야 하니까 기업은 불가능하다고 하는데, 서로 노력해야 한다. 일부 언론에서 비판하는데 문재인 정부가 철딱서니 없는 게 아니다. 탄소중립은 생존의 필수다."라고 말한 것도 같은 맥락에서 이해할 수 있다. 결국, 2021년 11월 1일 문재인 대통령은 제26차 유엔 기후변화협약 당사국총회에 참석해 한국이 "온실가스 감축 목표를 2018년 대비 40%로 상향하겠다."라고 국제사회에 약속했다.

우리 기업들의 아우성에 정부의 고민도 깊어지고 있다. 실제로 탄소중립 경제전환보다 (실현 가능한) 저탄소 경제전환으로 무게 중심이 이동하는 분위기도 감지된다. 그런데 온실가스 감축 목표 상향 조정에 우리 기업들은 왜 이리 힘들어할까? 이유는 바로 제조업 중심, 그것도 화석연료 다소비적인 제조업 중심의 산업체계에서 비롯한다. 이것도 마찬가지로 산업재편 없이 온실가스의 공격적 감축이 어렵다는 것을 보여준다. 반면에 애플처럼 '공장이 없는 기업'들에게는 자신의 제품을 만드는 해외 협력사들에 신재생에너지 사용을 요구하는 힘의 원천이 되는 것이다. 이처럼 한국형 뉴딜의 양축인 디지털 뉴딜과 그린 뉴딜은 상보적 관계를 형성한다. 게다가 불평등의 심화가 기후변화 문제해결을 어렵게 한다는 점에서 고용 불안과 플랫폼 독점을 수반하는 미국형 플랫폼 경제는 대안이 될 수 없다.

요컨대, 디지털 뉴딜이 '한국형 플랫폼 경제'를 만들어내지 못하는 한 (기후정의를 내장한) 그린 뉴딜이 어렵다는 사실을 의미한다. 이런 점에서 디지털 산업이나 녹색 산업 몇 개를 육성하는 것은 제조업 생태계를 보강하는 것에 불과하다. 이미 낡은 건물에 시멘트만 덧칠한다고 새 건물이 될 수 없는 것과 같다. 한국형 뉴딜을 구성하는 디지털 뉴딜 및 그린 뉴딜의 목표가 디지털 생태계와 녹색 생태계의 구축이라면 한국형 뉴딜은 패러다임과 시스템의 전환을 추구해야 한다.

　한국형 뉴딜은 단순히 특정 산업의 육성에 머물 것이 아니라, 고용 불안과 초양극화 없는 한국형 플랫폼 경제의 활성화와 기후 정의 등을 담아내는 사회 시스템의 전환을 이끌어야만 궁극적으로 성공할 수 있다. 한국형 뉴딜이 이러한 내용을 담아낼 때 우리의 마지막 과제인 K-평화를 만들어낼 수 있다. 사회 시스템의 전환을 담아낸 한국형 뉴딜은 남북한 경제통합의 토대가 될 수 있기 때문이다. 미중 간 신냉전에서 한국과 한반도는 종속변수가 아니라 독립변수가 돼야 한다. 그래야만 한반도 및 동북아의 안정과 평화를 만들어낼 수 있다. 한국과 한반도가 독립변수가 되려면 남북 협력(연결)이 전제 조건이다. 남북 분단의 근본 원인인 냉전이 민주주의 방법론 차이에서 비롯한 것이듯이 남북 협력은 체제 통합을 만들어낼 수 있는 새로운 수준의 민주주의를 요구한다. 이러한 조건이 충족되는 상황이라면, 청년과 한국의 미래를 결정할 새로운 경제 생태계, 즉 한국형 디지털 생태계의 세상이 자율과 협력 그리고 호혜성 등에 기초한다는 점에서 (통제를 통해 협력과 평등을 추구하는) 북한체제 관점에서도 충분히 수용할 수 있다. 그리고 자율과 협력, 호혜성에 기초한 경제 생태계의 핵심은 '개방성-투명성-연대-협력'의 가치이고, '솔루션'을 만들 수 있는 '사람'이라는 점에서 갈등 없이 국제사회의 환영을 받을 수 있다. 미중 간 신냉전은 (개인의 자유를 통한 사회진보를 믿는) 개인주의 대 (통제를 통해 평등을 실현하려는) 국가주의의 충돌이지만, 한국형 디지털 생태계의 세상은 자율성과 협력을 통해 '모두의 자유'를 지향하기 때문이다. 특히, 현재의 체제 경쟁은 하드파워를 둘러싼 경쟁으로 한국이 미국이나 중국 등과 하드파워를 경쟁하는 것은 불가능하고 또한 무의미하다. 국가 안보에 필요한 적절한 국방력과 달러만을 확보하면 될 것이다. 반면, 디지털 생태계의 핵심 가치가 '좋은 아이디어'와 이를 실현할 수 있는 협력 만들기 등이라는 점에서 '공감형 인간'이 21세기 국가의 매력을 결정짓는다.

오늘날 한국의 이미지와 대외적 위상은 몰라보게 격상했다. 이를 가능하게 한 요인을 세계 10위의 경제 규모만으로 설명할 수 없다. 촛불혁명으로 '세계시민상'과 '에버트 인권상' 등을 수상케 한 K-민주주의, 팬데믹 재난 속에서 국제사회와 함께 '모두를 위한 자유'를 만들어가겠다는 새로운 리더십, 그리고 동시대를 사는 세계인에게 공감을 얻은 '기생충', '오징어 게임', BTS 등 한류 문화 콘텐츠들이 모두 한국의 위상을 새로이 만들었다. 이렇듯 K-민주주의와 K-문화는 한국을 (경제력이나 권력 등의 강요가 아닌 매력을 통해 얻을 수 있는 능력인) 소프트파워에서 새로운 강국으로 만들어주는 강력한 견인차로서 역할을 하고 있다. 새로운 경제 생태계와 대안체제에 남과 북이 동의하고 국제사회가 협조할 때 한반도는 세계 경제에서 가장 역동적인 지역으로 부상할 것이다. 말 그대로 대륙과 해양을 아우르며 평화와 번영을 선도하는 '교량 국가'가 되는 것이다.

지방소멸,
K-문화와 청년에 답이 있다!

2021년 10월 12일 IMF가 〈세계경제전망 보고서〉를 발표했다. 2021년 세계 경제성장률 전망치를 하향 조정했다. 공급망 차질과 에너지 가격을 중심으로 한 인플레 지속 등에 따른 선진국 경기가 예상보다 둔화하는 모습을 보였기 때문이다. 이에 비해 한국의 성장률 전망치는 지난 7월의 4.3%를 그대로 유지했다. 한국에 대한 IMF의 성장률 전망치는 한국은행(4.0%)이나 정부(4.2%), OECD(4.0%) 등 주요 기관 전망치 중 가장 높았다.

IMF 보고서에 따르면 2021년 말 한국과 주요국 간의 경기회복 격차는 더 벌어질 가능성이 커졌다. 당초에는 한국과 미국이 팬데믹 이후 경기회복 속도가 비슷할 것으로 예상했으나, 한국과 미국 간 격차가 1%p 벌어지고, 일본과 5.3%p 격차에서 5.7%p로 격차가 커질 것으로 전망했다. 세계 경제가 둔화하는, 특히 선진국 경제가 둔화하는 상황에서 수출의존도가 높은 한국 경제의 성장률 전망치를 유지한 이유는 무엇일까? 게다가 우리와 마찬가지로 수출의존도가 높은 독일 경제의 성장률 전망치는 3.6%에서 3.1%로 0.5%p 하향 조정했다.

한국의 수출 내용과 구조에 변화가 발생했기 때문이다. 주요 제조업의 어려움이 지속하는 상황 속에서도 반도체에 의존했던 한국 수출이 농수산품, 화장품, 생활용품, 플라스틱 등을 중심으로 한 중소기업들의 활약에 큰 도움을 받았다. 이러한 변화는 우리 사회의 주요 문제 중 하나인 '지방소멸 현상'에 시사하는 바가 크다. 먼저, 최근 세계가 주목하는 K-문화를 살펴볼 필요가 있다. 예를 들어, 〈블룸버그〉는 2021년 10월 7일 기사에서 "'오징어 게임'이 한국의 소프트파워를 한 단계 끌어올리고 있다."라면서 이 소프트파워가 경제에 미치는 효과에 주목했다. 특히, "문화 콘텐츠의 수출은 (컴퓨터 수출보다 작을 정도로) 아직 작지만 빠르게 성장하고 있고, 창작 분야 일자리가 어떤 분야보다 빠르게 증가하고 있다."라는 사실을 강조했다. 또 10월 10일에는 영국의 〈더 타임스〉도 '한국 문화가 어떻게 세계를 정복했는가'의 제호 아래 "우리 모두는 이제 K-팬이다."라며 한국 문화가 세계의 사랑을 받게 된 배경을 보도했다. 그런가 하면, 10월 14일에는 전직 CIA 임원이자 보수 성향의 외교 전문 싱크탱크인 국제전략연구소CSIS, Center for Strategic and International Studies의 선임연구원 수미 테리Su Mi Terry가 미국 외교협회에서 격월로 발행하는 〈포린 어페어스Foreign Affairs〉에 '한국의 침공The Korean Invasion' 이라는 제목의 글에서 (훌륭한 구성과 공감 역량으로 장착한) '오징어 게임' 등 한국 문화가 미국 사회에서 한국에 대한 이미지를 크게 바꾸고 있음을 지적하기도 했다. 그는 "한국은 작은 나라지만, 위협적이지 않고, 멋진Cool 나라라는 인식이 확산하며, 2003년만 해도 한국에 대한 긍정 이미지가 43%에 불과했지만, 77%로 증가해 이제는 미국의 전통적 동맹인 호주, 영국, 프랑스, 독일 등보다 높다."라고 평가했다. 그리고 "무엇보다 중일 문화 지배를 벗어나 '글로벌 소프트파워'로 부상함으로써 민주주의 이상을 확산시키는, 현재의 국제정치에서 적극적 역할을 할 기회가 증대하고 있다."라며 한국의 대외 위상 변화를 지적했다.

여기서 중요하게 생각해야 하는 점은 이들 매체가 (〈블룸버그〉 보도처럼) 문화 수출과 문화 관련 일자리 증가로 고령화와 노동력 감소 문제를 예술적이고 창의적인 '일자리'로 극복할 가능성에 주목한 부분이다. 최근의 K-문화는 한국의 새로운 희망으로 자리매김하고 있다. 한국의 대표적인 문제로 지적되는 '지방소멸' 문제도 여기에서 답을 찾을 수 있다. 사실 지방소멸은 청년, 산업재편, 인구 문제 등과 맞물려 있다. 지방소멸은 청년이 지방을 떠나기에 발생하는 현상이다. 왜 떠나는가? 지방보다 서울 등 수도권에 기회(?)가 더 많기에 떠나는 것이다. 지방은 왜기회가 적은가? 지방소멸은 산업단지가 있는 지방의 큰 도시도 예외가아니다. 청년은 전통 산업보다 새로운 기술과 관련된 분야에 관심이 많다. 지방이 청년을 떠나지 않게 하고, 나아가 청년이 지방으로 다시 돌아오게 하려면 무엇보다 청년이 관심이 높고, 잘할 수 있는 일자리를 공급해야 한다. 청년은 디지털 기술 관련 분야를 비롯한 게임, 엔터테인먼트 등 문화 분야에 관심이 높다. 그러나 실질적인 지방경제는 20세기의 유산인 제조업 혹은 1차 산업이 중심을 이루고 있다. 즉, 지방경제의 핵심과제는 20세기까지 누적해온 전통 유산에 21세기 문화의 색을 입혀야 한다. 애플이 MP3에 서비스를 입히고, 무선전화기에 앱 생태계를 더해 제조 제품의 매력을 끌어올렸듯이, 산업에 '지역만의 문화'를 더해 세계 시장에 노크해야 한다. 팬데믹으로 내수가 고통을 겪는 상황에서도 중소기업 제품의 수출이 증가하는 이유가 무엇인가? 갑작스럽게 중소기업의 제품에 경쟁력이 생긴 것은 아니다. '기생충'이 세계의 사랑을 받으며 '짜파게티' 수출이 늘고, 〈오징어 게임〉이 라면 수출을 늘리고 있듯이, 지속적인 K-문화에 대한 투자가 전통 산업의 출구를 만들어주고 있으며, 한국 수출과 경제의 구원투수가 되고 있다.

지방경제가 사는 길은 전통 산업에 K-문화를 입히는 길이다. 문화를 입히는 일은 청년이 가장 잘할 수 있는 분야다. 문제는 청년의 문화 역량을 활용하기 위해 지방 (중소)기업에 취업하라고 하면 하지 않는다. 전통 산업 사업체의 제조 역량과 청년의 문화 역량은 고용 관계로 결합할 수 없다. 청년과 기업이 사업 파트너 관계가 돼야 한다. 사업 파트너로서 청년을 영입하라는 것이다. 제조 제품에 스토리텔링을 입히고, 문화 콘텐츠를 입히는 것을 사업 파트너인 청년에게 요청하고 그 성과에 걸맞은 이익을 공유해야 한다. 수도권도 저임금 아르바이트성 일자리

기회가 많을 뿐이지 자신이 하고 싶은 것을 할 기회를 갖는 것은 아니다. 이에 반해 이 청년들이 자신의 태어나고 자란 고향에서 관심이 있고, 좋아하는 예술적이고 창작적인 일을 할 기회를 가질 수 있다면 고향 밖 세상으로 나올 이유가 없다. 그리고 지방자치 단체는 청년들이 지방에 정착할 수 있는 동안 질 좋은 공공임대 지원이나 주거비용 일부 지원을 포함한 청년 기본소득 등 든든한 후방지원으로 청년들이 지방에 머물 수 있는 환경을 조성해야 한다. 여기에, 청년들이 지방의 전통 산업에서 경험을 축적한 이후 자신의 사업을 시도하고 싶을 때 활용할 수 있는 금융지원(기본금융)은 그들에게 날개를 달게 해줄 수 있다. 앱 기반 유통업체에 잠식당할 위기에 처해 있는 지방의 전통시장 등 자영업자의 생존을 청년에게 위탁하는 것도 충분히 고려해야 한다. 플랫폼 구축을 청년에게 맡기면 플랫폼에 활기가 넘치게 되고 청년과 자영업자 모두의 공생의 길을 만들 수 있다. 이러한 청년들의 새로운 시도가 결국 지방의 산업재편이고, 한국 산업재편의 출발점이다. 일회성 지원금도 중요하지만, 궁극적으로 지방을 살리고 인구 감소 등을 해결하기 위해서는 예술적이고 창의적인 일거리를 열망하는 청년들을 (대한민국의 최고 경쟁력인) K-문화의 주인공으로 끌어들여야 한다.

6

한국 보수는 새로운 미래를 제시할 수 있는가

한국 보수의 민낯

한국 사회에 매우 안타까운 일이지만, 한국의 자칭 보수(기득권세력) 는 여전히 20세기에 머물러 있다. 이명박, 박근혜를 관통하던 국정 운영 철학과 방식에서 단 한 걸음도 나아가지 못하고 있다. 그러다 보니 양극화에 대해서는 물론이고 새로운 미래를 만들어낼 능력도 보여주지 못한다. 20대 대선에서도 제1야당은 (국가 경영에 대한 비전 제시 없이) 문재인 정부와 민주당에 대한 반감만으로 권력을 교체하 려 한다.

서구의 보수와 달리 한국의 보수는 공정성에 대한 의식이 지나치 리만큼 빈곤하다. 이를테면, 한국의 보수세력은 열심히 해서 경제적 축적을 보장해야 한다는 주장에 사로잡혀 공정경쟁에 대한 인식이 빈곤하다. 주객이 전도된 것이다. 시장경제 시스템이 배타적 소유권인 사유재산을 인정해주는 주목적은 경쟁을 작동시키기 위한 것이다. 즉, 열심히 했는데 결과에서 차이를 두지 않는다면 누가 열심히 하냐는 것이다. (물론 이 논리에도 전혀 문제가 없는 것은 아니지만) 이 논리를 받아들였을 때 경쟁이 충분히 발휘되기 위해 더 많은 결과를 가지는 것을 인정해주는 것이다. 그리고 그 경쟁은 '공정함'을 전제로 한다. 그런데 한국의 보수세력은 이와 달리 타고난 능력, 이를테면 타고난 '금수저'도 인정해야 한다는 논리로 확장한다. 출발선의 차이를 있는 그대로 인정하라는 것이다. 이것은 공정함이라는 규칙에 정면으로 위배된다. 그리고 불공정한 규칙을 비판하면 인간의 소유욕까지 부정하는 것으로 몰아붙인다. 그런 점에서 한국의 보수세력을 사이비 보수라고 주장하는 것이다.

그런데 왜 한국의 보수는 무한한 방종을 자유라고 주장할까? 이미 앞에서 설명했듯이, 한국의 보수세력의 정체성은 일제 식민지 및 분단의 배경과 분리해 이해할 수 없기 때문이다. 그런 면에서 서양의 보수는 한국과 비교해 사회공동체에 대한 책임 의식이 강하다. 하지만 한국의 보수세력의 토대가 된 사람들은 일제 강점기에 반민족적 행위를 앞장서 수행했던 터라, 식민지 지배를 부정하는 사회공동체의 목표를 공유할 수 없었다. 게다가 이들의 반민족적 행위에 대한 책임은 분단과 함께 묻혔다. 그 결과 한국의 보수세력은 국가 이익에 대한 책임 의식이 빈곤한 상태다. 내가 한국의 보수세력을 "공적 자원을 사익추구의 수단으로 삼는 불공정 집단"으로 규정하는 이유다. 심지어 대통령 권력까지 사유화했고, 대통령이 돼서도 극단적인 사익추구에 골몰했던 이명박, 박근혜 그리고 퇴임 직전까지도 검찰 권력을 사유화했던 국민의힘 윤석열 후보는 대한민국 자칭 보수의 정체성을 잘 보여준다. 이런 점에서 현 시점 한국의 보수 세력은 정확한 의미의 시장경제주의자라 할 수 없다. 보수라는 명칭 대신에 수구라는 명칭이 더 적확한 표현이다. 이들 중 상당수는 매판적이다. 국가 이익조차 사익추구의 관점에서 바라보기 때문이다. 자신들의 축재에 방해가 되는 정권이라면 국가적 위상을 높여도 비난을 퍼붓는다. 2021년 9월 유엔으로부터 초청을 받아 BTS가 문재인 대통령과 함께 유엔총회에 참석하는 것조차 야당은 '열정페이'로 BTS를 동원해 쇼를 했다며 비난했다. 유엔총회 대통령 기조연설의 의미나 BTS가 동시에 참석한 취지 등에는 관심이 없었다. 다만 이 것이 문재인 대통령에 대한 지지율을 높여 정권교체를 하는 데 방해가 된다고 여겼을 뿐이다. 여기에 문재인 대통령이 유엔총회 기조연설에서 한반도 종전선언 제안을 하자 야당의 대표는 미국으로 달려가 종전선언에 대한 우려를 미국에 전달하러 갈 정도로 매판적이다. 한반도 평화 분위기가 고조되면 20대 대선에 불리할 것을 우려했기 때문이다. 자신들이 권력을 잡고, 궁극적으로 그것을 기반으로 사익추구를 하는 데 방해가 되면 국가 이익도 외면하는 것이다.

'그들'은 왜 '이명박근혜' 시절을 행복해하는가

　시장경제가 중요시하는 경쟁의 원리는 정확히는 '공정경쟁'이다. 국가대표를 뽑는 100미터 달리기 대회를 하는데 어떤 사람은 출발선보다 10미터 앞에서, 그리고 다른 사람은 출발선에서 달린 후 10미터 앞에서 달린 사람이 5미터 먼저 결승선을 통과해 국가대표가 됐다면 누가 그 결과를 승복하겠는가? 이렇게 기울어진 운동장을 외면한 채 친재벌 정책을, 친기업 정책만을 외친다. 그런데 기울어진 운동장은 갈수록 기울어진다. 양극화가 심화하는 상황에서 재정지출 최소화를 위해 선별복지를 선호하고, 재정 부담을 줄이기 위한 증세도 면세자 축소나 역진성이 강한 부가가치세 인상에 집착을 보인다.

　'채무노예' 상태에 빠진 가계에 대해서 (금리를 일부 낮춘) 시혜성 서민금융을 제공하며 생색을 낼 뿐 취약계층에게 근본적으로 불공정한 금융 시스템을 손볼 생각은 추호도 없다. 또 활력을 잃어가는 산업 생태계의 대안으로 녹색성장이나 창조경제 육성을 추진했으나 성과는 매우 빈곤했다. 녹색성장이나 창조경제는 본질적인 사회 시스템의 전환을 의미하는데, 지금까지는 그저 녹색 관련 산업이나 창조산업 등에 관심 있는 기업들을 지원해주는 수준에 불과했기 때문이다. 또 다른 대안으로 서비스산업 선진화를 추진했지만, 제조업과 관련된 고부가가치 부문인 (디자인, 설계 등) 사업서비스는 외면하고 경세활동의 보조 역할을 하는 금융, 의료, 법률, 교육 서비스 시장을 확대하려 했을 뿐이다. 그러나 이들 분야의 과잉 성장은 경제 전체에 바람직하지 않다. 예를 들어, 사교육 시장이 성장하면 GDP를 증가시킬 수는 있지만, 가계의 교육비 증가라는 대가를 치러야 한다. 마찬가지로 법률서비스 시장이 성장하면 GDP를 증가시키겠지만, 국민의 법률소송 증가를 의미한다는 점에서 국민의 행복과 관계가 없다. 사업서비스를 육성하려면 노동력에 대한 장기 투자를 해야만 가능하다. 하지만 눈에 보이는 실적에 목마른 기재부는 오랜 시간이 걸리는 암묵적 지식에 투자하기 꺼려왔다. 단기적으로 비용 대비 효과를 거둘 수 없기 때문이다. 그러다 보니 대기업조차 부작용 때문에 꺼리는 경제활동의 보조 역할을 하는 서비스 부문에 서비스 산업 선진화의 초점이 맞춰진 것이다. 예견됐듯이 그 결과는 처참하다. 서비스업의 생산성(서비스업 1인당 부가가치/제조업 1인당 부가가치)은 노무현 정부 마지막 해인 2007년 제조업 생산성의 53.1%에서 이명박 정부 마지막 해인 2012년에 45.2%까지 하락했고, 박근혜 정부 마지막 해인 2016년에도 45.8%로 45%대를 벗어나지 못했다.*

개인적인 경험이지만 한국의 보수세력은 부패에 대한 감수성이 낮을 뿐 아니라 무능하다. '새로운 처음'이라는 말은 내가 자주 사용하는 개념이다. 오늘날의 특징을 이것보다 잘 나타내주는 개념이 없기 때문이다. 최근의 팬데믹 상황처럼 인류가 오랜 시간 축적해왔던 지식과 지혜가 무용지물이었던 적이 있던가? 대표적으로, '매뉴

---

* 박정수, "서비스업에서의 생산성 논의와 정책추진 방향," 산업연구원, 2019.

얼 사회'인 일본이 '새로운 처음' 앞에 속수무책인 이유도 같은 맥락에서 해석할 수 있다. 방송 등 토론회에서 보수야당의 입장을 대변하는 경제 전문가들과 토론하는 기회가 종종 있다. 그중에는 오래전부터 알던 분도 여럿이다. 하지만 그분들의 주장을 듣고 있다 보면 이명박, 박근혜 정부 당시의 국정철학(?)을 변함없이 반복한다. 지난 10년간 세상이 얼마나 변했으며, 어떻게 10년 전의 논리로 똑같이 세상을 바라보는지 되물을 수밖에 없다. 또 보수야당이 정권을 잡아 이명박, 박근혜 정부와 똑같은 정책을 되풀이했으면 좋겠냐고 반문할 수밖에 없다. 우리 사회의 씁쓸한 자화상이다. 토론하더라도 상대에게 배울 것이 있는 사람과 토론을 하는 것이 좋다.

한국의 보수세력들은 기득권의 사수를 위해 고장 난 레코드판처럼 똑같은 주장을 반복한다. 물론, 이처럼 변하지 않으면서도 정권을 잡을 수 있는 것은 민주진영의 능력 부족이나 실수 때문에 가능하다. 그런 점에서 민주진영은 마음씨 좋은 의사를 넘어 실력 있는 의사가 돼야만 한다. 민주진영이 수구세력보다 상대적으로 더 도덕적이라는 논리로 정권을 잡을 수도 없고, 더는 그것에만 의지해서도 안 된다. 크고 작은 부패 스캔들에서 볼 수 있듯이 권력을 잡았을 때 개인의 부패 가능성은 충분히 있고, 그로 인해 도덕성도 일순간에 무너질 수 있다. 권력이 부패하지 않도록 권력을 투명화하는 것도 필요하지만, 무엇보다 능력을 보여줘야 한다. 국정운영은 실력을 요구하기 때문이다. 이를 위해 불공정과 부패의 제도적 기반을 해체해야 한다. 이것이 2차 민주화의 중요한 과제다.

7

'프레임' 너머 2차 민주화의
새로운 판을 짜야 한다

청년의, 청년에 의한, 청년을 위한 플랫폼

지금까지 보았듯이 대한민국의 과거와 미래는 '민주주의'를 빼놓고 설명할 수 없다. 민주주의는 단순히 제도 정치뿐 아니라 우리 경제를 비롯한 삶 곳곳을 지배한다. 1987년 6월 항쟁의 결과물이었던 1차 민주화는 실패한 미완의 프로젝트였다. 군부독재를 종식하고 그 자리를 차지한 문민정부는 새로운 국가에 대한 청사진이 없었다. 무엇보다 군부독재의 청산을 '국가 주도'의 폐기와 동의어로 이해함으로써 정부의 역할을 재정립하지 못했다는 것이 가장 뼈아픈 실책이었다. 그 결과는 잘 알다시피 자본에 대한 사회적 통제 없이 시장에 권력을 통째로 넘긴 것이다.

V부. 팬데믹 이후, '선진국 한국'이 마뜩잖은 사람들

문민정부를 표방한 김영삼 정부의 또 다른 실책은 1992년부터 제조업 종사자가 줄어드는 탈공업화 속에서 산업재편이 필요했음에도 이에 대한 이해가 전혀 없었다는 사실이다. 중간임금 혹은 행위 임금 일자리가 집중된 제조업 일자리가 줄어드는 이른바 '일자리 양극화'(와 소득 양극화)가 진행되면서 산업 생태계가 흔들리기 시작했다. 줄어든 제조업 일자리의 출구가 마련되지 않은 상태에서 탈공업화는 성장과 투자의 급격한 둔화 및 일자리 증가율의 감소, 소득분배의 악화 등으로 이어졌다. 이에 대해 김영삼 정부는 금융시장 자유화 및 개방을 앞당기는 등 국외자본을 끌어들여 투자와 성장을 방어하려 했다. 금융에 대한 이해가 지나치게 부족했고, 그 대가는 IMF 구제금융이었다. 즉, 유입된 국외자본 대부분이 금융 부문으로 유입됐으나 금융시장 환경이 급격히 나빠지자 썰물처럼 빠져나갔고, 상환할 외화가 부족해지며 외환위기로 발전한 것이다. 외환위기 이전부터 진행되던 (대기업-중소기업 종사자 임금, 정규직-비정규직 임금, 임금노동자-자영업자 소득 등) 격차와 (가계와 기업 소득, 내수와 수출 등) 불균형은 외환위기 이후 심화하며 구조화됐다. 수출에 대한 의존도가 높아지면서 경쟁력 확보를 위해 고용과 임금 인상 억제, 비정규직 선호, 생산 자동화, 생산기지 해외이전, 고환율과 법인세 인하 등 친기업 정책 등으로 대응하면서 불평등이 심화했다. 특히, 정규직 일자리 규모가 줄어들면서 (대기업과 공기업 정규직, 공무원 등) 정규직에서 배제된 청년의 고통이 증가한 것도 이때부터 비롯한 것이다.

김영삼 정부는 한국 경제를 철저하게 자본 중심의 경제체제로 바꿔버렸다. 김대중 정부에서 재정경제원을 다시 재정경제부와 기획예산처로 분리했으나, 이미 시장은 금융자본의 논리로 재편성된 상태였다. 금융자본 논리를 대변하는 재정경제원 출신들이 금융감독위원회(금융위원회 전신)와 재정경제부를 장악하기 시작했다. 김대중 정부에서 금융감독위원장과 재정경제부 장관을 지낸 이헌재를 모피아의 대부로 일컫는 이유도 이 때문이다. 김영삼 정부에서 '자발적 금융화'를 추진한 재경부 출신들이 금융에 대한 무지 속에 이른바 '세계적인 대세'를 쫓아갔다면, 김대중 정부에서는 금융을 잘 아는(?) 재경부 출신들이 모피아로 진화했다. 이헌재는 노무현 정부에서도 재경부 장관과 경제부총리를 지내면서 노무현 정부의 '동북아 금융허브'를 추진하기도 했다. 동북아 금융허브가 실현되지 않았기에 망정이지 이것이 실현됐다면 2007~2008년 미국발 금융위기의 직격탄을 맞았을 것이다. 이후 이명박 정부에서는 재무부 국제금융국장 출신이며 김영삼 정부 때 재경원 차관을 하던 강만수가 (이명박 정부 당시 재정경제부와 기획예산처를 다시 통합한) 기재부의 초대 장관으로, 노무현 정부 때 금융감독위원장이었던 윤증현이 2대 기재부 장관을 한다. 이처럼 외환위기 이후 민주정부에서도 모피아는 금융화의 바람을 타고 금융자본의 논리를 전개했다. 그리고 이명박 정부에서 공룡 경제관료조직을 만들어 재벌자본과 금융자본과 한 몸이 됐다.

문제는, 국민이 '공적 자원'의 진짜 주인이 되는 것

금융의 탈선에서 비롯한 경제의 불공정은 격차와 불균형을 구조화시키고, 고용 불안(정) 심화와 가계채무 급증 등으로 이어졌다. 김대중 정부에서 가계채무는 GDP 대비 49.9%에서 64.0%로 14.5%p나 증가했다. 이는 5.6%p 올랐던 김영삼 정부와 비교해서 큰 폭의 증가였다. 그 이후에도 가계채무는 브레이크 없이 증가했고, 문재인 정부 출범 후에는 국제결제은행이 발표하는 47개국 중에서 증가 폭이 가장 컸다. 가계채무와 건설경기에 의존을 낮추려면 새로운 성장동력과 일자리 만들기에 성과를 내야만 한다. 그런데 추격형 경제였을 때와 달리 선도형 경제에서 경제관료들은 실력의 빈곤을 드러냈다. IT 혁명과 인터넷 혁명으로 부상한 닷컴 사업모델을 장려한 김대중 정부는 전반기까지 운이 좋았다. 그러나 닷컴 사업모델은 산업체계 지각변동의 시작에 불과했고, 우후죽순처럼 등장한 닷컴 사업모델 중 옥석이 가려지기 시작했다. 플랫폼 사업모델로 진화한 기업은 살아남았고, 그렇지 못한 닷컴 사업모델은 몰락의 길을 걸었다. 닷컴 버블 붕괴의 후유증은 수출을 포함 한국 경제에도 직격탄을 날렸고, 이에 가계부채 및 건설경기 부양이라는 마약성 처방에 의존하기 시작했다. 이에 대한 대응으로 노무현 정부는 내수 취약성과 부동산과 자산 불평등과 가계부채의 악순환을 벗어나기 위해 미래성장동력 육성을 시작했다. 이후 이명박, 박근혜 정부에서는 서비스산업 선진화가 추가됐을 뿐이다. 10대 신성장동력-녹색성장-창조경제 등 이름만 바뀌었을 뿐 산업재편이 목적이었다. 그러나 새로운 성장동력 만들기는 구호로 그쳤을 뿐이다. 2016년 건설투자는 전체 성장의 57% 이상(1.6%p)을 차지했다. 특히, 3분기와 4분기 성장의 65%(1.7%p)와 75%(1.8%p)를 건설투자가 만들었다. 같은 소득 수준의 OECD 국가의 평균 건설투자 기여분 0.1%p와 비교하면 한국 경제의 건설투자 의존도가 얼마나 비정상적이었는지 알 수 있다.

문재인 정부에서 소득주도성장을 만들어내기 위해 공정경제와 혁신성장을 수단으로 선택한 것도 이와 같은 배경에서 비롯했다. 경제의 공정성 강화 없이 저소득층이나 중산층의 가계소득을 강화할 수는 없다. 그러나 앞에서 보았듯이 가장 불공정한 금융의 공정성 수술은 손도 대지 못했다. 경제관료가 떠맡은 혁신성장은 공정성이 담보된 산업재편 없이 절대적으로 불가능하다. 저소득층 가계소득이나 저임금노동자 임금을 높이려면 저부가가치의 소기업 사업장 노동자나 자영업자 등에 대한 출구가 마련돼야 하기 때문이다. 이것은 괜찮은 새로운 일자리를 만드는 산업의 활력을 만드는 일이다. 그런데 문재인 정부의 혁신성장은 소득주도성장을 추진한 '어공'들의 머리에는 애당초 없었다. 관료들(변양균 라인)의 작품이었다. 공정경제와 혁신성장은 몸통에 해당하는 소득주도성장을 전진시키기 위한 왼발과 오른발의 관계인데 왼발은 '어공', 오른발은 '늘공'의 생각이었다. 양자는 통일성을 갖추지 못할 수밖에 없었다. 또 2017년 경기 회복 속에 제조업 위기를 제대로 인식하지 못했다. 2018년에 수출이 최대 실적을 달성했지만, 반도체 수출 증가를 제외하면 대부분 제조업 수출은 감소세가 지속하고 있었다. 2018년부터 대통령이 '제조업 위기'를 언급한 것도 이 같은 배경에서 나온 것이다. 2018년 보수언론의 '고용 참사' 공격을 등에 업고 경제관료가 전면에 나선다. 그러나 이명박, 박근혜 정부에서 핵심 역할을 했던 김동연과 홍남기에게 새로운 것을 기대하기 어려웠다. '해외 트렌드'를 참고해 구호성 정책이 되풀이됐을 뿐이다. 2018년 김동연은 플랫폼 경제 활성화를, 2019년 홍남기는 (데이터+네트워크+인공지능을 나타내는) DNA(데이터 경제 활성화)+빅3(미래차+시스템 반도체+바이오)를 제시했는데 플랫폼 경제와 데이터 경제는 같은 내용이었다. 정작 문제는 당시까지도 관료들이 플랫폼 경제에 대한 이해가 제대로 돼 있지 않았다는 점이다. 플랫폼과 데이터 경제는 박근혜 정부 때부터 꾸준하게 거론된 것이다. 이후 팬데믹이 전면화되면서 플랫폼과 데이터 경제는 디지털 뉴딜로 바뀐다. 여기에 팬데믹으로 탄소중립경제로의 시급한 전환과 그에 따른 온실가스의 공격적 감축 필요성이 대두하면서 그린 뉴딜이 추가됐을 뿐이다. 더 중요한 점은 디지털 뉴딜이나 그린 뉴딜이 박근혜의 창조경제나 이명박의 녹색성장과 차이를 확인하기 어렵다는 사실이다. 온실가스 감축 목표도 이명박, 박근혜 정부 시절에 비해 나아진 것이 없다. 무엇보다 혁신성장의 성과가 있었다면 적어도 청년 일자리 문제의 악화는 멈춰야 했을 것이다.

플랫폼 경제나 데이터 경제를 활성화하려면 플랫폼 사업모델로 창업이 활성화돼야 한다. 플랫폼 사업모델은 아이디어 집약적 사업모델이다. 좋은 아이디어가 많이 나오고, 그 아이디어를 실현할 수 있는 환경이 필요하다. 따라서 플랫폼 사업모델로 창업이 활성화되려면 디지털 및 모바일 기술에 익숙한 MZ세대가 새로운 시도를 할 수 있어야 가능하다. 그런데 현실적으로 2, 30대는 생존을 위해 저임금 아르바이트에 치어 자신이 하고 싶은 일을 시도하기조차 어렵다. 아르바이트 한두 개를 줄일 수 있다면 자신이 하고 싶은 일을 준비할 수 있을 것이다. 문제는 아르바이트를 줄이면 임금 수입이 줄어들고 생계 압박을 받는다. 이때 줄어드는 수입을 정부가 보전해줄 수 있다면 자신이 하고 싶은 일을 할 수 있는 시간을 확보할 수 있다. 수입 감소 보전의 한 방식이 '청년 기본소득'이다. 여기에 청년에게 부담이 큰 주거비용을 기본주택(초장기공공임대주택)으로 해결해주면 아르바이트 시간을 상당히 줄일 수 있다. 그리고 관심사를 사업화할 때 최소한의 종잣돈이 필요한데 기본금융(마이너스 통장 1천만 원)이 제공될 경우 5명이 함께 창업하면 (초기 창업자금에 상당히 도움이 될 수 있는) 5천만 원까지 사용할 수 있다. 새로운 시도를 하는 데 있어서 빅데이터를 활용할 수 있다면 도움이 될 것이다. 따라서 지역사회의 생산자, 소비자, 공공기관 등 지역사회 모든 구성원이 참여하는 지역공유 플랫폼을 만들어 청년들이 여기서 발생하는 데이터를 활용할 수 있게 해야 한다. 이것이 바로 기본데이터다.

금융과 재정의 민주화, 꿈꿀 수 있는 청년의 나라

금융의 공공성을 실현할 수 있는 금융 민주화, 기본소득과 기본주택 등을 지원하는 재정 민주화는 공공성 강화와 더불어 청년들 자신이 관심 있는 일을 시도할 기회를 지원하고, 그 연장선에서 대한민국의 혁신을 활성화할 것이다. 이런 점에서 2차 민주화는 청년과 대한민국의 희망을 만드는 프로젝트여야 한다. 대한민국의 청년은 대기업과 공기업의 정규직, 공무원 중심의 승자독식 체제에서 점점 희망을 잃어가고 있다. 그리고 동일노동에 대한 고액연봉과 고용안정을 챙기는 기성세대는 자신들의 기득권을 일머리(암묵지)로 합리화하고 있지만, 암묵적 지식을 축적할 기회를 가질 수 없는 청년에게는 무능한 '꼰대'의 공허한 소리로 들릴 뿐이다. 마찬가지로 기회가 평등하고, 과정이 공정하고, 결과가 정의로운 사회를 만들겠다더니 2년 만에 최저임금 1만 원 공약을 포기하고 부동산 가격은 폭등시키는 등 정부의 무능과 위선에 등을 돌리는 상황이다. 노력해도 보상이 따르지 않으니 허탈감에 빠져 있고, 삶의 형태 역시 최소주의를 강요받는 현실(N포 세대) 속에 체념은 냉소가 되고 냉소는 분노로 발전, 확산 중이다. 기회 평등-과정 공정-결과 정의로운 사회를 만들겠다는 정부와 기성세대의 무능과 위선의 함정을 파고드는 '이준석식 능력주의', 즉 시험으로 무능한 이들을 가려, 그들이 차지한 자리를 빼앗아 돌려주겠다는 선동이 먹혀드는 이유다. 무엇보다 이대로 가면 일본의 '사토리 세대', 중국의 '탕핑족'이 되는 것은 시간문제다. 청년이 희망을 품지 못하는 나라의 미래는 기대할 수 없다.

한 사회의 미래를 보려면 그 사회의 20대를 보라는 말이 있는 이유는 20대가 20년 후 그 사회의 허리에 해당하는 40대가 되기 때문이다. 그리고 청년이 희망을 품지 못하면 지방소멸은 빠른 속도로 확산할 것이다. '100년 후 강남, 광진, 관악, 마포만 살아남는다.'는 진단도 있지만, 대한민국이 소멸하는 상항에서 어떻게 4개 구만 살아남겠는가? 이처럼 한국에서 2차 민주화는 선택의 문제가 아니라 20세기 선진국과 다른 21세기형 선진국을 만들 수 있는 해법이다. '새로운 처음'이 빈번해지는 21세기는 새로운 문법을 요구하고 있다. 새로운 문법은 낡은 기득권과 충돌할 수밖에 없다.

사회 시스템을 혁신하는 일은 정치이고, 정치의 근간은 민주주의 수준이다. 그런데 지난 20년간 민주주의가 후퇴하는 상황 속에서 한국은 (중간에 위기도 있었지만) 민주주의를 발전시켜온 유일한 새로운 선진국이다. 더욱이 한국 민주주의는 K-문화(업그레이드된 눈치 문화)와 결합하면서 자율성을 갖춘 민주주의, 즉 (연대와 협력 등) 21세기가 요구하는 민주주의라는 점에서 의미를 갖는다.

'나 자신과의 약속'에서
자유로워질 때

대학 시절 영화감독에 대한 막연한 꿈을 갖고 있었다. 영화를 만들기 위해서 가장 먼저 할 일은 내가 살아가는 세상과 인간에 대한 이해라고 생각했다. 대학을 다니는 이유도 마찬가지였다. 대학 졸업 후에는 실제 사회에 나가 스스로 모든 것을 선택하며 책임지고 살아가야 하는데, 무엇을 하며 어떻게 살지 결정하려면 세상과 사람을 이해하는 것이 우선이고, 이 문제를 대학에서 공부하는 동안 해결하는 것을 목표로 했다. 경제와 역사, 철학 등에 관심을 가진 이유였고, 민주주의와 조국의 완전한 독립과 통일은 항상 중심 주제였다. 요즘 젊은 사람들 기준으로 보면 재미없는 20대를 산 것이다. 그런데 나도 좋아하는 것을 하고 싶었다. 그래서 당시 (이름을 말하면 많은 사람들이 알만한) 어른들에게 "(뒤에서 젊은 사람들 안위에 대해 걱정만 하지 말고) 학생들 대신에 선생님들이 길거리에서 시위하고 감옥에 가면 최소의 희생으로 사태가 해결될 것입니다."라고 말씀을 드렸다. 그러면서 나 자신과 약속했다. 내가 나이를 먹었을 때 절대로 학생들을 앞에 나서지 않게 하고, 그 앞자리에 내가 있겠노라고. 이 약속을 지키기 위해 대학 선생 생활 30년 이상을 '아이들과 학생들에게 부끄럽지 않은 어른이자 선생'을 기준으로 삼고 살아왔다.

대학 선생의 삶을 살면서 나름 치열하게 살아왔지만, 사람들에게 주목을 받기 시작한 것은 2018년부터였다. '팩트 저격수'라는 별명도 생겼다. 정확한 경제 관련 정보에 목말라 했던 나수의 대중이 책을 집필해줄 것을 원했고, 그래서 나온 책이 《이게 경제다》(2019)였다. 독자들에게 과분한 사랑을 받았다. 2019년 아베 경제침략에 대한 '노 아베No Abe!' 운동과 하반기 검찰개혁 과정에서는 촛불시민과 함께하면서 '광장의 경제학자'라는 별명까지 얻었다. 이 와중에 촛불시민들이 유튜브 방송을 개설해 경제 관련 정보를 정기적으로 제공하면 좋겠다고 요청했고, 그래서 탄생한 것이 '최배근 TV'다. 2020년 1월 처음 시작한 이래 방송에서 다루기 어려운, 그러나 정말 필요한 경제 관련 정보를 강의 방식으로 제공하려고 노력해왔다. 이 모든 것은 대학생 시절 나 자신에게 한 약속을 실천하는 의미였다.

그렇게 촛불시민과 가족이 되면서 촛불시민들의 요청이 많아졌고, 그중 하나가 2021년 4월 총선에 참여한 것이다. '더불어 시민당'이라는 '플랫폼 정당'을 만들어 현실 정치에도 뛰어들었다. 직업 정치인에 대한 관심이 없었기에 총선 다음 날 바로 당대표직을 사임했다. 본업으로 돌아오면서 나는, 한편으로는 청년과 대한민국의 미래에 도움이 되기 위한 방송과 책 집필에 집중하고, 다른 한편으로는 180석을 만들어준 지지자들에 대한 책임 차원에서 잘못할 때에는 여당에 회초리를 들겠다고 다짐했다. 그 다짐을 지금까지는 무리 없이 지켜왔다. (20세기의 경험과 지혜가 더는 작동하지 않는) '새로운 처음'의 시대를 살아가는 청년들을 위해 2020년 말에 출간한《호모 엠파티쿠스가 온다》그리고 대한민국의 미래를 위해 2021년 초에 출간한《대한민국의 대전환, 100년의 조건》을 집필한 것도 그 이유에서 비롯했다.

대한민국은 지금 엄청난 전환점을 맞이하고 있다. 20세기 전통적인 선진국들이 '새로운 처음'형 충격들에 제대로 대응하지 못하고 방황하는 상황에서 대한민국은 20세기와는 다른 21세기형 새로운 선진국의 가능성을 보여주고 있다. 선진국이란 새로운 과제에 대해 새로운 길을 제시하는 국가다. 대한민국은 전대미문의 팬데믹 상황에서 새로운 방역 문법인 K-방역을 만들어냈다. 이는 (전 국민의 자발적 참여와 협력을 가능케 한) K-문화 때문에 가능했다. K-문화는 이미 세계의 사랑을 받으며 서구 중심의 주류 문화를 교체하고 있다. K-문화를 가진 한국 경제는 (창조산업 육성에 실패하며 잃어버린 30년을 겪는) '일본화의 길'을 피할 가능성을 높였다. K-문화는 (개인주의 문화에 기반한) 서구의 민주주의와는 달리 (자율성과 공감에 기반한) K-민주주의의 산물이다. 또한, K-민주주의는 촛불시민과 동전의 앞뒷면이다. 촛불시민이 염원한 '나라다운 나라'가 만들어지고 있다. 대한민국의 소프트파워를 세계가 주목하는 것도 이러한 배경에서 비롯한 것이다. 이제는 촛불시민의 또 다른 염원인 '국민이 진짜 주인인 나라'를 만들 차례다. 이번 책은 바로 '국민이 진짜 주인인 나라'를 만들 수 있는 길을 제시하기 위해 썼다.

'국민이 진짜 주인인 나라'의 출발점인 재정과 금융 민주화만이 불평등 열차의 폭주에 브레이크를 걸 수 있다. 이는 전통적인 어느 선진국도 하지 못한 새로운 경제 문법을 만드는 일이다. 그리고 (기본주택-기본소득-기본금융-기본일자리-기본데이터 등) 새로운 경제기본권으로 20세기의 유산에 갇혀 있는 한국 산업생태계에 활력을 불어넣는 일이다. 이는 폐쇄성과 승자독식의 함정에 빠져 혁신을 잃어버린 미국형 플랫폼 경제를 넘어 (공유와 협력을 강화하는) 한국형 플랫폼 경제의 길을 의미한다. 이런 점에서 새로운 경제기본권들은 청년과 대한민국의 희망을 만드는 사회적 투자다. 무엇보다 한국형 플랫폼 경제는 남북 경제통합의 중요한 실마리를 제공한다. K-민주주의에서 출발한 K-문화가 K-경제로, 그리고 다시 K-평화로 선순환을 기대한다. 이 책은 민주주의(국민이 진짜 주인인 나라)와 조국의 완전한 독립(나라다운 나라) 그리고 통일(K-평화)이라는 대학생 시절의 꿈의 여정의 마침표인 것이다.

최배근

누가 한국 경제를 파괴하는가

1판 1쇄 2021년 11월 26일 **1판 8쇄** 2021년 12월 24일

지은이 최배근
펴낸이 김형필
펴낸곳 북인어박스
주소 경기도 하남시 미사대로 540 (덕풍동) 현대지식산업센터 한강미사2차 A동 A-328호
등록 2021년 3월 16일 제2021-000015호
전화 031) 5175-8044
팩스 0303-3444-3260
이메일 bookinabox21@gmail.com

책값은 뒤표지에 있습니다.

ISBN 979-11-976170-0-3 03320

※ 출간 문의는 이메일로 받습니다.

즐거움을 여는 상자 속 작은 책, **북인어박스**